广东金融学院工商管理论丛

产业集群知识管理与创新研究

陈　剑／著

中国经济出版社
CHINA ECONOMIC PUBLISHING HOUSE
北　京

图书在版编目(CIP)数据

产业集群知识管理与创新研究/陈剑著.
—北京:中国经济出版社,2019.10(2024.6 重印)
ISBN 978-7-5136-5848-5

Ⅰ.①产… Ⅱ.①陈… Ⅲ.①产业集群—知识管理—研究 Ⅳ.①F263

中国版本图书馆 CIP 数据核字(2019)第 187154 号

责任编辑 姜 静 赵立颖
助理编辑 汪银芳
责任印制 马小宾
封面设计 华子图文

出版发行 中国经济出版社
印 刷 者 三河市金兆印刷装订有限公司
经 销 者 各地新华书店
开　　本 710mm×1000mm 1/16
印　　张 16.5
字　　数 238 千字
版　　次 2019 年 10 月第 1 版
印　　次 2024 年 6 月第 2 次
定　　价 69.80 元
广告经营许可证 京西工商广字第 8179 号

中国经济出版社 **网址** http://epc.sinopec.com/epc/ **社址** 北京市东城区安定门外大街 58 号 **邮编** 100011
本版图书如存在印装质量问题，请与本社销售中心联系调换（联系电话：010-57512564）

总　序

改革开放四十余年来，我国的经济社会发展取得了举世瞩目的伟大成就，已跻身为世界第二大经济体，对全球经济发挥着越来越重要的作用。在我国经济体量不断增加的同时，我国企业对世界经济的影响力也与日俱增，涌现出华为、腾讯、阿里巴巴、中车集团、格力电器等一大批著名企业。毫无疑问，改革开放的伟大实践为我国企业管理理论的创新与发展提供了沃土。

国内的企业管理理论与实践是从引进和借鉴西方的管理理论与管理方法开始的。经过多年的努力，我国企业从学习国外理论、模仿国外同行起步，将现代理论应用于经营管理实践，并结合我国一系列特殊而又具体的现实约束，创造出了许多行之有效且具有本土特色的管理思想和管理方法，促进了我国企业管理水平的不断提高。例如首钢的“投入产出总承包”，海尔的“日清日高管理法”，邯钢的“模拟市场、成本否决法”，华为更是建立了独具特色的内控制度与先进的管理体系，并以“华为基本法”的形式确定下来。

目前，我国经济发展步入新常态，在贸易摩擦加剧等复杂的外部形势下，如何实现高质量发展成为我国面临的一个全新课题，需要理论工作者进行全方位、多层次、宽角度的研判，进行大胆的理论创新。我坚信，在深化改革和融入世界的新进程中，中国企业管理理论必将有新的突破，管理理论也必将闪耀出迷人的光芒。

身处我国改革开放的最前沿，广东金融学院是华南地区唯一的金融类高校，学校秉承“明德、敏学、笃行、致远”的校训，坚持“金融为根、育人为本、应用为先、创新为范”的办学理念，以国家经济社会需求为导向，培养富有创新精神和社会责任感的高水平财经类应用型人才。其中，工商管理学科是我校优先建设的主体学科，也是广东省重点学科。一直以来，我校工商管理学科积极对接国家与广东省的重大战略需求和学术前沿，服务现代企业管理优化升级的需要，人才培养、科学研究与服务社会的能力有了长足的发展。

我校工商管理学院以“集成金融特色、培养管理精英”为使命，以“成为国内知名商学院”为发展愿景，设有人力资源管理、工商管理、市场营销、物流管理、酒店管理五个本科专业和一个金融营销专业。形成了劳动经济与人力资源管理、企业理论、金融营销与信用消费、品牌管理与营销传播、工商管理案例五个学术团队。学院拥有一支朝气蓬勃、勇于开拓的师资队伍，近几年来承担了国家级、省部级以上项目及重点项目近百项，承担各级政府与企业委托项目百余项，在《管理世界》《中国工业经济》《管理学报》《经济管理》《中国人口科学》《财贸经济》等国内外重要期刊发表论文近300篇。学院教师的一系列研究成果先后被各级政府机构和企业所采用，产生了良好的社会效益和经济效益。

作为校长，我十分欣喜地看到，工商管理学院英才辈出，一批中青年学者一心向学，他们俯下身子，对现实经济管理问题进行深入地调查，并结合学科发展趋势产生了自己的独特见解。在追求研究范式与国际同行接轨的同时，他们也更加注意中国情境的特殊作用，“广东金融学院工商管理论丛”就是他们勤于思考、勇于探索的阶段性成果。希望本论丛的出版能够进一步加强我校中青年学者与国内专家学者的学术联系，为学科发展与“文化自信”贡献“广金声音”。

是为序！

雍和明

2019年8月30日于广州

目　录

第一章　产业集群的形成与演变

随着产业技术的不断发展，产业分工越来越细化，在产业分工细化的同时，围绕同种产品和服务的企业组织、生产流程、服务组织、客户等市场主体，会自发形成由技术研发、产品创新、生产、销售、消费和售后服务等多个环节组成的产业链条。处于产业链条的不同层级的运营组织，虽然运营形态可能各不相同，但它们向市场提供共同的产品或者服务，产生形式各样的联系。出于降低交易成本、强化协同、获取产业信息等方面的考虑，具有关联性的市场主体往往会在空间上接近，在业务上交流，在信息上分享，继而在空间布局上产生聚集现象，形成产业集群。从世界范围来看，比较著名的产业集群有以生产半导体芯片的美国硅谷产业集群、具有亚洲硅谷之称的印度班加罗尔科技产业集群、中国台湾地区的新竹等科技产业园、英国剑桥科技产业园、法国索菲亚·安蒂波利斯科技产业园、韩国首尔的数字媒体城产业园、澳大利亚昆士兰创意设计产业园、日本东京杉井动漫产业园等。从我国大陆范围来看，也正在快速形成并逐步拥有世界产业影响力的产业园，如上海张江文化科技产业园、佛山照明产业群、广州中大布匹市场产业群、常州涂料产业集群等。

一、产业集群的内涵与演变

（一）产业集群的内涵

对产业集群概念来源的探讨可追溯到 17 世纪亚当·斯密的《国富

论》，在这本书中，斯密提出“效率取决于分工，分工取决于市场规模”，把分工看作经济增长的源泉。随着市场容量的扩大，从提升效率的角度来讲，分工既是可能的，也是必然的，分工不仅包括纵向产业链条上的经营流程环节的纵向分工，还包括同一经营流程环节上的横向分工。19 世纪末，马歇尔在继承斯密的分工理论基础上，进一步提出外部经济理论，外部经济是指企业组织在生产经营过程中，能够对外产生有利的影响，具有积极的溢出效应。正的外部性带来的收益，会促进企业组织趋向于聚集在同一个产业区或者空间接近的产业区内，使得同一产业范围内的厂商能够获得货物运输、信息获取、中间服务、劳动力雇用和获取技术外溢的好处等方面的优势，继而有效降低交易成本。基于此，众多厂商出于成本节约和追求利润的诉求，自发地在企业空间布局上，形成产业聚集的趋势。

为产业集群概念做出比较重要贡献的，还有德国学者马克斯·韦伯，韦伯提出了集聚经济的概念，他认为企业集聚的形成是各种产业和经济活动在空间上集中后产生的经济效果和向心力所导致的结果，之所以会产生企业集聚现象，是因为企业在集聚过程中，可以通过两种主要方式获得集聚的经济效率：一是通过扩大经营规模，获得规模经济效应，降低经营成本；二是选择与其他企业共享的配置，如公共设施、劳动力市场、中介服务商等，可以低于单独获得这些配置所支付的成本。

虽然从斯密到马歇尔，再到韦伯，其间近 300 年的研究中，对产业聚集进行了拓荒性的研究和深入探讨，但使得产业集群现象成为研究热点并广为人知的，是美国当代学者迈克尔·波特（Michael E. Porter）。1990 年他出版了《国家竞争优势》一书，在书中提出了产业集群（Industrial Cluster）这一概念，随着这本著作的畅销及其观点被广为关注，产业集群一词也随之被广泛接受和传播，该术语被用以描述为生产某些共同产品或者提供某些共同服务的组织，在空间范围内聚集的情形。迈克尔·波特在对十多个工业化国家的产业结构及其产业聚集布局进行考察中，发现产业聚集，形成产业集群是工业化过程中的普遍现象，并非个别或者独特的现象，尤其是工业化比较成熟、经济比较发达的国家和地区，更是如此。

可以说，产业集群加速了工业化进程，工业化的深度发展又为产业集群创造了更为有利的条件。据此，波特通过研究总结和归纳，更加明确地提出了产业集群的概念。波特认为，在产业集群中，不仅包含同一行业的企业，还包括不同行业的企业；既包括生产型企业，也包括服务型企业；既包括资金融通企业，也包括商品流通企业。归纳来讲，产业集群是一个包括从事工业制造、专业化的供应商、提供工业服务的中介商、金融机构、相关产业的企业组织，这些组织在地理空间上相互接近，在业务上相互关联，在经营上相互影响。在后来的产业集群研究中，基本都是以此概念为基础而进行的。从产业集群的概念可以看出，专业化分工是产业集群的基础，在专业化分工的基础上，具有相同或者相似的产业关联的组织聚集形成产业集群。这些组织包括具有明确的分工合作关系的企业，也包括为企业运营提供辅助服务的各种机构，为其他企业提供辅助服务的各种机构是“企业外部化”和“市场内部化”的产物，在传统产业结构中，它们既可能是企业的内部机构，也可能是外部组织。由于企业聚焦于主营业务而剥离出来，形成独立的中间型组织，而众多企业聚集和相同的诉求，为这类组织从企业独立出来创造了条件，这就是“企业外部化”所致的中间型组织，如人力资源外包公司。中间型组织也可能是“市场内部化的产物”，在传统产业中，由于企业分散，单个或者少数企业的需求不足以支撑专门性组织机构的持续性供给，但在产业集群中，由于企业众多，共同的需求使得成立专门的中间组织，进行持续有效的供给成为可能，如管理咨询公司。

（二）产业集群概念的演变与运用

产业集群的概念在20世纪90年代以后才被正式地广泛运用，在此之前，没有形成统一的概念，而是以不同形式存在于研究之中。亚当·斯密最早提出分工理论、德国经济学家杜能（Johann Heinrich Vonthunen）最早提出空间经济论、德国经济学家阿尔弗雷德·韦伯最早提出工业区位理论，这些概念的本质和内涵，与产业集群相接近，为产业集群内涵的形成奠定了理论基础。经济集聚是与产业集群最接近的概念，是由美国经济学家马歇尔提出来的，他认为厂商的经济效益是来源于区位以及与之靠近的经济组织，在同一地理空间上的相同产业中的创新，激发了整个产业的创新潜能，提高了创新效率。美国经济学家埃德加·M. 胡佛（Edgar M. Hoover）则归纳了经济集聚的经济本地化、城市化经济和内部规模报酬三个类型。至此，以韦伯、马歇尔和胡佛为主要代表的经济聚集理论贡献者，探究临近的产业集聚对经济发展的作用，构成产业集群概念的早期基础。

实践早于理论，出现产业集群现象的时间要比产业集群概念的提出要早，早在17、18世纪就已经出现了产业集群现象，如荷兰的造船业、瑞士的钟表业等，而激发学者对产业集群注意并加以研究的是“第三意大利”的现象，其中茨扎曼斯凯（Czamanski，1974）较早提出产业集群概念，他把产业集群界定为“是在产业中一簇在商品和服务在联系上比国民经济其他部门联系更为紧密、相互影响更为重要的空间上邻近的产业”。对产业间相互联系的界定，他认为产业联系是无法准确表达的，但他从商品和服务角度分析，认为相似或者相近产业的企业间联系应该是无束缚的，由于在地理空间上的集中，共同生产商品或者提供服务过程中，相互间的联系能够产生协同效用。Swann和Prevezer（1996）更为简便地将产业集群定义为“是在某个区域内，同一个产业中一组企业的集中”。Bergman和Feser（1999）则把产业集群看成相互之间具有贸易联系的企业，为了共同瓜分产品市场而在地理空间上的集中。

上述学者对产业集群的界定，基本是从地理空间上产业聚集的角度来探讨，是基于经济本地化视角下的产业集群界定。对产业集群概念的界定，还有另外一个视角，就是从内部规模报酬、价值链和城市化视角来界定产业集群的概念。其中具有很大影响力的，当属美国学者迈克尔·波特

(Michael E. Porter)，他把产业集群定义为是在特定的地理空间上集中且相互联系紧密的企业和机构集合体，除了产业内企业之外，还有产业外的其他机构。产业内的企业向下延伸至销售渠道和客户，向上延伸到产业原辅材料的供应，并从侧面扩展到辅助性产品的供应商和生产商，以及与技术技能或投入相关的产业机构。除此之外，产业集群中的机构还包括提供专业化教育培训、信息研究和技术支持的政府等机构。随着波特竞争理论的走红，产业集群现象被广为关注，产业集群概念也得到进一步的完善和补充。Gary Anderson（1994）把产业集群看作以地理毗邻为前提的公司或企业基于互动关系来增进各自的生产效率和竞争能力。Redman（1994）则很清晰地从产业链角度，将产业集群定义为一种产品在产业链上的地理集中，以及与其产品相关的机构的集中。从产业链角度研究产业集群，虽然得出的概念多种多样，但其本质和内涵基本与迈克尔·波特的概念大同小异，波特在明确产业集群的属性和概念之后，构造了“钻石模型”，借以明确政府在制定产业政策、构建产业集群，从四个要素方面来考虑促进经济增长：第一是生产要素，生产要素包括有形的和无形的、宏观的和微观的，等等。有形的生产要素包括人力资源、货币资本资源、自然资源、基础设施，等等；无形的生产要素包括知识技术资源、产业信息资源。第二是市场需求条件，包括国内市场需求水平和国际市场需求水平，相对而言，对国内市场需求条件的考虑要优于国际市场需求条件。第三是相关产业和支持产业状况，产业集群的形成和发展，不仅取决于自身产业的发展水平和发展能力，还受到相关产业的影响。如果这些相关产业以及上下游产业能够产生良好的匹配效应和协同效应，无疑会提升产业集群对经济增长的促进能力和影响能力。第四是企业的战略、结构、竞争对手的表现。集群企业战略正确、组织结构有效率、在竞争中处于优势地位，那么集群企业的市场地位高，产业集群的市场竞争能力就强，继而会有效促进经济增长。

（三）产业集群概念在实践中的运用

产业集群成为经济增长动力因素以来，受到越来越多学者的关注和深入研究，在实践中，也有越来越多的政府部门以产业集群的相关理论为基础，大力推动产业集群的建设和发展。然而，产业集群的概念及相关政策，在实践推行中，虽然取得了预期效果，但也出现了一些偏差，忽视了产业集群的本质内涵要求以及前提条件。产业集群是特定地理空间上具有产业关联的企业以及其他机构的聚集，是产业聚集发展的较高阶段，是将生产关系、经济关系、社会关系等诸多关系融合在一起的产业网络，是一种新型的产业空间组织形式，也是区域经济发展的新模式。但在实践中，常常会发生一定误解和混淆，导致制定的产业政策意欲促进产业集群的发展，却很难奏效。这些误差和混淆，主要有这几个方面。

首先是产业集群与产业的地理集中相混淆。不同产业的规模效应和范围经济的程度不同，产业集中程度会有很大差别，如自然垄断行业，其地理集中程度就会高得多，范围经济门槛高的产业，其地理集中程度也会高一些。垄断性强、范围经济高门槛的行业，通常会集中在特殊地区，如资源禀赋高、区位优势比较明显的地区，少数几家大企业占据主导地位、相关小企业附属于大企业而生存，形成产业在地理上的集中。这个集中，主要是指这些企业的经济总量占据整个行业的比重大，并不能说明这些产业在地理上的集中就是产业集群，如冶炼行业、钢铁行业、石油行业、电力行业等，这些企业之间的市场地位是不平等的，小企业与主导企业之间的地位不平等，小企业附属于大企业而存在。同为主导企业提供产业服务的小企业之间的横向联系不紧密，难以形成相辅相成、平等市场地位的生产网络系统和社会网络系统。虽然产业集中与产业集群不同，存在较大的差异，但产业的地理集中也不是与产业集群完全不相关。产业在地理空间上的聚集，是产业集群的必然条件，而非充分条件，离开产业上的地理集中，产业集群无从谈起。产业在地理空间上的集中，有可能会进一步演变为产业集群。例如，汽车制造业，汽车行业是自然垄断的行业，在汽车制造业所在地，会形成一定程度的产业集中，但由于汽车销售面对的是众多消费者，必须及时适应市场瞬息万变的环境。从汽车产品的市场策划、创新研发、生产制造、零部件配套供应到市场销售以及售后服务，是一个复杂的产业链条，链条上的每一个环节都至关重要，使得不同环节上的企业之间，难以形成附属与附属的关系，只能是平等交往，继而沿着汽车产业链条，形成纷繁复杂的生产和社会网络系统，从汽车生产的产业集中演变为汽车产业集群。

其次是产业集群与工业园区的混淆。很多国家和地区，为了促进经济增长，通过制定一系列倾斜的政策措施，吸引企业以及相关配套产业向政府预先设定的地理空间转移，使得企业在某一地理空间上聚集，形成产业聚集的产业空间组织形式。工业园区或者产业园区的形成是外部力量推动使然，具有很强的人为效果，企业迁移至此，根本考虑是获得相应的政策扶持和优惠倾斜，而相互之间的产业交往并不密切，缺少具有连贯性、一致性的交往规则体系的支撑，相互之间缺少默契的产业分工，甚至于转移到该地理空间的企业本身，也可能是身在曹营心在汉，这与产业集群在空间上的集中、产业上的协作、经济上的互利等本质特征相距甚远。外力推动的工业园区，在设立初始，往往会有明确的产业导向，会重点扶持某些产业，并以此产业为基准，广泛吸收配套行业的企业进驻，利用经济、行政和政策措施等，形成企业在指定的地理空间上集中，这些企业进驻以后，如果借助地理毗邻优势，相互之间强化接触，密切产业合作关系，形成产业关系网络，具有提升演变为产业集群的可能。

最后是产业集群与地方特色产业的混淆。地方特色产业是在当地的文化习俗、生活习惯和资源禀赋的开发利用的基础上由历史积淀而形成，是在当地生产可替代程度很高的商品的众多本地小企业的集合，一般可分为两类：一是以地理邻近为特征的当地小企业集中形成的地方特色产业，这些企业植根于当地，利用当地某些方面的优势，进行加工生产，并在当地形成带动效应，吸引更多的企业创立，扩大了产业集中的规模，如广东湛江的制糖业；二是以地方资源禀赋为基础，如自然资源、手工资源、技术资源等优势，形成地方特色产业，如阿尔卑斯白山羊羊绒等特色产业。地方特色产业虽然能够在相同或者相似的产业内形成产业聚集，在地理位置上集中，但与产业集群存在的最大区别在于，地方特色产业的企业相互之间缺少必要的分工协同，更多地表现为各自为战，与产业集群的分工协作、联系紧密等要求存在较大差距。但是，地方特色产业具备升级为产业集群的基础，在政府和社会的政策引导和扶持下，将地方特色产业向上游的原辅材料、下游的销售渠道以及横向的产业设计多元化三个方向延展，赋予地方特色产业更多的技术含量和地方文化特色，是可以培育出与地方特色产业具有横向、纵向联系的相关产业以及服务机构做支撑的地理产业集群的。

从产业集群的概念演变历程和内容来看，产业集群是一个比较宽泛的概念，既可以将之视为产业组织形式，一种集中化的生产经营组织形式，也可以把它看成一个产业发展演变过程，是产业发展到一定阶段的表现形态，是一个动态演变过程，而非一个静态的存在。也可以看成政府为促进经济增长而制定的产业政策所要达成的发展模式，至于究竟以何种方式出现在研究领域，取决于研究者的研究角度和研究取舍。但产业集群的地理位置上的集中、范围经济和规模经济效应、分工协作、平等互利互信、密切联系的产业网络等基本属性不会因为研究角度的变化而变化。

二、产业集群的理论渊源

在某一区域内，众多相互关联的市场主体集合在一起，围绕相关产业进行市场分工，形成不同等级、不同规模的集合体，是为产业集群。虽然产业集群这个概念在20世纪90年代才被提出来，但蕴含产业集群这个内涵的相关术语以及相关研究，要久远得多。特别是这些围绕产业集群的研究，都是建立在实践活动基础上的，换言之，是先有了产业集群这种现象，才有了产业集群的相关研究。针对产业集群现象，理论界和学界进行了多维度、多角度的分析、探讨和研究，衍生出各自的研究模型，形成各自的理论观点，这些研究视角和模型，或偏生一隅，管中窥豹，或放之四海而皆准。最终形成的研究结论，或殊途同归，或大相径庭。可以说，纷繁多异的产业集群实践现象，催生了各式各样的理论研究，形成了各式各样的富有开创性的研究成果，这些研究成果反过来对产业集群的发展起到了引导和推动的作用。

（一）产业区位理论

对产业集群进行系统论述和研究的，当属产业区位理论，在产业区位理论的早期形成和发展过程中，美国新古典经济学家阿尔弗雷德·马歇尔（Alfred Marshall）和德国的经济学家阿尔弗雷德·韦伯（Alfred Weber）做出了突出的理论贡献，以马歇尔在1920年出版的《经济学原理》和韦伯1929年出版的《工业区位论》两本著作为标志，开创了传统区位理论体系。

马歇尔在其著作《经济学原理》中，把大量种类相似、相关的中小型企业在特定区域的现象称为产业区，他认为产业区的形成，根本原因在于，中小企业通过集中在一起，形成产业区，能够获得自身难以提供的经营辅助，或者可以获得比自己提供时所支付的成本少得多的经营辅助，由此发现外部规模经济与产业集群之间的密切关联。他认为产业区的本质是把性质相同的或者相似的中小企业集中在一起，围绕共同的产业进行各阶段、各流程、各环节的专业化分工与协作，实现了只有大型企业才具有的规模经济生产特征。在获得大型企业才具有的规模经济效益时，又能免除大型企业为实现规模经济效应而支付的管理成本。这种因为中小企业聚集而产生的外部收益和便利，马歇尔将之称为外部经济，外部经济效应的产生，能够低成本获得经营辅助，主要取决于三个方面：一是通过企业聚集，可以形成共同分享的专业化的劳动力市场。位于产业区的中小企业，可以便捷地获得专业性的劳动力这一生产要素，同类企业在地理空间上的聚集，使得产业工人在区域上聚集，有利于形成规模化的劳动力供给市场。企业聚集同时会使得产业工人的需求集中，形成专业化的劳动力市场需求，当劳动力的供给和需求存在于相同场域时，容易形成规模化的专业性劳动力需求市场。企业在劳动力市场上，能够很快地找到它们需要的产业工人，产业工人也能迅速地找到他们满意的雇主。由于劳动供给与需求在某一空间上的聚集，又会反过来促进产业组织的扎堆出现，在路径依赖效应的推动下，强化企业聚集，形成产业区。历史经验表明，劳动力供给和需求的聚集，是早期产业区形成重要的原因。二是通过企业聚集，在产业区内能够形成体系化的、完整的产业链条。从纵向来看，上下游企业的集中，可以有效地获得供应商的要素供给，快速有效地向客户销售自己的产品。通过产业聚集，在产业区内能够形成专业化的中间产品市场，降低中间品的采购与供应的成本。三是通过产业聚集，能够形成有效的产业技术与信息流通的市场，及时把握产业发展动态，获取产业前沿技术，有利于创造新的产业知识，形成新的产业技术。企业在地理空间上的聚集，有利于新知识、新技术、新创意的传播和运用。“行业秘密变得不再是秘密，而成了众所周知的事件……对于机械流程和企业一般组织上的发明和改进，因其所取得的成绩，将迅速地为他人所研究。如果一个人有了新思想，就会为别人所采纳，并与别人的意见结合起来，因此它又成为新思想之源泉”。企业聚集导致产业知识的快速传播和吸纳，把这些产业知识糅合运用到实践中，既有利于提升既有的生产效率，又有利于产生新的产业知识。如此反复循环，产生出协同创新的产业氛围，促进产业区内的经济持续增长，吸引和激励更多的企业迁移至此地，加入其中，促进产业区的规模扩大化发展。

对产业聚集形成产业区的研究，做出杰出贡献的还有德国社会学家马克斯·韦伯，他是经济史上完整系统地提出产业区位理论的学者，比较早地对产业区进行规范性研究。在产业区形成过程中，起到主要推动作用的因素有四个：第一个因素是技术设备的发展，生产设备和技术专业化程度越来越高，相互之间的关联度也越来越高，促进企业之间的联系越来越紧密，激发企业在选址上对地理空间的相互毗邻的要求，偏向选择产业聚集程度较高，或者有利于产业聚集的地方。对选址的共同偏好，导致产业聚集于某一共同区域，形成产业区，也就是后来所定义的产业集群。第二个因素是劳动力组织因素，韦伯把能够在劳动力和厂商之间充分发挥调节作用的劳动力组织看作具有专业化性质的设施，甚至是设备。劳动力组织的专业化运作，有效地推动了产业聚集。第三个因素是市场化因素，这是形成产业聚集的最重要的因素。在产业聚集区域内，容易形成规模化的经营，规模化的经营产生大批量的采购、生产、出售，与小批量的经营相比较，规模化的经营所支付的采购成本、生产成本和销售成本更为低廉。在规模化的经营中，还可以降低信用成本，减少流通过程中的中间环节。第四个因素是企业聚集能够带来经常性开支成本的降低，经常性开支主要包括企业经营所需要的基础设施环境，如交通设施、电力设施、水电煤供应设施等，与产业分散比较，集中在同一区域，可以有效降低这些外部设施的使用成本。这些因素的共同作用，促进了具有相互关联、交往密切的厂商，在地理位置上进行聚集，形成产业集群。

根据产业聚集的模式和聚集程度，将产业聚集划分为两个阶段，在第一个阶段，厂商自身简单规模扩张，为追求规模经济效益，扩大经营规模，随着规模经营的扩大化，厂商的内部结构会变得多而庞大，随着这些内部机构的增加和复杂化，它们的运转会变得越来越专业化，部门拥有的自主运营权限也逐步扩大，当规模和运营权限扩大到一定程度时，能够获取更多的权限，乃至从原厂商分立出来，成为理性的选择。于是，产业聚集因为厂商的追求大规模经营收益的动机而形成。第二个阶段是众多厂商聚集而形成产业聚集。当大型企业的运营规范化、经营设施流程化、经营成本低下时，会吸引更多的同类厂商，这时，就由单个厂商规模化经营引发的大规模生产效应，演变为众多企业聚集而形成地理空间性聚集效应。

以马歇尔和韦伯为代表的产业区理论，构成产业集群研究的传统产业区理论，在传统产业区理论基础上，产生了新产业区理论。代表性人物是意大利经济学家巴格尼斯克（Bagnasco），他在前人研究的基础上，率先提出新产业区的概念。新产业区理论认为产业区是具有共同社会背景的人和企业，在特定的地理空间上结合在一起，形成“社会地域生产综合体”，是一个社会属性和地域属性相结合的实体组织。产业区，首先是人的组织，产业区内的人的专业技术能力、职业素养和生活习俗对产业区的社会属性，产生根本性的影响；其次，产业区附属于地理空间而存在，所以产业区的自然属性和地域特征取决于该地理空间的特征，当人的社会属性和地域的地理空间属性结合在一起，形成了具有地方特征的生产交往的本地化网络，产业区内的行为主体之间的正式合作关系以及长期交往过程中所发生的非正式的，但具有普遍约束力的非正式交往关系成为产业区本地化网络的主要内容。

产业区一经形成，便产生了地方特色，塑造了特定产业员工，使得该产业区难以被模仿和复制。产业区的难以复制和模仿具体表现在四个方面：一是产业区内的特定产业的高度专业化分工，使得产业区内的企业、劳动力、中间组织以及相关的软硬环境设施，浑然成为一体。一旦某一个体离开产业区，其价值或者其所能发挥的功能便会降低，甚至消失。二是产业区依赖于特定区域而产生，具有本地结网的特征，这是新产业区理论的核心内容。在产业区内，各行业为主体，包括企业、技术研发机构、产业中间组织、劳动力、政府机构等，在共同地理空间上，围绕产业发展的内容，开展长期的交往，形成特定的交往模式、交往规则和交往渠道，有的是以明晰的规则确定下来，成为正式制度；有的是以惯例等非正式规则确定下来。无论是明文的制度，还是非正式的惯例，对产业区内的各个主体都具有很强的约束力，一旦违背这些规则，就会遭受相应的损失，直至被产业区淘汰出局，由此在产业区内形成广泛而又稳定的交往关系，这种交往关系成为支撑产业区发展的要素，使得产业区的建立和发展，具有很强的本地网络特征，即使其他地方有模仿和复制的欲望，有构建产业发展体系的人、空间和设施，也很难在短时间内复制和模仿产业区内的产业交往关系体系。三是嵌入性。所谓嵌入，是产业区内的各个主体以及相互之间的交往模式，不仅取决于世界和国家层面的宏观环境，更取决于产业区所在的地理空间中的地方环境，产业区的各项经济活动，深深地植根于当地的社会、文化、政治与经济环境之中，一旦脱离这一特定的环境，产业区就难以存在和发展。四是产业区的各个主体关系是建立在市场关系基础上的，相互之间是围绕产业而进行的专业分工，无论规模大小、技术先进和落后，也无论是从事生产还是从事中介服务，相互之间的关系是平等互利的，不是依附与被依附、支配与被支配的关系，产业区内各个主体之间的关系特点是分工协作、平等互利。

新产业区的概念形成于巴格尼斯克，但让这个术语引起学界关注的是经济学家皮埃尔（Piore）和赛伯（Sabel），这两位经济学家在合著的《第二次产业分工》一书中，对19世纪欧洲出现的产业区现象进行另辟蹊径的考察和解读，他认为，与既往的产业区不同，新产业区能够产生柔性化与专精化（Flexibility Plus Specialization），所谓柔性化和专精化，是指在产业区内，厂商运用具有专业素养的员工和复杂全能型的设备，进行任意的组合，进行专业化或者综合化的生产，也可以进行批量化或者个性化的生产。其中，根据市场需求、产品设计和客户的个性化要求，进行生产要素的各种组合，称为柔性。柔性化的生产，对小批量、多品种的生产经营具有快速反应的能力，对闲置的生产要素可以迅速地临时配置，取得收益，最终达到速度快、成本低、周期短、产品优的目的。专精化是指具有专业的劳动力、生产设备、生产工艺等生产要素可供组合选择，精细分工，快速组合。柔性化和专精化是高技术条件下出现的专业化分工形式，有别于以往产业区内的生产经营的批量生产、标准化生产时代的刚性专业化。以往产业区形成的根本诱因在于分工协作基础上的规模经济收益，而新产业区的形成诱因是在高技术条件下的专业分工基础上，从精细、快速、个性化中寻求收益。新产业区内的经济主体分工协作，包括产业链上厂商间的横向竞争性合作、产业链上下游厂商的共利性的协同合作、产业区内不同类型经济主体之间的配套性合作等。新产业区生产运营具有的优势包括技术和设备的专业化、组织结构调整的柔性化、劳动力供给的弹性化，其中，柔性化的组织结构和弹性化的劳动力雇用，使得聚集于产业区的企业能够有效应对不稳定和不确定的市场环境，可以根据市场环境变化而做出快速反应。产业区内的相互合作、协同发展促进区内产业链上某个环节的创新，某一环节的创新会迅速带动整个产业链上各环节的创新，产业区内的产业创新，既有主动性创新，也有被动型创新，相互促进，相互支撑，相互配套，引发产业区这个弹性生产综合体的不断创新和发展。

具体来讲，新产业区的形成是以柔性化和专精化为基础的，具有以下几个特征：一是柔性化和专业化，柔性化表现在对生产的产品、人员、技术、设备、组织结构等多种生产要素的配置上，可以实现快速、专业和精准配置。二是新产业区的进入壁垒比较高，实行准入制度。这包含两个方面的含义：首先是进入新产业区的市场主体，所从事的经济活动，必须是本产业内的或者与本产业密切相关的活动。其次是进入新产业区的市场主体从事产业活动时，享有产业区外的市场主体所难以享有的政策、制度、服务、资源等各种生产要素的供给优势。三是鼓励创新，抑制不正当竞争和过度竞争。不正当竞争和过度竞争会抑制创新，影响新产业区的正常运作秩序，如过度提升的工作报酬、相互之间的产品价格战、相互之间的信息封锁等，都会造成新产业区的运行障碍。

产业区理论从初始的分工协作基础上的规模经济效益的解释论，发展到后来的强调柔性专精化的创新收益的解释论，反映了新技术革命对产业发展的重要影响。随着信息经济时代的到来，信息传播和沟通的趋向于低成本，乃至零成本，使得市场理性得到高度提升，市场需求的个性化、快速变化和精细化，使得产业区的发展逐步脱离规模经济模式，过渡到以专业化、精细化、柔性化为特征的创新收益模式。新产业区理论的产生和发展，顺应了这个潮流，新产业区理论的形成，标志着产业集群的理论和实践研究正式进入现代产业集群理论范畴。

（二）增长极理论

法国经济学家弗郎索瓦·佩鲁（Francois Perroux）是增长极理论的开创者，1950年他在发表的《经济空间：理论运用》著作中，提出增长极这一术语，后来被广泛运用于相关研究中。根据增长极的概念来考察产业集群，产业集群具备增长极的特征，是增长极的一种表现形式。增长及理论的研究和进展，对产业集群的形成、发展和研究，具有引导和借鉴的意义。

在产业区理论中，把在地理空间上产生聚集效应的产业区看作经济交往的结合，不仅是交换的网络，更是一个类似于物理学意义上的“力场”的空间网络，在这个空间网络中，主导这个力场形成、发展和发挥作用的是推动单位（Propulsive Unit）。所谓推动单位，就是在经济空间中起着支配作用的经济单位，当经济单位发生增长或者创新时，能够诱发其他经济单位的增长和创新。推动单位可以是经济实体，是一家企业或者一个具有稳定的合作关系的企业群体，也可以是一个产业或者相互关联的产业群体。如果存在一个能带动一个区域经济增长的经济空间区域，该经济空间区域就是力场，而位于该“力场”中的推动单位就被称作增长极。“增长并非同时出现在所有地方，它以不同的强度首先出现在一些增长点或增长极上，然后通过不同的渠道向外扩散，并对整个经济产生不同的最终影响”。在佩鲁首次提出增长极概念之后，法国经济学家布代维尔（J. R. Boudeville）将增长极的内涵进一步扩大化，将增长极概念由实体空间向虚拟空间衍生，按照空间在经济上的作用和表现的不同，他把经济空间区分为三种类型：①处于相同地理空间的各家单位都有自身的运营计划，不同单位的计划相互之间产生联系和相互影响，以这些计划为纽带而形成的计划网络关系结构，称之为计划空间；②处于相同地理空间的单位、组织，对聚合现象，既可能产生向心力的作用，也可能产生离心力的作用，这些向心力和离心力相互作用，相互影响，分别形成相应的向心力群体聚集群体或者离心力群体聚集群体，不同聚集群体之间存在相互作用的关系体系，这些关系体系就是极化空间。③处于相同地理区域的同类型经济主体，面临的市场环境、基础设施、价格体系等因素相同或者相似，就形成了均匀空间。换言之，均匀空间是指同类型的经济主体所面临的相同或者相似的市场环境、基础设施和价格等因素构成的组合。在布代维尔的增长极理论中，增长极中的推动性产业能够带来两种增长效应，一是列昂惕夫效应，表现为经济空间中现有经济体之间的经济交往行为，产生较强的外部效应，带动周边的经济体快速发展，使得整个经济空间呈现出膨胀发展的现象。在此情况下，增长极扮演了一个扩散中心（Diffosion Centers）的角色，通过产业区规模扩张，使得周边空间被裹挟其中，从而带动周边的经济增长，改善经济状况。二是极化效应，随着推动产业生产能力增加而导致区外的其他资源被吸纳其中，增长极扮演了一个吸引中心（Attractioncenters）的角色，把区域外的经济资源吸引到中心来，促进了该经济空间的发展速度，强化了经济增长能力。但是，另一方面，经济资源流出的地方，资源更加匮乏，经济增长更加困难，出现两极分化的现象。

无论增长极扮演的是扩散中心还是吸收中心的角色，其本质是把经济资源，尤其是稀缺性的经济资源，配置到规模经济和投资效益明显且发展潜力大的部门和地区，这种配置既可以是市场机制的作用使然，也可以是外部人为作用使然。资源聚集配置，强化了增长极的经济实力，并通过市场经济体系的传导机制，引领更大空间范围的经济发展。增长极理论提出以后，受到高度关注，在世界各地得到广泛实践。例如，意大利南部区的卡塔尼亚—锡拉库扎、卡利亚里、卡塞塔—那不勒斯、巴里—塔兰托—布林迪西增长极的组建，加拿大安大略省的增长极战略，法国的八大平衡城市和14个增长极，英国英格兰东北部和苏格兰中部增长区规划，联邦德国提出的“联邦增长极方案”，美国阿巴拉契亚地区增长中心规划，非洲农村增长中心实践、拉丁美洲次级增长中心的建立，等等。

在增长极概念基础上发展而形成增长极理论，其研究主旨在于确定推动性产业，然后探索推动性产业的作用发挥机制，形成产业聚集，促进经济增长。该理论的核心在于促进经济增长，而经济集聚能够有效推动经济增长。按照这个理论逻辑，政府如果以经济增长为政策目标选择，可以明确经济推动力量，打造经济增长极，达到推动经济增长的目的。这在客观上解释了产业集群的产生、演变和作用机制，构成产业集群理论来源之一。

（三）新经济地理理论

经济地理理论是以地域系统为基础，探究人类经济活动的形成和演变，从中摸索出地理空间上的经济发展规律。其研究的经济活动地域体系，既包括各经济部门在地域上的布局，也包括各地区经济部门的结构、规模和发展，以及地域布局和部门结构的相互联系，将自然、技术、经济等因素综合起来考虑对区域发展的影响，具有综合性特征。随着 20 世纪 80 年代新贸易和新增长理论的兴起，该理论体系对产业内贸易、专业化和经济增长方面的验证和解释取得了良好的效果，新兴的贸易理论和增长理论的内在逻辑体系与传统经济地理理论具有相似性，特别是与传统经济地理对经济要素在空间聚集效应的研究，相互之间产生融合效应，具有殊途同归的意蕴，使得这三个理论产生了交集，相互影响，由此而产生了新经济地理理论。新经济地理理论吸收不完全竞争和收益递增等产业组织理论观点，大量采用数学定量分析方法，将现实中的现象抽象化、模型化，构建大量的分析模型，包括区域专业化模型、中心—外围模型、产业扩散模型等，聚焦研究经济活动的空间集聚和区域集聚现象，力图构建“空间经济”的理论体系。

克鲁格曼的新经济地理理论主要研究“报酬递增规律”如何影响产业的空间集聚，即市场和地理之间的相互联系，其主要观点为产业在空间上的分布不均匀性是“报酬递增”的结果。现实经济生活中“报酬递增”现象广泛存在，而且可以应用到多个领域。举例来说，如果把一家企业孤立地建在大荒原上，没有竞争对手、没有合作伙伴、没有相关的产业辅助，无论它如何努力地做大做强，最终也避免不了“规模报酬递减”的结局。但如果将之建在经济要素和经济体聚集区域，它对原辅材料的要求、修订编制的生产工艺标准，就能够在经济要素和经济体高度集中的区域内快速而广泛地得到满足，在城市这个空间范围内得到满足。伴随着企业扩张和区域的发展，劳动生产率会越来越高，收益也随之提高，这样就可以实现“报酬递增”，促进产业聚集。

新经济地理理论开创者，当首推美国经济学家保罗·克鲁格曼（Paul R. Krugman），他运用“核心—外围”模型，分析地域空间内部形成产业集聚的原因。假若资源不可流动，为了使得运输成本最小化以及获取报酬递增效应收益，生产总会聚集在最大的市场。从历史经验来看，经济要素在地理空间上的集中，不是一朝一夕就能完成的，而是某种力量积累的历史过程使然，中心—外围理论成功地解释并预测空间经济体中经济地理模式的渐进化过程：在初始状态，一个地理区位由于自然演化或者人为因素，具备了某种优势，继而吸引其他地区生产商进入，甚至是全部迁移至此空间，强化了该空间的规模和优势，逐渐形成地理集中。如果某个地理区位率先形成产业聚集，就会形成先发效应，该地区的聚集经济就容易迅速发展起来，容易获得地区垄断竞争优势。新经济地理理论对产业集群的理论贡献在于从收益递增角度，探讨产业集群的形成机理，即使自然资源禀赋相同的两个地区，也可能因为某些偶然因素或者人为因素，使得其中某一地区率先形成经济优势，导致产业开始在此聚集，产生产业集群。当不同经济区域之间的经济要素转移成本，低于产业集聚区域内的规模收益部分时，则会形成统一的经济要素市场，经济要素会向生产聚集区流动。具体而言，新经济地理理论阐述产业聚集，提出诱发产业聚集的三个重要因素，即生产要素、中间投入和技术知识的使用。这三个重要的因素具有以下共同特点。

在使用过程中，能够带来很强的外部经济性，外部经济性表现为以下几个方面：第一，生产要素的聚集，尤其是劳动力生产要素的聚集，有利于形成劳动力市场，发挥劳动力，尤其是专业性劳动力的“蓄水池”作用。能够导致劳动力聚集的原因在于，同一产业的企业在地理位置上聚集，必然要招募和吸引大量的技术工人，对技术工人产生吸引力。劳动力在位置上的聚集，形成劳动力的“蓄水池”，劳动力“蓄水池”规模扩大，面对大量的劳动力聚集，企业可以根据自己的经营需要，适时调整用工规模，既不会因为业务扩大而无法招募合适员工，也不会因为业务规模短期缩减而不得不保留大量的储备劳动，以避免业务扩大后对劳动力的需求。劳动力“蓄水池”的存在，有利于企业规避市场上的种种不确定性，加上规模经济的因素，报酬递增效应就会随之产生。第二，中间投入品效应。产业在空间上的聚集并延续，能够对为此产业提供特定投入的中间产品商、服务商以及其他相关的专业化服务产生吸引力，进而迁移其中，成为聚集的一分子，乃至紧密融合，成为产业不可分割的一部分。在规模经济和范围经济的共同作用下，产业聚集的规模越来越大，产业聚集能力越来越得到强化。第三，技术溢出效应是强化产业聚集的重要因素。在产业集群中，专业性的厂商、服务商、劳动力等经济主体聚合在一起，对专业性的生产工艺、新产品技术、新设备等知识的传播，比非聚集的情况下要来得快速、有效，而且成本较低。换言之，处于聚集区的经济体，能够更有效地、成本低下地、快速地获得专业性知识，这就是聚集而产生的正外部性。

以克鲁格曼为代表的新地理经济学家，以经济聚集作为研究对象，以垄断竞争模型为理论支柱，着眼于空间上的交通运输成本考察，为空间经济活动的分析，构建了一个符合主流经济学研究范式的理论框架，通过规模经济效应、范围经济效应和收益递增效应较好地解释了经济聚集现象，为探索产业集群的形成原因提供了新的视角。然而，新地理经济学在研究过程中，把具有经济活动聚集的空间作为一个整体，考察这个整体的聚集形成，没有对经济活动聚集的空间内部构成及内部构成的各部分相互之间的运行机制进行探讨，没有深入到经济聚集现象的内部运行体系，也未能深入剖析企业规模报酬效应、收益递增效应和范围经济效应的来源。

（四）交易成本理论

在对产业集群形成机理的分析中，交易成本理论从交易费用这一分析工具着手，把在地理空间上聚集的企业之间的交往模式，看作一系列长期有效的契约组合，这一系列的产业契约组合就是产业集群。在交易成本理论中，把交易费用产生的根源归因于分工，有了分工，就形成了相互之间的依赖与合作，因而产生交易，有了交易，就会因为达成交易支付费用，从这一角度来理解产业集群，就是产业集群中的每一个组织，都是一个分工单元，也是一个交易单元，相互集中在一起，能够有效分工、有效交易，分工能带来效率，交易能以低成本进行。亚当·斯密最早对分工进行探究，他在《国富论》中论述了分工能够带来的好处，分工最大的好处能带来效率。但同时，分工越细，对合作的要求就越高，交易成本也就越高。分工程度取决于交易成本与分工收益的比较。

分工与交易，是一枚硬币的两面，不存在没有交易的分工，也不存在没有分工的交易。同时，只要有分工，就会产生分工收益的分配和争夺，就必然会产生交易费用。交易费用概念，首先由美国经济学家罗纳德·科斯（Coase. R）在其1937年发表的《厂商的性质》中开创性地提出，分工产生市场，市场缺少不了交易，分工越发达，交易越频繁，产生的交易费用就越多，“市场上的自利行为交互作用形成最重要的冲突，是分工经济和交易费用的两难冲突，分工越发达，则交易成本越高”。交易成本是维护“市场运行机制”的成本，主要包括两个方面的内容：一是为进行理性决策而获取市场信息所支付的成本。企业在理性决策之前，为收集交易对象、交易时间、交易地点、交易方式、市场价格等相关信息，必须支付相关的费用。二是交易各方为达成契约而进行的谈判和监督契约履行所支付的费用。企业是市场的替代物，是把由市场价格引导的交易行为演变为组织内部以权力主导的管理行为，以管理费用替代交易费用。企业替代市场，或者市场替代企业的边界在于交易费用和管理费用的比较。以交易费用理论的视角来分析组织边界问题，可以发现企业的大小、产业集群的形成和规模大小，取决于交易费用与管理费用的比较。当边际交易费用大于边际管理费用时，企业取代市场，扩大企业规模；相反，当边际交易费用小于边际管理费用时，市场取代企业，会增加交易数量，缩小企业规模。继科斯之后，美国经济学家威廉·姆森（Williamson）和斯科特（Scott）等对交易费用理论进行更为深入的发展和完善。威廉姆森于1975年和1985年分别出版的《市场与科层》和《资本主义经济制度》两本著作中，从不确定性、交易频率和资产专用性三个维度来解释经济活动的组织结构形成机理，该理论体系将企业的界限划分标准进行重新界定，不再以企业为单元来划分，而是以其业务为单元来划分，如果企业的某项业务在企业内以管理方式完成所支付的管理成本，要高于以市场交易方式完成所支付的交易成本，企业则会将此业务的经营让渡到市场中。企业或其他组织作为市场交易的单位，可以把若干要素所有者组织成一个单位参加市场交换，能够减少市场交易者单位数，降低信息不对称的程度，有利于降低交易费用。由此形成了介于纯粹的市场组织和纯粹的科层组织之间的另外一种新型组织形态，可称之为中间型体制组织。

中间型体制组织的存在，解决了科层组织的协调成本过高导致的规模不经济问题，也有效避免了市场不确定性导致的市场失灵问题。产业集群就是这样的一种中间型组织结构，介于纯粹的市场和纯粹的企业组织之间，运行体系比市场稳定，规避了市场不确定性，比科层组织灵活，减少协调环节，有效应对市场变化。通过企业之间的分工与协作、信息交流与沟通，降低交易成本。“产业集群的形成与发展是一个劳动分工深化、交易效率提高的过程。当然，从市场经济中的分工模式来看，产业集群和大企业制度是两种截然不同的分工协调模式。产业集群是通过企业间的分工来提高分工水平，企业则是通过企业内的分工来提高分工水平的。产业集群内各个企业在地理位置上的优势和其生产产品的高度相关性，使其交易成本降至极低，从而使产业集群变成了一个没有围墙的、可以无限发展的‘大企业’。产业集群内企业间分工协作和支持性的上下游相关企业的存在，使得可以通过企业内部分工的外部化或社会化，降低企业的交易费用”。据此，从交易成本理论出发，可以把产业集群的形成原因认为是解决交易成本和管理成本的一种组织形态，当分散的企业各自独立进行经营行为时，企业与市场具有相对明确的界限，当众多企业聚集时，特别是具有业务关系、分工协作关系的企业聚集起来时，企业与市场的明确边界被打破，众多企业跨越企业组织边界，把原本属于管理范畴的业务结合在一起，同时把原本属于市场交易的经营行为结合在一起，前者是避免科层体系的管理成本，后者是降低市场体系的交易成本，形成新的组织形式，即产业集群。它比市场稳定，但比企业的约束力要低，其运行主要靠信任关系、分工关系来支撑。产业集群的出现与成长，本质上是一种产（企）业间交易或联系形式的创新，是节约交易费用的需要，或者说是一种能够有效降低交易费用的“新制度”形式。

（五）新竞争理论

20 世纪 80 年代以来，出于对经济增长的关注，学界和实践界对产业聚集的重视程度前所未有，产业聚集概念被产业集群（Industry Cluster）所取代，成为学界新宠。产业集群由美国哈佛大学教授学院的迈克尔·波特教授在其 1990 年出版的《国家竞争优势》一书中首次提出，也称为“产业簇群”“竞争性集群”“波特集群”。其含义是指“在某一特定领域内互相联系的、在地理位置上集中的公司和机构的集合。它包括一批对竞争起重要作用的、相互联系的产业和其他实体，它经常向下延伸至销售渠道和客户，并从侧面扩展到辅助性产品的制造商，以及与技能技术或投入相关的产业公司，并且产业集群还应该包括提供专业化培训、教育、信息研究和技术支持的政府和其他机构”。此后，其他学者也给出了相似的产业集群定义，如 Gary Anderson（1994）将之定义为一个厂商群体以地理接近性为前提，相互之间彼此依赖、彼此互动、彼此协同，以增进各自的生产效率，强化各自的市场竞争能力。其他学者也给出了相似的概念，如认为产业集群是一种产品在产业链上的地理集中，以及与其产品相关的机构的集中，将产业集群看作联系紧密、相互依赖的生产企业在增值价值链中彼此联系的经济活动网络，包括相关企业的战略联盟，如技术研发机构、中介服务机构、咨询机构及客户。学者 Hill 和 Brennan（2000）从竞争性角度，将产业集群看作同一产业内可以与区域中的其他产业之间建立频繁交易关系的厂商。厂商可以运用相同的技术或者分享专业化的劳动力，从而获得比其他地区相同产业更强的竞争优势。

新竞争理论体系从经济竞争优势来分析产业集群的形成和发展，该理论认为产业集群的产生源于竞争力优势，产业集群产生以后，能够在保持竞争力优势的基础上，不断扩大竞争优势，促进企业形成更为优势的竞争力以及通过竞争力来获得市场竞争优势，是产业集群的本质。产业集群源于竞争优势并能发挥竞争优势，在三个方面对竞争优势产生影响：首先，企业创新能够提高生产效率，提升市场竞争优势。而产业集群能够为企业提供创新的要素，或者说，产业集群内存在企业创新所需要的多种要素，如专业化的产业知识、产业人才、中间产品、产业信息、产业知识研发机构等，并且能以较低的成本供应这些要素。其次，产业集群不仅能够促进产业集群内部的企业创新，自身也能够成为创新中心。当产业集群内的企业以创新为手段取得市场竞争优势时，众多企业聚集形成的集合体本身就是一个创新机构。最后，产业集群以创新求得生存和发展，带动和激发新的企业产生，从而扩大产业集群的聚集规模和创新能力。产业集群中的企业在创新上存在合作与协同性需求，而在经营上存在竞争关系，当大量同一产业的企业、机构集中在相同地理空间上时，相互之间的竞争必不可少。竞争是创新的动力，创新是竞争的必然结果，产业集群就是将竞争和创新融合于一体的机制，能够有效解决因为竞争导致的冲突，能够提供创新所需要的协同。产业集群竞争优势构建是以企业的创新和竞争为基础，经营环境的优势最终表现为产业集群对企业竞争的规范和创新要素的有效供给。新竞争理论从企业竞争力角度来阐述产业集群的形成和发展，企业竞争力来源于竞争和创新，而产业集就是有效提供竞争和创新的最佳场所，为产业集群的形成逻辑和运行机制提供了一种解释。

（六）其他相关理论

对产业集群现象的形成和运作具有指导意义的理论，除了前面较为详细阐述的理论以外，还有很多理论对产业集群的形成和运行产生了影响。其中包括社会经济学和区域创新理论等。经济社会学研究中的嵌入性、社会网络和社会制度等主题，将社会结构纳入产业集群现象的分析中，对产业集群的现象具有良好的解释能力。产业集群是在经济收益诱导下形成的，产业集群内的各成员皆为利来，利多则聚，利薄则散。经济主体的经济行为不是独立存在的，而是嵌入在社会网络和制度之中，社会网络形式和制度的表现形式，受到社会文化的制约或者促进。美国斯坦福大学马克·格兰诺维特（Mark Granovetter）教授认为，企业在地理空间上的扎根，建立各种网络而形成的聚集，能够形成交流与合作的体系，交流与合作体系形成以后，又能够形成企业的市场竞争力。其逻辑在于，当企业建构起依赖于经济体相互信任，特别是人际信任关系时，可以超越经济体之间的法律、制度和经济边界，使得超越边界的各个经济体相互之间形成默契关系，既能获得规则制定下的行为制约，又能获得规则之外的灵活性和便利性。之所以能如此，存在三个方面的原因：一是社会网络关系中的经济主体，具有共同的合作意愿，促使信任产生。一旦形成信任关系，能够有效避免投机，减少机会主义；二是具备信任关系的社会经济主体之间的关系相对稳定。信任是在较长时间的了解基础上产生的，在构建了解所花费的时间和合作过程中的磨合可以看作建立信任的一种成本，一旦在了解和合作过程中产生信任关系，就对各方产生较强的约束力；三是在空间上聚集的经济体，存在共同的利益诉求，也因为存在共同利益，所以才会在地理空间上聚集，在利益诉求一致的前提下，易于并倾向于采取一致行动，以达成共同目标。嵌入视角的社会经济学理论，能够较好地阐释社会文化因素和当地的产业氛围对产业集群的影响，特别是强调在社会网络结构中存在学习网络，学习网络能够促进产业集群中的经济主体相互学习、相互借鉴，在相互学习中获取新知识、新技术，使得经济主体深深地嵌入产业集群中，由此形成关系紧密的利益共同体。但也有研究指出，嵌入特征能够促进产业形成，使得产业集群成为利益共同体。但从另一角度看，嵌入性太强的产业集群，容易陷入发展困境，会影响产业集群对外部知识、市场、经济体的接受和容纳，对产业集群向更高层次发展产生制约作用。例如，具有特色的工业园区，其形成和兴起，是以其鲜明的特色为核心而聚集形成的产业集群，这些特色要么是在短时间内通过强化培育而形成，或者是通过长期的演进而形成，无论是短期内精心培育形成，还是长期演进形成，其在建立和成长初期，都需要以根植性的行为嵌入到当地经济体系中，形成具有鲜明的地方特色的产业聚集。但当园区向更高层次、更为广泛的大一统市场、国际化市场发展时，具有鲜明地方特色的产业发展模式却成了发展障碍。为避免路径依赖效应带来的负面影响，又不得不削弱，乃至消除根植性行为和发展模式。

对产业集群形成具有一定的解释能力的还有创新理论。继约瑟夫·熊彼特（Joseph Alois Schumpete）提出创新理论之后，经过逐步演变和探索，创新理论演变为两个研究方向：一是将技术革新和技术推广作为对象的技术创新论；二是将制度变革和制度推广作为对象的制度创新论。制度创新的内涵是指对现存的制度进行改造和变革，包括经济政策、公司制度、教育制度、税收政策、管理流程等诸多方面的调整，以获取收益或者避免损失。引发制度创新的根本因素是利益权衡，具体包括市场规模变化、生产技术改变、资源配置模式改变等，这些因素的变动，都会对制度变革产生影响，继而产生制度创新的激励。制度创新理论体系中的区域创新论、区域创新系统和区域创新网络三个理论分支，对产业集群的创立与形成具有较强的解释力。区域创新网络是在某一地理空间上相对集中的利益关联各方共同参与组成，在产业范畴内，相互之间经常发生横向合作联系，可能是正式的，也可能是非正式的；可能是高层管理者之间的联系，也可能是一般员工之间的联系，逐渐形成稳定、多元、互利的产业交往网络。在网络中，通过相互切磋、借鉴、学习和模仿等一系列的活动，能够在产业交往中营造出浓烈的创新氛围，创新网络由此而形成。当创新网络中的经济主体交往模式日常化、规则化和管理化之后，又会与当地的政府部门、科研机构、居民等主体产生稳定的交往，这些主体也会以多种多样的方式参与到创新网络中，并将参与路径、参与规则、参与事项等内容，以清晰的制度、规则和条例呈现出来，把创新这项活动，由企业的行为衍生为多个不同性质的主体相互激励、相互影响的创新系统，创新的内涵由此而演变为进化和社会的过程，创新活动成为当地的行为特征，成为当地的一种社会属性。当创新活动演变为社会属性时，创新主体的范畴就不仅局限于承担创新任务的企业，还包括企业外部的竞争者、合作者、技术知识的供给者、创新资本的供给者、创新活动的参谋者和培训者，以及为创新活动提供支撑的创新流程、创新规则和制度等。换言之，区域创新系统以合作创新活动和支持创新文化为特色，前者指的是企业和科研院所、专业培训和咨询机构、R&D 研发部门、知识技术转让机构等知识创造和扩散组织之间的相互作用的创新活动，后者指的是使创新企业和创新系统不断演进的创新文化。区域创新系统理论与新产业区理论存在密切的关联性，新产业区理论对美国的硅谷和“第三意大利”等地的经济发展进行跟踪调查研究，探索区域内的企业家精神、企业群的繁衍扩张以及根植于当地社会文化的“集体学习型”创新模式对创新活动的影响路径和影响模式。研究认为，创新来源于地方文化中的网络环境，包括蕴含的企业家精神、企业竞争合作的制度和社会结构，具有很强的地域根植性，行为主体通过在同一地理空间上的交流和学习，以及在竞争合作关系过程中所发生产业知识共享，能够结成稳定的正式和非正式的产业交往关系，建立这些长期交往关系，可以有效地大幅降低不确定性，降低交易成本。

三、产业集群形成机制和类型

产业集群是存在经济关联、产业合作的不同规模的企业以及居间起到促进作用的各种机构等行为主体，在特定的地理空间上集结形成的一种网络形态的市场中间型组织，是“企业外部化”和“市场内部化”的产物，是对企业科层组织和纯市场组织的一种效率补充，形成产业集群的内在动力，是专业分工基础上的规模经济和范围经济效应。无论是理论研究，还是经济发展实践，均表明产业集群在提升竞争优势、促进区域经济发展方面，起着越来越重要的作用。特别是在推动产业结构升级和优化、提高区域创新能力、改善区域经济核心竞争力方面，发挥着至关重要的作用。产业集群形成的内在动机是一样的，但产业集群的形成机制和路径却各有不同，不同的产业集群的自身效率范围也会有所不同。因此，探索产业集群的形成机制，区分产业集群的类型，确立产业集群的治理模式，更好地发挥产业集群在促进经济增长方面的作用，具有很强的实践和理论意义。

（一）影响产业集群形成和发展的因素

产业集群是城市化和工业化发展到一定阶段而出现的普遍现象，其表现形式是大量的企业和经济部门在特定的地理空间上聚集，这种现象导致生产要素得以优化配置，带来规模经济效应和范围经济效应。从产业组织角度来看，产业集群促进了向产业上游和下游衍生，拓展了产业链的深度，也促进产业集群横向发展，提升产业发展的广度，并且聚合大量的与本产业具有经济关联的经济部门，实现了不同产业之间的融合。产业集群的形成，是集群内部和外部环境交互作用推动所致，是集群内外环境的多种因素共同作用的结果。

对产业集群产生影响的外部环境因素包括：

1. 自然资源禀赋

自然资源禀赋状况对产业集群的形成和发展起着至关重要的作用，自然资源禀赋高的地方，更容易吸引企业进入，形成企业集聚，从而形成规模效应。自然资源禀赋对促进产业集群形成具有很大推动作用，但仅仅依靠自然资源禀赋来维持产业集群，就容易使得产业集群的发展难以维持。当自然资源丰富、社会对此自然资源的需求量大的时候，产业集群就能够以产业聚集的模式持续存在，当自然资源日渐减少以及自然资源的重要性被其他资源替代的时候，产业集群就会衰退没落。例如，我国很多资源型城市，曾经企业云集，产业聚集而生，经济蓬勃生机，但随着自然资源的衰竭，产业集群也随之退化没落，逐渐由经济发达地区演变为经济落后地区。

2. 社会资源因素

社会资源因素是指在促进产业集群形成和发展过程中的非自然性质、非天然性质的资源，主要包括当地的人力资源、知识技术水平、产业发展所需的公共基础设施和公共服务水平等。区域内的劳动力资源丰富，具有充足的较高专业技术素养的人力资源，以及区域内的人力资源之间交流频繁，都能提高人力资源的使用效率，降低人力资源成本。如果集群发展速度快，专业素养的人力资源培育速度快，则会发生累积效应，能够吸引更多的人力资源聚集其中；如果产业集群发展速度慢，经济绩效不明显，难以提供较高的或者合理的薪资，则会使得人才流失，不利于产业集群的发展。区域内的知识技术发展水平是影响产业集群发展另一个重要的社会因素，专业知识技术高的区域，可以为产业集群发展提供先进的产品工艺和优化的生产流程，能够有效研制出引领产业市场发展的新产品、新工艺、新技术，这在高新技术产业为特征的产业集群，表现得尤为显著。反之，知识技术水平落后的产业集群，可能因为工艺简单、研发不足而导致产业进入门槛低、容易复制，最终被其他地区替代，被竞争对手超越。

3. 公共设施、公共服务水平和产业政策

公共基础设施完善、公共服务水平高、产业政策扶持力度大的地方，可以降低企业的经营成本，提升企业投资回报率，更容易吸引企业进入，为产业集群的形成和发展创造良好的外部条件。由政府制定相关的产业政策，主导建设的产业园区，能够提供相对完善的产业发展所需的基础设施，在一定程度上能够引导区域产业发展方向，促进产业集群的形成和发展。但产业集群的形成和发展，归根到底还得由市场的力量支配，是市场化选择的结果。如果政府过度干预，对于整个产业市场而言，会扭曲产业市场的价格引导机制，扭曲产业市场发展路径，本地化的产业集群发展容易陷入饮鸩止渴的尴尬局面。对本地产业集群内部而言，政府过度干预，会诱发资源分配不均、不公的现象。而且产业政策的制定和落实，会有很强的滞后性，既可能加剧市场波动的风险，也可能会产生逆市场规律操作的现象，无法及时满足集群内企业发展的需要。

4. 产业市场容量与外部投资规模

市场对产业集群提供的产品或者服务的需求量，是这个产业集群的市场容量，市场容量大的产业集群，有利于形成品牌效应，有利于以较低的成本获得资源，更容易开拓潜在的市场，更容易吸引专业人力资源。此外，产业资本流动频率和流动规模，会对产业集群的形成和发展产生较大的影响，若进入产业集群的外来资本，特别是初始的外来资本规模大，影响力强，会对其他产业资本的进入速度和规模带来示范效应，从而形成产业聚集，促进产业集群的形成和发展。

5. 其他因素

对产业集群产生影响的内部环境因素包括技术进步水平、生产要素状况、专业性辅助、中介和既往的发展路径等因素。

（1）产业技术。

产业技术对企业的影响是多方面的，包括改善产品功能和产品质量，降低产品成本，提升经营效率，扩展利润空间，技术已经成为企业生存和发展的重要因素之一。技术能够给企业经营带来不菲的收益，企业的超高收益回报激励企业不断提升知识技术水平，但企业独立进行技术研发，资金投入大、周期长、成本大、风险高。使得中小型企业没有能力和意愿从事知识技术的研发。对于中小企业来讲，最理性的做法，就是嵌入浓厚的技术氛围，在日常经营活动中，彼此促进，相互学习，通过干中学的路径，不断提升技术水平，满足市场不断提升的产品效能和质量需求。企业离群索居，独居一隅，难以及时获得产业最新信息和产业技术研发的最新成果，容易被产业市场所淘汰。如果企业位于产业集群内，可以通过员工交往和流动、企业间的正式和非正式交流活动，使得集群内的新知识技术、管理经验、产业信息等得以传播分享。正如马歇尔所言，从事同样的需要技能的行业的人，从相互间接触交往中获得的收益是很大的。在交流来往中，人们不知不觉地学到了很多秘密的东西，行业秘密逐渐演变为公开的秘密。从这一过程可以看出，技术进步能够推动产业集群的形成和发展。随着产业集群内的技术不断进步，企业对资源的使用效率不断提升，公共物品的供给能力得到增强，对产业区外的劳动力、企业自然资源都能产生吸引力，吸引它们流入产业集群中，促进产业集群的发展。产业集群的技术水平以及技术水平的提升能力，直接影响产业集群的形成和发展速度。

（2）生产要素组合状况。

劳动力、资本、土地等生产要素是企业从事生产经营活动的基本必备品，地理空间上的这些生产要素状况是企业在生产经营选址时重点考虑的内容。劳动力包括体力劳动力和脑力劳动力，劳动力对产业集群的影响主要表现在招聘成本、使用成本和职业素质上，劳动力获得成本和使用成本低，职业素质高，能够有效降低区域内企业的劳动力使用成本，提升劳动力使用效率，吸引其他地区的企业转移到产业集群中来。资本和土地丰富意味着资金成本和土地成本低，土地成本和资金成本高的地方，企业建厂、扩建或搬迁的成本就相应地提高，削弱企业的师承竞争能力和盈利能力，不利于产业集群的形成。

如果把土地、资本和劳动力看作有形要素，还有一类无形要素，包括知识、管理、网络、制度等。无形要素与有形要素的区别在于，对有形要素的研究是从资源的有限性和稀缺性着手，以边际报酬为标准来确定生产要素的投入标准，而无形要素研究起点是资源的无限性和丰裕性，从边际报酬递增角度来衡量生产要素的投入水平。二者之间的联系在于，无形要素可以渗透进有形要素，使得有形要素的边际收益递减的临界点后移。在产业集群形成的初始阶段，企业之间的聚集动机是为了方便、有效利用有形要素，且在地理空间上的聚集，可以减少彼此对有形要素的搜索成本，共享产业市场信息，这对产业集群形成具有很大推动力。随着产业集群的成长，无形要素作为一种取之不尽、用之不竭的资源，能够不断渗透到有形要素中，使集群能够获得集聚经济（规模经济、范围经济和外部经济的复合）所带来的优势，当众多的无形要素嵌入到有形要素中，有形要素的边际收益曲线递增部分会得以延长，投入规模的边际报酬临界点会得以提升。

（3）路径依赖对产业集群形成和发展的影响。

事物的形成和发展，一旦选择了某种模式或体制，形成发展路径，并沿着这个路径成长壮大，产生了既定的规模经济效应、学习效应和协调效应，对其发展方向和态势形成适应性预期以及产生既得利益约束，使得该发展模式和发展体制沿着既定的方向不断得以自我强化，形成事物发展的路径依赖。路径依赖这一概念最早出现在 Paul 的《技术选择、创新和经济增长》一书中，以 QWERTY 键盘的历史发展为例：1868 年，“打字机之父”——美国人克里斯托夫·拉森·肖尔斯（Christopher Latham Sholes）获得打字机模型专利并取得经营权，又于几年后设计出现代打字机的实用形式，开创性地设计了键盘结构模式，即当前的“QWERTY”键盘。QWERTY 的键盘按键布局方式非常缺乏效率。比如，排在键盘中间的字母，被使用的频率仅占整个打字工作量的 30% 左右，这就引发一个现象：在打字过程中，为了打出一个字或者单词，时常要上下左右反复移动手指；再如，人们在打字过程中，习惯性地使用右手打字，但在 QWERTY 键盘设计上，左手却承担了打字过程中 57% 的工作量。虽然键盘结构布局存在这样那样的不足，给使用者带来不便，但键盘设计的初创者开创这个模式，并使得整个模式被广泛地推广使用，历史的偶然性就这样决定了键盘的布局，由于存在路径依赖，打字机的键盘布局被继承到了计算机键盘上，一直沿袭至今，成为键盘生产和设计的标准，难以变更。路径依赖利用技术的相关性、规模经济和投资的不可逆性解释了路径依赖的存在，认为路径依赖是一种发展过程，在这一过程中出现的事件不管随机与否，都会对最终的结果产生重要影响。路径依赖会产生很强的嵌入效果，形成根植性，产业集群一旦形成根植性，会带来各种锁定效应，包括功能性锁定、认知性锁定和政治性锁定，锁定效应导致集群陷入僵化和衰退。对于根植性在集群发展过程中存在的风险，国内外众多学者也从不同角度给予了阐述。Todtling 通过对奥地利斯太尔地区冶金工业集群的研究指出，这些老工业基地路径依赖的形成，在很大程度上是由于在“制度僵化”的影响下，逐渐成为过去成功的牺牲品。这些过去成功所带来的荣耀往往会在整个区域的社会心理上产生深刻的影响。我国区域经济学学者王缉慈教授也指出，路径依赖是造成一些地区经济衰退的主要原因。也有学者从组织生态学的角度分析指出，在资源型的区域产业集群发展过程中，路径依赖是造成区域发展落后的一个重要原因。

（二）产业集群形成机制

产业集群的形成和发展，只有在条件充分具备后才得以发生。只有当地理区位、自然资源禀赋、产业特征、市场环境、产业知识技术等发展到一定阶段，才会促成产业聚集，形成产业集群。产业集群的形成和发展，大致要经历萌芽阶段、形成与发展阶段、成熟阶段。在萌芽阶段，地理区域充分积累了内部、外部条件后，扩张产业优势，不断强化自身核心竞争力，推动集群由初始自发形成状态向成熟状态发展。处于成熟阶段的产业集群，产业链条完整，产业集群内的组织之间关联度高，配套设施齐备，分工明确精细，各企业之间既合作，又紧密分工，形成一个稳定而又密切相关的产业关系网络。产业集群在龙头企业的引领下，开始实施全球化战略，在世界范围内形成更为广阔的市场，成为全球价值链的重要影响力量。具体来讲，产业集群的形成机制包括以下几个方面。

首先，产业集群的形成和发展离不开区域经济政策和产业规划的支撑。积极有效的区域经济政策和产业规划，会推动形成一系列的促进产业集群发展的制度体系，通过一系列的制度与规则，逐步引导人力资源、自然资源和资本资源向产业集群流动。产业集群内的规范化经营，通过经济政策和产业规划，为产业集群提供充分的基础设施和公共服务平台。积极有效的产业政策一定是在尊重市场规律的前提下，更有效地发挥市场机制对资源的配置作用，推进产业集群的快速、优质发展。

其次，关键产业要素聚合是促成产业集群形成和发展的初始原因。产业集群之所以在某一个地理空间上产生，而不形成于其他区域，不是偶然的，而是在一些产业关键要素的主导下形成的。这些产业关键要素大致包括三种：①特定的区位优势、自然资源禀赋、产业工人、资本资源或者技术等资源优势；②良好的市场秩序和企业经营氛围，吸引产业内的企业迁移于此，如良好的投资环境（包括良好的政企关系、完备的基础设施、投资政策、政策优惠、产业规划等）；③当地具有充足的市场需求，具有充足的市场容量。在持续的区域优势、市场需求、适合企业运营的环境因素等众多因素的合成作用下，相互关联、产品配套、相互竞争的众多小企业集中到某一区域，形成一定的企业聚集效应，是产业集群形成和发展的初始阶段，聚集于此的企业大多数是为降低成本、提高市场竞争力而来。

再次，专业化分工带来的规模经济和范围经济效应是产业集群形成和发展的根本。产业集群初始阶段，产业关联度高的企业在部分关键要素主导下，在空间上进行聚拢。随着聚集程度提升，企业之间的合作加深，出于对规模经济效益和范围经济效应的追求，就会转向专业化分工，形成一体化的分工合作系统。许多企业受自身条件的限制，难以通过内部扩张获得规模经济和范围经济，而在产业集群内，企业的组织形式不再是“大而全、小而全”的组织形式，而是寻求与别的企业分工合作，专注于产业链条中的某一环节，或者某一环节中的某些工序，形成了两种模式的聚集：一是与同类企业聚集；二是与产业链上各环节的企业聚集。同类产品生产上的协作使得整个产业集群内的生产规模扩大，实现规模经济效应。产业链各环节上的专业化分工的企业，在有限的空间范围内，形成较为完整的产业链，产业链的上下游企业相互之间合作更为紧密和有效。两类聚集模式，共同组合形成完整的地方化生产系统，既可以实现规模化的单一产品生产，也可以在范围经济内实现多样化的产品生产。产业集群内协作分工的企业数量越多，正的外部经济性就越明显，越能吸引更多的外来企业入驻，进一步扩大产业集群的规模。从交易成本角度来看，产业集群规模扩大和专业分工进一步强化，能够有效节约交易费用。此外，产业集群中众多的中小企业，分布在产业链的不同环节、不同工序，基于地理位置毗邻、业务流程衔接、相互信任等因素，使得交易成本大幅下降，产业集群中的企业寻找零件、中间产品以及相关服务快捷可靠，大大节约了市场搜寻、谈判、讨价还价等环节的交易费用。

最后，成熟的产业网络和治理机制，促进产业集群的稳定发展。产业集群形成后，通过专业化的分工协作，在横向关系上，逐步形成多元化合作体系；在纵向关系上，逐步形成纵向垂直一体化的分工体系，形成纵横交错而又分工明确的产业网络，部分取代作为大型企业的封闭式的纵向一体化组织形式。产业集群内的企业、机构间的产业交往频繁，不仅能够有效降低交易费用，还能够因为密切接触和交往，促进产业知识技术和市场信息的传播和交流，促进产业技术扩散，有利于产业知识技术的研发和产业创新活动。当产业集群内的分工合作体系日渐完善、经济主体的行动规则逐步取得一致时，就意味着产业集群的内部治理机制基本形成了。产业集群的内部治理机制具有很强的根植性和网络性特征，产业集群内部治理机制的根植性和网络性，是产业集群成熟和稳定的标志。产业集群进入成熟稳定期后，必须主动融入全球价值链中，广泛汲取更为前沿的产业技术知识和产业信息，开拓更为广泛的市场空间，寻求更大的突破，否则，产业集群可能会因为某些关键产业要素的变化而失去市场竞争力，如劳动力成本提升、本地自然资源禀赋消失、市场需求变化等，都能导致产业集群急剧变化，失去产业集群的优势，产业集群内的企业纷纷外移流失，产业集群进入衰退期，产业集群聚集规模缩减，甚至消失。

（三）产业集群的类型

对产业集群类型的探讨和界定，更能有助于认识和了解产业集群，有助于探究科学合理的产业集群治理模式。产业集群的形成路径和模式各有不同，从不同角度对产业集群进行划分，划分的结果也会有所不同。美国学者马库森（Markusen）在1996年出版的《光滑空间中的黏着点：产业区的分类》一书中，将产业集群划分为四类：①马歇尔式产业区（Marshallian District）。由历史与自然共同限定的产业聚集区域，规模经济相对较小，大量产业贸易在产业集群内进行，与区外企业的联系和合作程度低。如美国硅谷、意大利产业区等产业集群属于这一类型。②轮轴式工业区（Hub - and - spoke District）。指在某一特定产业内互相联系、在地理空间上集中的公司和机构的集合，其中有一些企业对集群的形成和发展具有主导能力，是产业集群中的核心企业，对产业集群中的其他企业和机构具有很强的支配能力。在产业集群中，核心企业的交易活动范围非常宽广，除了在集群内部与配套企业进行交易外，还与集群外的竞争者、顾客和供应商保持密切的交易活动。③卫星平台式工业区（Satellite Platform District）。该类型的产业集群主要由区域外的大型企业分支机构组成，这类产业区往往是在距离城市较远的地方，选择一定的区域开发兴建而成，其显著特点是与外部企业，尤其是母公司保持密切的联系。产业区内贸易规模不大，频率不高。马库森认为，卫星平台式产业集群缺乏足够的内部联系，缺少内部的联系网络，难以共担风险，核心企业中途转移的可能性高，会威胁本区域的增长，所以建议利用平台设施所集合的资源培植多样化部门，以增加区域的稳定性，保持集群对本区域的黏性。美国北卡罗来纳州的科技园区、巴西的马纳斯等属于这类产业集群模式。④政府主导式工业区（State - centered District）。主要由公共或非营利的实体支配，如军事基地、军工企业、大学或集中的政府机构等。在实践中，上述四种产业园区可能独立存在，也可能混合存在，或者是在发展演变过程中，由其中的某一种形态的产业园区转化成另外一种形态的产业园区。

迈克尔·波特根据产业集群间的产业关系联系，把产业集群划分为横向联系（Horizontal Dimension）的产业集群和纵向联系（Vertical Dimension）的产业集群。横向联系的产业集群主要由处于产业链相近或者相同位置的产商聚合而成。纵向联系的产业集群由处于产业链不同位置的企业以及供应商、服务商和客户，通过产业交互关系，聚合在一起而形成。Philip Mccann、Tomokazu Arita 和 Ian R. Gordon 等（2002）从交易成本角度将产业集群分为单纯集聚体、产业综合体和社会关系网络，它们各自的特征见表 1 - 1。

表 1 - 1　基于交易成本视角的产业集群类型及其特征

特征	单纯集聚体	产业综合体	社会关系网络
企业规模	小	部分企业规模较大	无规律，变化
企业间关系特点	不确定，不稳定	较为明确的、稳定的商业往来关系	信任、合作、联合行动、机会主义较少
集群企业资格	开放	相对封闭	部分开放
参加集群的条件	支付土地租金	封闭	部分开放
空间结果	支付土地租金	对租金无影响	对租金无影响
空间分布	城镇	产业园或非城镇	非城镇
案例	竞争性城市经济	石油化工产业综合体	新产业区
分析方法	单纯集聚模式	投入—产出分析	社会关系网络理论

在中国，产业集群的实践要早于产业集群的理论。20 世纪 50 年代，从平衡布局和国防建设需要出发，我国对国防工业、重点项目企业进行政

府主导型的布点，由此而形成的工业区和工业城镇（市），实际上就是各种不同类型的产业集群。自20世纪90年代以来，相对成熟的西方产业集群理论传入国内，受该理论的影响，从中央到地方的各级政府以该理论为指引，批判性地采纳运用到政策制定和决策中，构建各种类型的产业园区、工业园区和开发区等，这些不同类型的产业园区、工业园区和开发区，在本质上是产业集群。在此背景下，产业集群如雨后春笋般地形成和发展，特别是长三角、珠三角、京津冀等经济热点地区，高等级、高水平、高质量的产业集群竞相出现。在借鉴西方产业集群理论的基础上，伴随产业集群实践的兴起，国内对产业集群的研究逐渐成为学界热点，使产业集群研究向更深、更广的大方向拓展。由于不同产业集群的形式对区域经济的推动机制各不相同，对产业集群进行划分并选择合适的运用，非常有必要。在国内，仇保兴是对产业集群较早进行研究的学者，他从集群内企业间的关系角度出发，将产业集群划分为：①市场型产业集群，产业集群内企业之间以平等的市场交易为主，以水平的联系来完成产业协作生产，集群企业之间更多的是依靠市场规则来界定各自的权利和义务，较少产生主导型和附属型的企业关系；②锥形产业集群，也称为中心卫星型，以大型企业为核心，众多的中小企业为其提供配套服务而形成的产业集群；③混合网络型产业集群，产业集群内的企业间的产业联系，主要是以网络信息而非物质联系为主，是以计算机辅助设计和制造业的柔性生产方式来进行生产的产业群落。王缉慈在考察新产业区形成路径的基础上，把我国产业集群分为五种类型，具体划分及其特征见表1－2。从创新视角来考察产业集群，可以发现产业集群有两种差异明显的发展路径：一是高端路径和创新型集群，这类集群以欧洲成功的产业区为典型，以创新、高质量、功能的灵活性和良好的工作环境为特征，企业间的合作具有规范的规则、制度、惯例可遵循，相互间的合作平等互利、默契自觉。二是低端道路和低成本产业集群，企业聚集于此，能够有效降低成本，企业在市场的竞争优势也是低成本，我国参与国际竞争的产业集群，多数以此为特征。

表 1-2　我国产业集群主要类型

集群类型	主要特征	典型例子
传统工业基地	国有大中型工业企业为核心的地域生产综合体	大庆油田
外加工基地	国际产业分工的世界工厂	深圳东莞地区
经济开发区	政府规划的产业园、工业园	工业园区、产业园区
高新技术产业集群	智力密集型的中小企业扎堆	北京中关村
乡镇产业集群	民营中小企业专业化分工形成的特色经济	佛山石湾陶瓷产业集群

在2009年发布的《中国产业集群发展报告》中，以产业集群的形成机制为划分依据，将我国的产业集群分为资源驱动型、贸易驱动型、FDI型（外资直接投资企业）、科技资源衍生型、大企业裂变型、产业转移型六种。六种类型的产业集群普遍存在于我国不同地区和行业之中，呈现出各自的特征，发挥不同的作用。

（1）资源驱动型产业集群。不同地区的自然资源和社会资源禀赋存在差异，有的地区某些自然资源禀赋和社会资源要丰裕一点。在自然资源和社会资源禀赋丰裕的背景下，在挖掘和开发本地自然资源的过程中，逐渐形成具有优势的、独特的产业专业化条件和商业氛围，在内生型社会资本积累的推动下，有效激励民间微观经济主体的自发创新，将本地具有的丰裕自然资源和社会资源价值提炼出来、生产出来和发挥出来，并在市场上实现这些价值。随着这些资源价值的挖掘、生产和实现，借助市场的催生力量，逐渐生成产业集群。以自然资源禀赋优势形成的产业集群是自然资源驱动型产业集群，这类产业集群主要分布在中西部地区，多数是以石油、矿物质开采、特定的农副产品等自然资源为加工对象而形成的产业集群；以社会资源禀赋优势形成的产业集群为社会资源驱动型产业集群，主要分布在东南沿海地区，这些地区交通便捷，与外界联系广泛，在悠久的历史发展过程中，逐步形成与市场文明契合的工商业文化习俗，能够对工商业企业产生有效的聚合效应，形成产业集群。

（2）贸易驱动型产业集群。此类产业集群的形成与兴起，大多数是缘于当地一些企业家在国内外市场中捕捉到一定的商业机会，从单个家庭式或者小微企业创业开始，赢得商机带来的收益，由此逐步扩大，在示范效应的带动下，同类型的企业会如雨后春笋般地出现，并会产生相应的配套企业，最终产生以国内外贸易为纽带的产业集群。与资源驱动型产业集群相比，二者共同的地方在于都是自发形成，最大的区别则在于资源驱动型产业集群的形成和发展是建立在本地的自然资源和社会资源基础上的，具有一定的物质基础和地方特色；而贸易驱动型产业集群的形成和发展是以商业机会为契机，没有相应的产业基础，是从无到有、从有到众多、从众多到优势的发展模式。在我国改革开放的进程中，当对外开放的大门打开时，前所未有的贸易机会、市场机会大量出现，催生了大量的贸易驱动型产业集群，这类产业集群是我国现有产业集群的主要形态之一，占很大比重，广泛分布在纺织行业、机电产业、家私家具行业等技术含量比较低的日用消费品和耐用品行业中，这类产业集群多数分布在对外开放比较活跃的地区，如广东珠三角地区、长三角地区。

（3）FDI型产业集群。与贸易驱动型产业集群相似，外资直接投资型产业集群的兴起也是源于对外开放带来的商机，贸易驱动型产业集群偏重于依靠有利的地理位置，捕捉市场机会，在满足市场供需平衡过程中创业，并聚集成群。外资直接投资型产业集群也是在对外开放过程中，一些地区占有区位优势，以优惠的投资政策、丰富的土地资源以及充足的劳动力供给，在地方政府的招商政策刺激下，一些外资企业逐步进入该地区从事投资经营活动，在此带动下，通过当地政府基于经济增长目的的市场培育、出于盈利逐力目的的企业创造性模仿和处于企业家精神激励的创新创业等多方面的共同作用，形成以外商投资企业为纽带的产业集群。根据形成类型来区分，外商投资型产业集群又可以分为两类：一是围绕单个外商投资企业而形成的众多配套企业的产业集群，如深圳富士康产业集群；二是以世界行业内大企业和产业链上下游企业聚集的产业集群，如为大型外商企业提供代工生产、贴牌生产等众多的企业聚集在一起，形成处于产业链相同位置众多企业聚集的产业集群。

（4）科技资源衍生型产业集群。这类产业集群是以科研机构为核心的产业聚集，受科研资源聚集的影响，众多企业以科研资源为依托，将科技创新作为市场竞争优势的资源，以技术推广和运用为经营内容，将科研成果迅速转化为符合市场需求的应用型产品和服务，以此形成高新技术产业集群。

（5）大企业裂变型产业集群。这种产业集群是以一家大型企业的专业化分工为基础形成的，这是我国产业集群发展中的一种特殊表现。随着国有企业改革，以往的大而全的国有企业，通过资产组合、专业化分工、剥离非核心业务等改革手段，使得以往的大而全的国有企业逐步分裂形成众多的企业群落，这些企业群落，或者以控股与被控股、投资与被投资、配套与被配套、合作与协同等多种形式紧密联系在一起。随着市场竞争中的专业化水平越来越高，很多大企业专注于产业中某一环节的能力建设，缩减或者外包自身不擅长的业务，分化形成或者吸引众多的中小企业承接相关的业务，这些众多的中小企业依附大企业，为之配套，通过产业合作，提供产业服务，从而形成全产业链的产业集群。大企业分裂后所形成的众多企业以及吸引来的企业与原有的大企业之间的关系发生变化，分裂后的相互之间的联系与以往的相互之间联系最大的区别在于，以往的联系是一个组织体系内部不同部门之间的工作协调和组织分工，其联系的基础是科层体系和计划体系，裂变以后的联系基础是平等合作、互惠互利的市场体系。

（6）产业转移型产业集群。随着经济发展和对外开放水平的不断提升，一些发达国家和发达地区将劳动力密集型产业、技术含量相对低下的产业转移到土地租金相对低廉、劳动力供给较为丰裕的地区，那些在土地、劳动力、自然资源等方面具有相对优势的地区，出于促进地区经济增长的考虑，会积极主动地、有计划地承接较为发达地区转移出来的产业，形成产业集群，这些产业集群主要以劳动力需求量大、土地资源依赖程度高为主要特征。

对产业集群的分类，基于不同学科的视角以及研究主旨，分类的结果也会有所不同。分类方式的差异，在一定程度上影响研究的深度和广度，在实践中则会影响政策制定和执行的效果。有鉴于此，产业集群的分类，应该遵循两个原则：一是现实性原则，从促进集群形成和发展的视角出发，重视集群分类的应用价值和现实意义，避免坐而论道，为研究而研究，华而不实。二是客观性原则，客观分析产业集群的形成和发展的影响因素以及带来的经济效应，不能把不属于产业集群的经济现象强行纳入产业集群范畴来研究。

第二章　知识在产业集群形成与发展中的作用

一、产业知识是企业获得市场竞争力的源泉

对于产业集群的形成和发展，视角不同，所产生的结论也有所不同，但都一致认为企业之所以能聚集成群，形成产业集群，是因为企业参加到集群中来，能够获得更多的收益，包括获得更多的利润、降低经营成本、提升市场竞争能力等。如果单个企业独自经营，就难以获得上述的收益，而只有在地理空间上集聚成群，形成企业群体，形成聚合效应，才会带来这些收益。聚集成群形成聚合效应，聚合效应能够带来额外的收益，主要是因为企业在地理空间上聚集成群，通过分工合作、商业往来等活动，建立以信任为基础的经营网络，有效降低交易费用，通过聚集成群，能够在更大规模和更大范围内实现产业分工，实现规模经济和范围经济效应。但之所以能形成经营网络，实现产业分工协作，追根究底，是因为产业知识的共享、运用和创新，换言之，产业集群的形成和发展，既依赖于产业集群中的经济行为主体对产业知识的共享和运用，也依赖于产业集群中产业知识的不断创新。

（一）企业知识理论对企业本质的重新认识

自科斯从交易费用角度探索企业本质以来，以交易成本概念为分析框架的企业理论研究与实践，取得了很多重大进展，并成为企业理论的主流。随着知识经济时代的到来，对企业本质的理论探讨，开始由交易成本

为基础的企业理论向以企业知识和能力为基础的企业理论转变演化，使得企业理论研究进一步贴近现实，贴近实践。

主流经济学基于理性人的假设，着重研究企业内外的竞争与合作关系，形成广为人知的委托代理理论，但在现实中，人的理性是有限的这一现实，削弱了该理论的解释效果。在非主流经济学领域，科斯在1937年发表《厂商的性质》一书，初始并没有得到学界的重视，随着实践领域不断出现新的现象、新的问题，当时的主流经济学对新事物、新现象、新问题的解释显得力不从心，迫切需要新的理论或者新的视角作为补充，在此背景下，20世纪60年代，科斯首创的交易成本理论逐渐被学界认知和推崇，得到迅速发展。该理论打破传统的经济学的“理性人”“无限理性”等前提假设，从现实出发，认为人的理性是有限的，在此基础上开启了一系列的探讨，得出相关的结论，这些结论能够较好地解释企业产生以及存在的合理性，受到学界的青睐，逐步演变为企业理论的主流。然而，交易成本理论学派注重交易行为，却忽略了企业内部的生产经营行为，并在企业知识的使用方面，隐含了这样一个假设：企业的知识是外显的，一旦被某一家企业或者其他组织创造出来，其他企业或者组织就能够以边际成本为零的代价取得，运用于生产经营过程中。但在实践中，企业外显的知识仅仅是企业知识的一部分，甚至是很少的一部分，大部分的企业知识是内隐的，内隐知识是在实践中运用显性知识的个体经验总结而成的，来源于实践，同时又只能在实践中体现其价值。在转移方式上，内隐知识与显性知识也存在显著差异，隐性知识不能通过书面的、文字的或者非人际接触方式获取，相较而言，显性知识转移途径多，转移速度快，一旦完成转移，使用成本接近于零。而隐性知识的转移途径少，几乎完全依靠人际交往接触，转移速度慢，使用成本高，使用效果具有很大的不确定性。在知识经济时代，知识成为企业最重要的生产要素，知识通过改变其他生产要素的使用途径、方法和模式，使得其他生产要素的使用效率得到大幅提升，而决定企业之间差异，不仅是企业所拥有的显性知识总和，更取决于隐性知识的总和，因为显性知识与其载体的分离和结合，可以通过外在学习、市场购买来实现，而隐性知识与其载体的分离与结合，在短时间内难以通过外在学习和市场购买来解决。

在现实中，相同产业中的大致类似的企业，有的能够获得成功，有的却失败了，经营结果大相径庭，交易成本理论难以对这种现象进行合理的解释，需要一种新的理论和视角来探讨问题的答案。在这种背景下，以能力为基础的企业理论（Capability Based Theory of The Firms）产生了，该理论能够很好地解释企业竞争力的来源以及企业间的异质性。企业能力理论将能力界定为一种方法性的知识，这些知识中，有的知识内容模糊，范畴难以界定，难以在短期内传授。即使如此，在实践中，知识载体却能运用自如，相互配合默契，这些知识虽然错综复杂、模糊不清，但又能自成体系，这就是隐性知识的外在表现，隐性知识构成企业知识整体的一部分，企业知识规模及其水平，对企业能力产生重要影响。企业能力决定企业的市场竞争优势，是企业在市场上的竞争优势来源。构成企业能力的是企业知识，包括隐性知识和显性知识，所以企业能力理论，又被称为企业知识理论。企业知识理论从四个方面，对企业的本质进行重新的认识和解释。

一是在企业形成和存在认识上，企业知识理论认为，将土地、设备、人员和资本等企业生产要素串联起来，使得这些生产要素组合运用形成产品和服务的，是企业知识，企业又是关于这些知识配置和运用的制度总和。企业的生产经营活动就是将拥有不同知识的主体，按照“团队生产”的组织生产形式，构建知识使用、交流、转移和共享的环境，创造市场需要的产品，提供满足市场需要的服务。

二是关于企业之间异质性的认识。企业之间的异质性是指企业与企业之间存在差异，各有不同，即使行业、规模、设备等方面相同，但各自的市场竞争能力、生产经营过程、生产要素组合方式等也一定会存在差异，导致企业之间异质性的根源在于企业在生产过程中的知识积累和知识水平的差异。在企业的生产经营过程中，员工的知识背景、个性、交流方式等不同，导致员工在工作中，将自身所拥有的知识运用于工作的数量和方式也有所不同，影响个体知识转化为组织知识的程度和方式，企业由此而积累的知识总和、知识配置模式、知识使用方式也会各有差异，最终导致企业之间的生产成本、市场竞争优势、利润水平的差异，这就是产生企业异质性的根源所在。有些企业的知识交流、运用的环境能够有效促进知识载体相互之间进行广泛交流，相互糅合，有效整合成更具创新性的企业知识，降低知识使用成本，提高知识使用效率，有助于形成独具特色的且具有市场前景的技术、产品、服务，形成企业的核心竞争力，取得市场优势地位，在市场中逐步成长壮大。

三是关于企业边界的确定。企业的显性知识和隐性知识构成企业知识总和，显性知识由于其外显特征，容易通过模仿学习和书本学习获得，相同规模的企业之间，在显性知识拥有与运用方面，很难形成差异，因此，很难通过显性知识的差异来区分企业竞争能力。但在显性知识运用过程中形成的经验总结、心得体验等隐性知识，却存在很大的差异，由此差异导致企业竞争力的差异。依照企业知识理论的观点，知识是企业在生产过程中投入的首要因素，投入的知识专业性多而复杂，决定了企业在经营活动中，需要各种不同类型的知识主体共同合作和努力。将不同类型的知识主体协调起来，共同致力于企业生产经营活动，不是市场，而是企业。市场不具备这种协调能力，是因为在市场协调过程中会因知识的隐含性和不可分割性等原因而失败，而对于企业而言，作为一种生产产品和服务的制度安排，能够有效规避市场在协调知识合作方面所存在的不可分割性的缺陷，能够有效解决知识在运用过程中的隐含性带来的弊端。企业这种组织形式，为不同类型的知识主体进行知识运用创造了专业知识的氛围，提供了知识运用的环境和场所。换言之，企业是生产活动所需知识的获得、运用和积聚的有效制度安排。由于企业中的知识积累是拥有各种专业知识的多个知识主体在经营过程中相互作用的结果，所以由此形成的有关知识资产便是由企业拥有而非企业中单个知识主体所拥有，这就使得企业具有比企业各类知识主体所拥有的知识之和还要更多的知识，这些额外的知识存在于企业的经营体系中。企业知识理论将企业看作一个知识运用、知识整合、知识创新的实体，在这个实体中，知识在整合中运用，在运用中创新，是企业能够获得长期超额收益、产生长期收益的机制的深层原因。如果企业是为了协调不同类型知识主体的知识运用、整合和创新而存在，那么，由什么来决定企业的边界呢？制度经济学家德姆塞茨是这样解释企业的垂直边界的：在市场能有效地转换产品但不能有效地转移知识这一假设前提下，如果在生产阶段B需要使用阶段A所利用的知识，则生产阶段A和生产阶段B将被垂直整合在同一家企业中。另外，如果阶段B不需要使用阶段A所利用的知识就可完成生产任务，则阶段A和阶段B就能有效地通过市场交换相联系，换言之，生产阶段A与生产阶段B可分为两家独立的企业。

四是关于企业内部的协调和默契。其他的企业理论在探索企业内部的协调和默契问题时，主要关注协调企业成员形成统一的工作目标，减少机会主义、道德风险等现象。企业知识理论更多的是关注企业内部不同类型知识主体如何进行知识一体化合作，实现相互之间的协作，形成默契的分工合作关系。企业知识理论认为，企业的日常生产经营过程，从本质上看，是各种知识载体的知识交互使用的过程，在这个过程中，维持并提升企业的生产经营水平，需要各种知识专业人员的知识分享、交流和整合。而知识专业人士对知识分享、交流和整合也存在需求，因为在分享、交流和整合过程中，能够增加自身的知识存量，提升自身的知识使用效率，提高自身的工作技能和工作效率。当知识载体的员工具有知识分享、交流和整合的意愿时，机会主义和道德风险就会有效化解，相互之间因为工作配合而形成的默契关系就此形成。但是，由于组织成员个体知识的内隐性、专业性以及难以转移性等属性，企业内个体即使具有知识一体化的意愿，也未必能实现知识一体化的愿望，其结果就是难以形成协调和默契，轻则影响企业经营效率，重则导致企业经营失败。就企业决策权而言，由于决策质量取决于其赖以做出决策的相关知识，决策权的配置必然要与企业的知识配置情况相一致，如果与决策相关的知识能够集中，企业决策就可以随之集中化，进行集权化决策。但企业知识转移和知识积聚的能力，随知识类型不同而有所差异，因此与集中化决策权配置相一致的知识集中化于一点，在现实中很难实现。更多的情况是决策所需要的知识，分散在企业的不同地方和个体，很难集中和转移到某一点，此时，决策权配置就应该与决策所需要的知识配置状况相一致：将基于隐含的和复杂的知识所进行的决策权分散化，分散到拥有这些知识的地方和个体。

（二）企业知识的特性

企业知识理论揭示了企业能力的本质，认为企业能力来源于企业知识，企业知识的存量、运用和知识创造，决定企业的市场竞争优势。与主流经济学理论一样，企业知识理论从赫伯特·西蒙（Herbert Simon）提出的有限理性假设出发，在彭罗斯的企业成长理论（Penrose's Firm Growing Theory）基础上，借鉴理查德·R. 纳尔逊（Richard R. Nelson）和悉尼·G. 温特（Sideny G. Winter）经济演化理论的企业成长变迁过程中的路径依赖分析，经过众多学者的努力和研究贡献，得以在20世纪90年代形成。企业知识理论一经形成，便以此很强的解释能力和实践指导能力，得到学界和企业界的广泛推崇。企业理论的研究，是基于知识特性的探讨而展开的，对于决定企业竞争优势的企业知识，具有如下几个特点。

一是企业知识的内隐性和外显性。《韦氏大词典》将知识定义为对人类在生活、工作与学习中形成的经验加以总结，是被人类理解、知悉的一种状态或事实。未来学家阿尔文·托夫勒（Alvin Toffler）将知识的含义拓展为信息、数据、图像、想象、态度、价值观，以及其他社会象征性产物。1996年，世界经济合作与发展组织（OECD）在知识经济报告中，将知识划分为事实知识（Know - what）、原理知识（Know - why）、技能知识

（Know－how）和人际知识（Know－who）四种类型。其中，将事实知识和原理知识统称为显性知识（Codified/Explicit Knowledge）。所谓显性知识，就是以一定的形式记录下来的、经过人类编码的、可以通过非人际接触方式广泛传播的知识。相应地，技能知识和人际知识统称为隐性知识（Tacit Knowledge），就是不成体系、未经编码的、非结构化的知识，只可意会，难以从书本获得，非经言传身教而不得，与哲学家罗素所讲的“内省的知识”大致相同。

二是知识可转化性和可转移性。隐性知识和显性知识，可以相互转化，并在相互转化过程中使知识得到创造和提升。对隐性知识的认识，并非始于企业知识理论，早在1938年，开创组织管理理论研究先河、揭示了管理过程基本原理的美国管理学家切斯特·巴纳德（Chester Irving Barnard），就已经注意到隐性知识的存在，他认为“以心交心”是一种重要的交流的方式，交流的内容是不便言说或者难以言说的内容。在特定的情境下和共同的认知前提下，可以不需要语言，只需要一个动作、一个语调、一个姿态等，就能够达到“你不说，我也懂”的效果。在企业知识中，显性知识只是其中的一部分，是企业知识冰山之一角，企业知识的相当一部分是隐藏在工作实践中，非经实践而难以展示的隐性知识。从认知角度比较来看，隐性知识的获得是靠个体的观察和体验、直觉和洞察力、内省和领悟等个体性的模式及方式方法；显性知识则是通过书本、文件、资料等书面材料来获取。显性知识和隐性知识二者关系方面，隐性知识的产生往往是学习获取显性知识之后，将个体的特征糅合到显性知识的运用过程中时所获得的个体性的运用体会和运用模式，久而久之个体就形成了使用显性知识的个体化的经验和心得，形成隐性知识。当众多的个体在使用显性知识后，相互之间交流沟通，将各自的心得体会充分沟通后，形成较为一致的感悟，把这些较为一致、共同的领悟和感受，升华为能够用书面文件方式表达出来的、具有一般性规律的经验总结和心得总结，那么，隐性知识就完成了向显性知识转变的过程，称为显性知识。显性知识和隐性知识二者相互转化，螺旋式上升演变，在这些知识演变和上升过程中，就完成了企业知识使用和创造过程。

三是专业性和专用性。企业知识的运用和价值发挥，是建立在分工合作基础上的，相互之间有分工，有合作，企业内拥有企业知识的个体，以其拥有的企业知识数量和类型，定位于某一工作环节，实行专业分工，专注于某一特定领域，不同分工和不同领域的知识，围绕企业生产的产品，紧密合作，相互衔接，相互融合。企业知识的专用性主要体现在隐性知识方面，隐性知识主要通过企业内部学习和经验积累获得，具有很强的个体化和特定情境化的特征，具有很强的依赖性和附属性，依赖和附属于特定的个体和特定的工作情境，一旦脱离了特定的个体和特定的工作情境，隐性知识的价值就可能大幅降低，甚至消失。

（三）企业是产业分工协调一体化的知识集合体

当现代社会进入知识和信息广泛生产、分配、传播和使用的时代时，人们对企业本质的认识也提升到了一个新的阶段，以往把企业看成有形物质资本集合体的观点，已经难以适应企业理论的发展，也不能全面解释企业的经营过程和实践活动的本质。随着知识经济的到来，知识在企业生存和竞争中的作用越来越大，人们越来越觉得，企业不仅是物质资本的集合体，更是知识的集合体，知识是将物质资本结合在一起的黏合剂，没有知识，物质资本的价值就得不到充分发挥。如果物质资本不能发挥出应有的价值，企业经营就难以为继，经营也失去了意义。在物质资本的开发、使用和价值发挥过程中，知识的作用无处不在，从表面上看，企业的经营行为，都是围绕物质资本的获得、使用和价值增值等活动而展开，但对这些活动的开展方式、活动的价值增值起着重要作用的，却是隐藏在这些活动背后的、看不见摸不着的知识。从表面看，企业是物质资本的集合体，实际上是知识的集合体，是知识集合、协调、分工的产物。

企业知识理论将企业看作知识集合体，企业知识并不仅因为具体的实在、有形物聚合而存在，更是因为分布在组织部门、组织成员、组织流程之中，渗透在组织、部门和个人中的知识聚合而存在，企业知识是企业经营过程中最重要的生产要素，企业知识分布在不同成员、部门和流程之中，并经由这些知识载体投入生产经营之中，专业化于某一特定工作和事务，这些具有不同专业化知识和分工的主体，相互之间协作和努力，达成企业的经营目标。企业的价值首先在于将分布于不同主体的知识进行一体化整合，在一体化整合的基础上进行专业协作分工。在企业对各知识主体所拥有的知识进行整合以及各知识主体将知识运用于各分工环节时，知识主体之间会建立多种多样的契约，包括以规则制度形式存在的显性契约，也包括以惯例、企业文化等形式存在的隐性契约。知识主体之间众多的契约相互关联，相互影响，形成知识主体的知识传播、运用的企业知识网络。在企业知识网络中，随着知识的投入与运用，特别是知识主体将有价值的隐性知识贡献出来，并促使这些隐性知识转化到提升产品质量、改善产品、优化工艺流程方面，有利于提升企业经营效率。

二、知识网络视角下的产业集群形成及其运行逻辑

产业集群是在特定的空间领域内，相互之间有着经营关联和产业分工的企业聚集而成的企业群体，具有地理集中和产业关联的特征，产业集群是介于企业科层与市场之间的一种产业组织形式。从产业集群的形成和演变情况来看，地理空间上某些优势因素的诱发形成产业集群，产业集群兴起，能够有效推动区域经济的发展。随着知识经济时代的不断深入发展，企业知识理论为企业的本质提供了一个全新的解释体系，为企业的形成和发展开创了一个新的研究范式和框架。文献表明，企业形成以及在市场上取得竞争优势，其根源在于拥有、使用和创造知识，这些知识又能够形成企业能力，企业通过使用能力，提供市场需要的产品和服务。文献还表明，产业集群中的主导企业，会自发形成产业集群知识网络，继而形成以

核心企业为产业知识集散中枢的分工知识网络，产业知识网络形成于产业集群，既是产业集群形成肇始因素，又是推动产业集群发展的动力，产业知识、产业知识网络和产业集群的发展三者之间，互为因果，相辅相成，相互促进。

（一）基于知识要素的企业边界选择

企业知识理论将知识看成企业最主要的资源，是企业能力和企业竞争优势的最终来源（Grant，1996；Nonaka，1991）。德鲁克（Drucke）在《后资本主义社会》中指出："在现代商业社会中，知识绝不是众多普通资源中的一种，而是唯一有意义的资源"；阿尔文·托夫勒（Alvin Toffler）在《权力转移》一书中，将知识视为世界经济中竞争力的最终源泉；詹姆斯·奎因（James Quinn）在其著作《智能企业》中写道，企业的竞争优势越来越取决于基于知识的不可见资源，如顾客信息、技术诀窍、产品工艺等。这些相关理论论述和实践，解释了世界范围内对知识和知识创新的重视，以及对知识传播和沟通渠道的竞相争夺。

组织的存在以及存在方式，取决于组织赖以生存和发展的关键性和决定要素，企业知识理论认为，知识是企业最至关重要的要素，企业知识状况决定企业存在模式，决定企业边界的选择。不同企业拥有的知识数量和质量不同，企业的能力也有所不同，这导致企业的异质性，不存在完全相同的企业。不同的企业为社会提供产品数量和质量的能力是不一样的，因而从市场获取收益的能力也会不同。企业是追求利润的组织，出于利润追逐的考虑，必然会以尽可能低的成本向市场提供可接受的产品。一般而言，如果企业在产业链上某一环节具有生产优势，享有更低的生产成本，则会选择自身生产，将该环节的生产工艺和生产组织，作为本企业组织的一部分，采取纵向一体化的生产行为。反之，则会选择市场购买的方式，获得该环节上的部件，将该生产环节市场化，采取外部化的策略措施。但是，由于新知识首先肇始于少数甚至单一个体的企业之中，其他企业为获得这些知识，必然会付出一定的代价、借助某种途径而获得，如果获得的成本高于企业自身研制，则会选择自己生产这些知识，反之，就会选择外部获得方式，由此而产生企业边界的不同选择。基于这种分析，知识要素影响企业边界选择的要素是知识属性。知识属性包括知识的隐秘性、复杂性和标准化程度，隐秘性高、复杂性强、标准化程度低，会导致知识转移难度增加，会使得企业对这些知识的生产过程采取内部化方式，实行纵向一体化模式，扩大企业边界。例如，蒙德韦德（Monteverde，1995）在研究中发现，由于电脑主机的设计离不开集成电路的知识，若从外部采购集成电路，就不得不在采购集成电路的同时，从外部获得集成电路的知识，这些知识转移难度大，成本高，因而，在 20 世纪 60 年代和 70 年代，电脑生产一般都采取后向一体化的方式，将集成电路和电脑的生产与设计纳入一家企业之中，沿着产业链的方向，扩大企业规模。反之，知识转移难度小，成本小，企业边界会缩小。例如，尼克森和曾格（Nickerson & Zenger）在研究中发现，企业面临的问题复杂程度影响与外部进行知识转移的状况，当问题复杂程度低，不需要与外界发生太多的交互就能解决时，对于外部知识的获得，往往采取市场化的方式来进行，反之，则适宜采用一体化的方式，将解决问题所需要的知识部门，纳入企业边界之内，通过企业内的权威性层级制替代市场化交换方式是较好的选择。

（二）知识网络视角下的产业集群形成机制

如果将具有相互影响的企业之间建立的联系关系总称为企业网络，那么也可以将在知识运用、传播和创造等方面形成联络的各种组织总和称为知识网络。知识网络的概念，最早形成于 20 世纪的瑞典工业界，知识网络被描述为进行科学知识生产和传播的机构与活动网络总和。区域创新体系（Regional Innovation Systems）理论认为区域创新体系主要是在地理上相互分工和关联的生产企业、研究机构和高等教育机构等构成的区域性组织系统，该系统支持并产生创新，并阐述了网络在创新体系中的作用和功能。该理论将网络分为三种类型：信息网络、知识网络和创新网络。信息网络主要是指便于信息交流的物理基础设施，创新网络是网络中活动主体之间信息连接的结果，是特定专业知识和知识诀窍的创造性整合。知识网络处于信息网络和创新网络二者之间，主要承担利用信息网络进行知识传递和运用的功能。依据产业集群的地理空间关系的毗邻性以及经营关系的接近性，可以将产业集群知识网络看成在地理空间上聚集的集群企业在相对稳定的、持续的产业知识交换、产业知识传递过程中形成的正式和非正式的网络关系联结，包括正式活动形成的正式联结，也包括非正式活动形成的非正式联结。

从前述分析可知，企业知识内隐性和复杂性程度影响企业的边界选择，企业在生产过程中，所需要的生产经营知识内隐性程度越高、复杂程度越高，知识转移成本就会越高，使得企业越趋向于将使用这类知识的生产环节纳入企业边界之内，通过权威性的科层制来配置知识，而非通过市场方式来获得知识。在知识标准化程度高，内隐性比较低的情况下，企业更愿意用市场购买方式而非科层制权威配置方式来获得。知识标准化程度高，有助于大批量的生产，获得规模化生产效应，降低单位成本，企业更多地选择外包。对于处于企业边界外而又必须使用的知识资源，可以通过契约关系或者建立组织间的合作关系来解决。对于相同产业或者相近产业的企业而言，随着生产经营知识的标准化提升，企业纵向边界越来越收缩，企业越来越聚焦于自身最擅长的某一环节进行生产，并不断追求进步，以保持在该环节的市场优势地位。这样一来，产业知识在不同环节上的运用，逐渐形成各自独立的企业，这些企业在市场上相互独立，但又相互依赖，形成了知识在企业之间的分工协作关系，知识在产业链上的传递、运用、转化，形成产业知识网络，共同完成产业生产和服务，向消费市场提供最终产品和服务，共同创造产业价值。围绕着产业链分工的众多企业，通过分工协作，形成以知识分工为基础的企业网络以及产业集群。

同理，根据知识的复杂程度和转移难易程度，在横向和多元化上，也会形成知识合作关系。在产业链相同层级的经营环节上，不同类型的企业通过分工协作，建立起产业知识网络，这样就形成了纵横交错的知识网络，每一家企业都处于产业知识网络的某一个节点。处于产业知识网络中的企业，自然就会聚集成群，形成产业集群。

知识经济时代下，市场竞争日益激烈，企业知识资源的重要性就显得更加突出，获取并使用知识资源，成为促进企业发展，使企业赢得市场优势地位的关键所在。对于企业外部有价值的知识，可以通过一次性的合约方式转让取得，也可以通过在企业间建立合作关系，相互之间进行知识共享、共同使用、共同开发等方式取得，通过这些方式，使得不同企业之间的产业知识在产业链上的分布更合理、更有效。企业通过产业知识在产业链条上的传递、转化、使用、创新等活动，紧密联系在一起，形成产业知识网络。由此看出，产业集群可以围绕产业链条分工，将众多的企业聚合在一起，这种聚合，既可以是企业下意识的、出于利润追逐的自发行为，也可以是由外部力量主导，如产业政策所致，形成以产业知识分工为基础的产业网络以及产业集群。在产业集群网络中，有少数几家大企业，在产业集群形成过程中，起着主导和引领作用，被视为产业集群的核心企业。核心企业与周边企业的关系、与产业上下游企业的关系、与技术研发机构的关系以及其他与产业相关的组织关系，也是在企业知识资源的获得与运用的过程中缔结而成，构成产业知识网络的一部分。综合来看，产业集群中的知识网络关系，大致包括以下几类：一是产业知识交流和交换关系。产业集群内的不同组织之间，通过较为松散的合作网络关系，如采购与供应、生产与销售、技术转让、许可经营等多种关系，进行产业知识的分工、分享、交流、转让等活动。二是产业知识联盟关系。处于产业链条不同位置和不同环节的组织之间，相互拥有的产业知识之间，具有或强或弱的互补关系，具有较为紧密的知识交流与合作的可能和必要，进而构建产业知识联盟。三是产业知识一体化关系。产业集群中的企业之间，出于市场竞争的需要，结成更紧密的合作关系，这种紧密的合作关系以产权为纽带，形成相互持股、母子公司、合资企业等组织形式，沿着产业链的方向，形成一体化的企业关系。

（三）隐性知识转移对产业集群的影响

知识经济背景下，市场竞争优势不仅取决于资源和技术，更取决于利用资源和提升技术以适应市场需求的能力，企业如此，作为企业集合体的产业集群也是如此。产业集群的竞争，最终归结于产业知识的竞争，取决于产业知识管理绩效的竞争。因此，产业集群形成于产业知识的共享和运用，其兴衰也取决于产业知识的共享和运用。产业知识的共享、使用与创造，是建立在产业知识转移基础之上的，缺乏有效的知识转移路径，产业知识的共享、使用和创造的效率就会下降，从而影响产业集群的竞争优势。因此，重视产业知识的转移，探索产业知识转移路径，可以更好地把握产业集群的形成和发展机理。知识转移的研究始于20世纪末期，知识转移可以使得企业积累大量的跨越企业边界的应用性知识（Teece，1997），知识转移既可以在组织内部发生，也可以跨越组织边界进行知识共享，是知识以不同方式在不同组织之间、个体之间或者组织与个体之间的传播，是一种有针对性的知识共享活动（Szulanski，1996）。企业的知识转移能力，包括对外扩散知识和从外部吸收知识的能力，是企业的基本生存能力之一。知识转移的目的在于吸收并有效利用新的产业知识，有效率地使用那些能够使得组织从中获益的新知识，从而使得组织通过快速获取有价值的产业知识，有效提升核心竞争优势。

在产业集群中的知识转移主要发生在主导企业、相关企业、科研机构、高等院校、行业协会、中介组织、政府部门等产业集群内部成员之间，这些组织以知识为纽带，聚合在一起，相互作用，相互关联，形成一个混杂的、网络式的知识转移系统。产业集群知识转移机制包括三个要素，分别是知识转移动机、知识转移氛围和知识转移激励。在产业集群知识转移体制中，无论是知识转移动机、知识转移氛围还是知识转移激励，都是围绕提升市场竞争能力而发生的，具有很强的功利性。产业集群中的知识转移主体主要是企业，知识转移的对象主要是企业隐性知识。由于企业隐性知识是形成企业创新和企业核心竞争力的重要基础，一旦某家企业在市场上获得了竞争优势，必然会吸引其他企业效仿和学习，于是就催生了产业知识转移的可能。产业集群在企业共同利益的基础上，通过集群内企业之间的相互作用，使得隐性知识从单个企业溢出，在产业集群内转移、分享和转化，提高了产业集群内的产业知识效率。一方面，产业集群内的企业网络关系本质就是基于产业分工的知识网络关系，在产业链条上的知识分工提升了市场效率和产业效率，产业分工则产生了规模报酬的递增效应，报酬递增的本质源于技术变迁，而技术变迁则是产业知识的运用和积累的结果。另一方面，在分工促进产业知识积累的同时，产业知识的积累也反过来推动企业进行合理的分工协作，形成各具自身特色的企业组织形式和聚集形式，促进产业分工的动态演变。

三、知识竞争力是产业集群创新的根源

在知识经济时代，无论是企业个体还是产业集群这一群体，创新都是赢得市场生存、获得持续发展的根本要义。对于创新的界定，自 1912 年约瑟夫·熊彼特提出创新理论以来，学界与产业实践界从不同角度来界定和研究创新活动。研究视角不同，所得出的结论也会有所不同，各有各的特点。尽管研究视角不同，结论有所差异，但对创新概念的界定，具有基本的、共同的认知，其中以我国学者王缉慈教授对创新的概念界定较有代表性。她认为创新的实质是创造新产品，并实现其市场价值，以此概念为依据，可以将创新分为两个阶段：提出创新的创意和实现新创意的市场价值，二者结合起来就是创新。一家企业创新能力越强，创新速度越快，越能占据并保持市场竞争优势地位，企业个体如此，作为企业聚集的产业集

群也是如此。创新对于企业和产业集群如此重要，那又是什么支撑起创新活动呢？答案很简单：产业知识。产业集群的创新能力取决于产业集群的产业知识，越是稀缺的产业知识，越能凸显创新的价值，越是创新的知识，越能凸显知识的市场竞争力。

（一）创新与知识竞争力的关系

国际竞争力中心（WKCI）将知识竞争力定义为“创造和革新产生新的主意、思想、程序和产品，并把它们转化为经济价值和财富的能量和能力”。通过对创新和知识竞争力的概念进行比较，可以发现创新和知识竞争力二者是密切相关的，二者之间是本质和现象的关系，知识竞争力是通过创新而获得，知识竞争力的价值取决于创新在市场上实现的价值；创新是知识竞争力的本质内涵，知识竞争力是创新的表现形式。将创新和知识竞争力的概念放在产业集群中进行观察，可以将产业集群竞争力看成产业集群创造出的新创意、新想法、新工艺、新产品等新事物，并将这些新事物转化成产品和服务，投放市场，实现市场价值的能力。

研究和实践均表明，单个企业内部的知识具有单一性、封闭性和有限性等特征，不利于创新。成功的创意和创新，多数来自企业外部，是在内部企业知识运用的基础上，吸收外部异质性知识，糅合后激发出来的结果。产业集群内数量众多的企业和相关组织机构毗邻而居，沿着产业链的上下游方向，进行专业分工，形成产业合作关系，相互之间联系紧密，利益攸关。一般而言，创意决策一般产生于科层制的企业内部，经由研发、生产、策划等某一环节提出，经过企业主的认同后执行，企业主一般具有企业家的本能特征，具有强烈的追求卓越和冒险精神，对于创意的效果具有很强的偏好，并对创意的市场价值具有一定的预判能力。如果创意在某一企业个体实施，实现了创意，并使得创意的市场价值得以实现，取得了市场比较优势，创新成果和收益会刺激产业集群内其他企业的跟进。产业集群内的企业个体一旦产生形成了新的创意，集群企业通过相互之间广泛而深度的接触和合作后，创意就会在产业集群中非常便捷和快速地传播与推广，受到这些新创意的刺激和影响，出于分工协作的需要，也迫于市场竞争的压力，其他集群企业会迅速跟进，消化吸收这些新创意，并由此改进自身的设计、流程、工艺等，实现被动创新。依此循环，创新就在产业集群内不断地得以持续更新，知识在产业集群内的流动速度越快越频繁，产业集群内产生创意的可能性和机会就越大，产业集群的创新能力要远远大于单个的科层结构的企业个体的创新能力。

（二）产业集群知识竞争力要素

产业集群的产生和发展，有赖于其拥有的产业知识规模、运用和使用效果。产业集群中的知识积累、运用和使用效率构成产业集群的知识竞争力，产业集群知识竞争力，体现在集群知识经济产出和产出绩效两个方面。首先提出知识竞争力的英国咨询机构罗伯特·哈金斯协会（Robert Huggins Associates）编撰出“世界知识竞争力指数”，用以衡量世界各主要地区的知识发展报告。报告认为，知识竞争力的构成要素包括知识的经济产出、人力资本、知识资本、知识性金融资本、知识性基础设施等指标，参照该报告以及测量知识竞争力的要素指标设置，可以对企业聚集而形成的产业集群进行知识竞争力的评估。对产业集群知识竞争力的评估，从考虑产业集群的聚集性合作角度出发，设置特定的评估指标，这些评估指标可以包括产业知识需求要素、产业发展需要的高级投入要素、产业配套的基础设施要素、竞争与合作水平要素、学习与创新氛围要素、政府的创新政策支持要素等。

需求决定供给，供给创造需求，一般产品如此，特殊产品也如此。知识作为有价值的资源，同样受市场价值规律的约束，有产业知识需求，就会有产业知识供给。产业知识需求是在产业市场上，包括终端市场的产业知识需求、中间市场的产业知识需求和产业集群企业对产业知识的需求，产业知识的市场需求，能够促进产业市场出现更多的创意，并将这些创意有效转化为符合市场需求的产品和服务，实现市场价值。对于产业集群来讲，旺盛的产业知识需求，意味着产业集群内的创意潜能大，创新意识强烈，能够使得集群更早、更快地对市场需求做出反应。市场对知识的需求越旺盛，对产业知识形成的产品需求就越挑剔，产业集群的知识竞争就越激烈。

高级投入要素是构成产业知识竞争力的另一个重要因素。迈克尔·波特在《国家竞争优势》一书中，将影响产业优势的因素分为两大类：一类是天然性质的、非经人为加工的、只能被动接受的初级投入因素，包括自然环境、气候、地理位置、劳动人口等；另一类是通过人类加工而形成的因素，需要人力资本、物质资本投入才可以得到，称为高级投入因素，包括人力资本、知识资本、知识性金融资本、知识性基础设施等。具体而言，高级投入要素包括以下几个方面：①人力资本。人力资本理论表明，技术和经验可以通过对个人进行教育和培训获得，人力资本的快速积累，能快速提升知识竞争力，内生型经济增长理论把人力资本看作经济增长的重要资源，并且认为企业通过熊彼特竞争创造新知识，是经济增长的内生因素，既是经济增长的原因，又是经济增长的结果。②知识资本。知识资本是知识经济的原材料，即产生创意的能力，创意不一定产生于产业集群或企业，也可能产生于科研院所和其他组织，在将创意转化为商业价值的产品或者服务过程中，知识资本是一种生产力中介。知识资本的本质是创新，而产业集群的创新能力通常取决于科研机构素质、研发投入规模等，通过大量人力、物力投入而形成的知识资本，具有很高的市场价值，是企业资产重要构成，需要在法律、政策和规则上对其进行保护，形成具有私有属性的知识产权，知识产权是构成知识资本的重要内容。③金融资本。高级投入要素还包括金融资本，创新是一项高风险、高投入的经营活动，成功概率低，但一旦成功，获得的收益也是巨大的。对于单个企业而言，如果一项高风险的创新项目失败了，很可能会拖累整个经营活动，企业甚至一蹶不振。但一旦成功了，企业发展就可能呈几何级数增长。总体来看，单个企业，特别是规模不大的企业，既承担不起创新活动失败带来的打击，也可能承受不起创新成功带来的经营转向的考验。因此，特别需要金融资本参与，可以说，一个地区即使拥有人力资本的高储备和创新能力，但将这些因素转化为创新现实，还得需要金融资本的参与，金融资本参与的创新活动具备风险投资的特性。创新活动引入风险投资的通常做法是私有股权融资方式，私有股权融资可以发挥创新要素的融合功能、风险投资功能和创业投资功能，使得具备创新潜能的企业，获得丰厚的创新资本、人力资本和知识资本投入，分担风险，共享收益。④知识型基础设施。产业集群知识竞争力离不开知识型基础性设施的支撑，比较有代表性的知识型基础设施包括通信网络设施、教育、培训，发达的通信网络设施为传播新技术、新知识提供了物质和技术保障，教育和培训则是提升人力资本质量的有效手段，高质量的人力资本是产业集群科学发展的根本保证。

产业集群配套状况对产业集群知识竞争力有着重要影响，是产业集群知识竞争力的组成要素之一。产业集群配套一般是指沿着产业链上下游的方向，为产业链上的主导企业提供产业中介服务、产业服务咨询、小批量的试制试验等内容。产业集群中拥有健全完善的产业配套设施，往往有助于集群企业较快识别市场需求以及需求变化趋势、特征，从而对市场需求及其变化做出及时应对，开展创新创意工作，开发新产品，有效实现其市场价值。产业集群内的产业配套状况对产业集群发展的影响，还会表现在降低交易成本方面，完善的产业配套，缩短了企业交易过程中的物理接触距离，降低了运输成本和仓储成本，从而节约交易成本。同时，通过近距离的接触和业务合作，使得集群企业因为反复多次的合作交往而建立起信任关系，形成根植性的社会关系资源。

产业集群的知识竞争力要素还包括产业集群内企业竞争状况。在产业集群内，创造价值需要合作，合作才能共赢，企业之间既需要规范有序的市场竞争，又需要合理良好的竞争关系。在合作中提升竞争能力和竞争质量，在竞争中注重培育合作关系，通过合作，共同开发更加广阔的市场，拓展既有的市场规模和市场容量。如果产业集群中的企业缺少必要的约束，产生过度竞争，就会使得竞争走向恶性竞争的局面，如价格战、掠夺性经营等，恶性竞争会严重消耗产业集群的整体竞争力。反之，如果产业集群中的企业之间，有序而适度竞争，使得各自的存在能够为其他企业经营提供警醒：不竞争、不努力、不创新就可能被同行取代，强化产业集群中的企业危机意识，促进企业不断进步，促使整个产业集群的竞争力得到提升。

影响产业集群知识竞争力的还有学习和创新网络要素。产业集群学习是集群企业之间、集群企业对集群之外的产业知识学习活动及其活动方式，是集群企业为了应对市场变化的不确定性和技术创新的不确定性，相互之间树立共同目标、采取协调一致的经营行动时所产生的知识交流和运用的社会化过程，这个过程包括知识积累活动和知识转移活动。产业集群学习包括两个方面：第一方面是产业集群内部企业之间相互学习。集群企业学习热情高，相互之间的知识交流频繁，有助于提升产业集群的学习能力，在产业集群范围内形成一个互联互通的知识共享网络，在知识共享网络中，每一个集群企业都扮演着知识中心的角色。在互联互通的知识网络支撑下，集群企业既可以便捷地从其他集群企业那里获得自身想要的产业知识，也可以向其他企业提供自身的产业知识。通过产业知识供给和需求活动过程，集群企业各自的产业知识资源配置效率得以提升。但是，如果一味地强调集群内部的学习，则可能会使得集群陷入“信息孤岛”，形成技术路径锁定，不能及时对市场需求变动做出反应，偏离市场发展趋势，最终损害产业集群的竞争力。因此，产业集群学习不能只注重集群内部的产业知识积累、交流和运用，还要注重产业集群的外部学习，与产业集群外部机构、组织进行知识交流，这是产业集群学习的第二个方面：向产业集群边界以外的企业或者其他机构学习。产业集群是否能有效地获取外部产业知识，乃至与产业相关的其他领域知识，直接影响产业集群的竞争力。随着科学技术发展的不断深入，不同产业的产业知识相互渗透、相互影响，形成了你中有我、我中有你的产业知识融合汇通的现象，这就使得产业知识的学习、使用和创新不仅是一个技术过程，更是一个社会过程；不仅要注重本行业内的知识学习，还要注重行业之外的知识学习。集群中的企业、产业中介服务机构、产业知识生产者、政府等诸多基本行为主体，相互沟通、相互影响，建立新型的创新合作网络，共同推进创新活动的开展，才能有效提升创新水平和创新成功的概率，增强区域集群的竞争优势。在产业集群创新网络中，高等院校和专职科研机构是不可忽视的产业知识创新源，它们或者纯粹地从事科研活动而创造可运用于生产经营的产业知识，或者通过产学研相结合的路径，直接或者间接地参与产业知识的生产、传播和运用。在生产经营活动中，集群企业与产业集群内外的组织机构进行分工协作，在分工协作过程中进行产业技术、产业政策制度、产业氛围等方面的交流与合作，或借鉴，或模仿，或购买，等等，最终实现产业知识的转移，最大限度地降低产业链上不同环节的成本，提升产业竞争力，强化市场竞争优势。产业集群的形成和壮大，基本方向和力量来自市场，但产业集群要持续稳定发展，离不开政府的扶持和引导。政府对产业集群的作用，体现在两个方面：第一个方面是维持产业秩序的功能，为产业集群的形成和发展提供稳定的社会、政治和法律环境，也就是扮演“守夜人”的角色；第二个方面是引导产业集群发展的功能，积极参与解决产业集群形成和发展过程中的问题，主导产业集群发展方向，提供信贷、政策和技术等方面支持。政府的这两方面作用，主要体现在产业集群的知识网络运行中，政府部门利用法律法规、政策制度等方法、方式，推动产业集群创新网络更好地运转，引导产业创新方向，激励产业知识生产者和产业经营者之间的协同创新，协调不同创新主体之间的冲突和矛盾。所以，产业集群知识竞争力需要市场这只“看不见的手”和政府这只“看得见的手”共同作用，才能得到很好的培育和提升。

（三）产业集群知识竞争力测评指标及模型

根据前面的分析，可以构建产业集群知识竞争力模型，如图2－1所示。

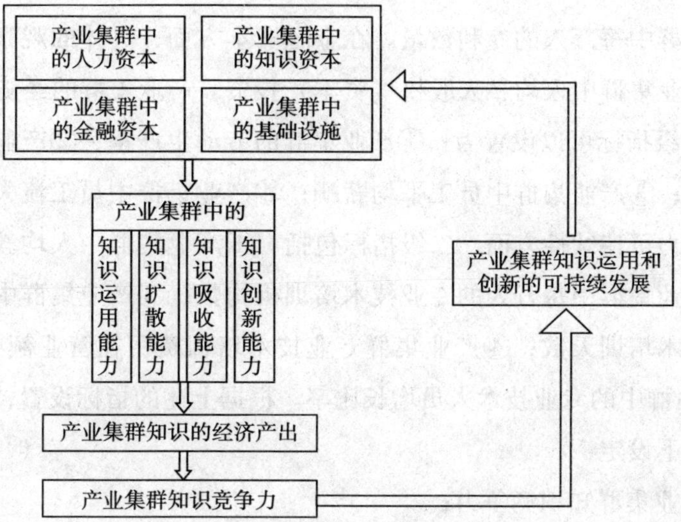

图2－1　产业集群知识竞争力模型

根据产业集群知识竞争力模型，可以设置相关指标，用来测定和评估产业集群的知识竞争力状况。对于产业集群知识竞争力衡量指标的选择和设置，要遵循科学合理性和数据获取性原则，唯有如此，才能构建可以实际操作的产业集群发展优劣的评判标准。确定和选取产业集群知识竞争力的方法时，首先要设定主要指标，分析主要指标变量之间的关系，然后采用一组投入、产出和结果等次级指标，将变量指标联系起来，以此来客观呈现出产业集群发展状况和产业集群知识竞争力的来源，包括知识、创新精神、科技以及信息基础设施、金融资本等。在选取合理的变量时，还应该考虑这些指标的总体价值和相应的有效性。据此，出于简洁而又不失参考意义的考虑，将产业知识竞争力的考察指标设定为五类：人力资本、知识资本、金融资本、产业集群的经济产出、知识的持续性。

在人力资本指标方面，可以设立的二级指标包括：①产业集群中每千名就业者中专业知识人员的数量；②每千个就业者中从事研发工作的人数；③每千名就业者中从事工艺流程编制的员工人数；④每千名就业者中从事高技术服务的人数。在知识资本指标方面，可以设定的二级指标包括：①政府在 R&D 上的人均支出；②集群企业在 R&D 上的人均支出；③产业集群中每万人的专利数量。在金融资本方面，具体的观察指标可以设定为产业集群中人均私人股权（资本）投资。产业集群的经济产出（绩效）的二级指标可以设置为：①产业集群的劳动生产率；②产业集群的平均利润率；③产业集群中员工平均薪酬；④产业集群中员工流失率。在知识竞争能力可持续性方面，二级指标包括：①产业集群中人均教育培训支出；②产业集群中每万人的专业技术培训机构数；③产业集群中员工年平均专业技术培训天数；④产业集群专业技术培训费用在营业额中的占比；⑤ 产业集群中的专业技术人员增长比率。根据上述的指标设置，对各项指标进行如下设定：

V:产业集群知识竞争力；

R:人力资本,R_i 表示可观察的二级指标；

Z:知识资本,Z_i 表示为可观察的二级指标；

J:金融资本,J_i 表示可观察的人均私人股权(资本) 这个二级指标；

M:产业集群的经济产出(绩效),M_i 表示可观测的二级指标；

N:产业集群的知识持续性,N_i 表示可观测的二级指标；

据此，将产业集群的知识竞争力测评模型表达如下：

$$V = \partial_1 \sum \partial_{1i} R_i + \partial_2 \sum \partial_{2i} Z_i + \partial_3 \sum \partial_{3i} J_i + \partial_4 \sum \partial_{4i} M_i + \partial_4 \sum \partial_{4i} N_i$$

其中，$\sum \partial_i = 1$ ，i 表示影响产业集群知识竞争力的第 i 个要素。∂_i 则表示第 i 个要素对产业集群知识竞争力影响的权重；$\sum \partial_{ij} = 1$ ，j 表示影响产业集群知识竞争力第 i 个要素的第 j 个指标，∂_{ij} 则表示第 i 个因素的第 j 个指标的权重。

四、知识网络对集群企业竞争优势的作用和影响

产业集群的兴起及其对区域经济增长的巨大影响作用，吸引了不同领

域的众多学者的关注和兴趣，纷纷探讨产业集群对区域经济增长的作用方式和作用能力。在研究中发现，产业集群能够显著推动区域经济增长，但不同类型的产业集群在推动经济增长方式和能力上，有着一定的差异。特别是硅谷产业集群和“第三意大利”产业集群所激发出的科技创新力和经济增长的引领能力，与其他产业集群相比而言，格外引人关注，引发了人们对“集群企业间绩效为何存在差异”这一核心问题的关注，学者们从不同角度给予了不同的诠释。大量研究表明，聚集于产业集群之中的大量企业及其他组织，在产业集群中的相互作用方式对产业集群能力产生极大影响，集群中的企业和其他形态的组织在相互作用的基础上，形成一定的网络形态的组织形式，这种网络形态的组织形式的运行方式和运行效率，决定产业集群对区域经济的推动能力。集群企业间形成的网络组织形态，越来越受到业界和理论界的关注和重视，并逐步将网络组织形态引入产业集群研究中。从集群网络组织形态角度分析产业集群的形成、运行以及演化机制，能够更全面理解企业聚集成群的战略行为，更能全面把握产业知识在促进企业成长、产业集群凝聚力方面所发挥的作用。企业之所以愿意在地理空间上聚集成群，是因为在产业集群中能够获得聚集的效应，而聚集带来的效应，是建立在对产业知识的获取和运用基础上的，并由此产生市场竞争优势。如果身处产业集群中，更易于获得关键的产业知识，并衍生为市场竞争优势，那么企业会愿意加入其中，自发聚集成群，促使产业集群的规模进一步扩大，产业集群的实力进一步增强，产业集群的市场影响力也会随之增加。沿着这个思路出发，探究产业知识对产业集群的促进作用，必然要探究产业集群中的企业如何在产业集群的知识网络中获得竞争优势，这也是学界关注的热点。

（一）组织学习能力对企业的竞争优势的作用

企业知识理论将企业的竞争优势归结为企业拥有的独特性知识，本质是企业资源、知识和能力的积累。在产业集群中，企业知识的交流和相互学习，促进产业知识在企业间转移，通过企业组织的学习，企业拥有的知识储量将不断提升，企业知识不断积累，生产经营效率会随之提升。尤其是企业的隐性知识，具有黏性、难以复制和难以编码的特点，只有具有信任关系的企业才可以实现企业隐性知识的有效转移，从而有效提高作为知识吸收一方的企业的经营效率。

强化技术创新能力，提升技术水平，是企业获取经营竞争力、取得市场竞争优势的有效途径。技术水平和技术创新能力既是企业知识体系的一部分，也是促进企业知识增长的源泉，具有独特性、黏性和难以模仿性的企业知识体系，是企业能力基础。在产业集群中，企业市场竞争优势取决于企业知识的创造能力和运用能力，而企业知识的运用和创造能力，取决于企业知识的学习和获取能力。因此，要提高企业的市场竞争优势，就必须提升企业的知识获取和创新能力，而企业知识获取和创新能力背后的决定因素是企业组织的学习能力。企业成长的过程，本质上就是企业获取、吸收、整合、应用、创新知识的演进过程。在不断演进过程中，企业逐步具备了持续的市场竞争优势。美国管理学家杰恩·巴尼（Jay B. Barney，1991）认为，企业要具备持续的市场竞争优势，就必须拥有与之匹配的企业知识体系，能够支撑拥有持续的市场竞争优势的知识体系必须具备四个特性：价值性、异质性、难以模仿性和难以替代性。另一位美国社会经济学家马克·格兰诺维特（Mark Granovetter）也曾就此提出衡量企业持续竞争优势的企业知识应该具备四个条件：可占用性、持久性、可转移性和可复制性，满足上述特征的企业知识都可以纳入企业的战略资源的范畴。之所以这些企业知识能够演变为市场竞争优势的战略资源，是因为这些企业知识具有隐含性、积聚性、专用性和专业性等特征，使得竞争对手在短期内难以获得，但值得注意的是，这些知识只能在短期内让企业保持市场竞争优势而非长期获得市场竞争优势，因为在知识学习、转移和运用过程中，隐性知识被不断地提炼、整合，加速那些导致市场竞争优势的隐性知识明晰化、书本化，一旦隐性知识演变为显性知识，凭借隐性知识获得的市场竞争优势就会消失。如果企业不能从外界获取新的知识，缺少持续的知识创新活动安排，新知识增长缓慢，甚至停滞，就很难使自身知识状态演化到一个更高层次，最终会使得竞争优势丧失。从这个意义上来说，集群企业的持续竞争优势，从静态角度来看，应该拥有有别于其他企业的独特性的隐性知识；从动态角度来看，应该使得自身具有的隐性知识不断升华，从隐性知识升华为显性知识，再从升华得到的显性知识中，提炼出隐性知识，保持动态演变和更新。保持知识的动态更新和演变，就必须保证企业处于不断的学习中，通过学习，汲取新知识，通过新知识的应用，实现知识创造和更新，保持与竞争对手的知识差异和差距，形成知识异质性态势。组织学习能力是企业获取企业知识，并将之运用到生产经营过程中赢得市场竞争优势的源泉，通过组织学习增加自身知识存量、改善知识状态，是企业取得持续竞争力的不二法门。

（二）产业集群中的知识网络对组织学习能力的影响

在产业集群中形成的产业知识网络，在组织形式上大致可以分为三种模式：第一种是企业知识管理战略模型（Business KM Strategy Model），其特征是基于企业战略以及战略实施的需要，形成与战略相匹配的知识网络，可以看作战略驱动形成知识网络；第二种是能力与目标相匹配的类型（Goal and Capability Matching Model），其特征是创建组织的目标和任务与组织的知识能力以及人之间的映射关系，是目标导向型的知识网络；第三种是业务流程型知识网络（Business Process Model），是基于业务流程而形成的知识网络。三种类型的知识网络没有明确的界限，彼此相互融合，相互依存。三种类型的知识网络相互交错，对存在于产业集群中的企业或者其他组织产生不同程度的影响，集群企业主动或者被动地从知识网络中汲取产业知识，并将获取的产业知识运用到市场经营中去。集群企业从知识网络中获取的知识收益的能力和学习效率，受很多因素影响。在客观因素，主要包括两个方面：一是知识网络的结构维度对组织学习能力产生影响。结构维度是产业知识网络成员之间的联结方式，产业集群中的企业或者其他组织在网络结构中的位置，会显著影响集群企业从知识网络中获取知识的能力。居于集群知识网络中心位置的集群企业，由于与其他网络成员的联系，扮演着一个信息和知识交汇点的角色，也扮演着一个中介的角色，既有利于把握产业知识发展动态，也有利于产业知识的获得和学习，还可以在接触交往中，获得其他企业更多的支持。研究还显示，集群企业在产业知识网络结构中的位置，影响其组织学习能力，越是处于网络结构的中心位置，知识获取能力、知识吸收能力以及知识创新能力往往会越强。产业集群中的产业知识网络规模以及异质性，决定了知识网络的产业知识资源的规模及异质性。在产业集群中，以本企业为中心而形成的知识网络规模越大，企业就会有越多的机会在更大的范围内吸收到新知识，了解产业知识的动态，在此基础上，根据市场动态和企业状况，对新知识进行吸收、整合，创造出新的产业知识。

在产业集群中，影响企业学习能力的另一个主要客观因素是关系维度。关系维度是指集群企业在长期交往活动过程中演变生成的各种关系，这些关系主要包括规范与制裁、义务与责任、身份识别与认同、信任与规则等。如果企业在产业知识网络中构建良好的组织信任关系，互相了解、积极互动，那么就会更有动机去传递和巩固一种团体概念和规范，更有积极性去监督和约束彼此的行为，以顺应群体规则的要求。群体中的规则是对成员行为的规范，通过规则可以预期群体成员的行为决策理念和决策意图，能有效降低彼此交往过程中的不确定性，减少市场交易过程中的风险性。更进一步来说，在产业集群知识网络中，具有良好的关系维度，会促使知识网络中的企业更愿意去承担义务，提供帮助，从而增强产业集群知识网络的凝聚力，维系知识网络的生命力，也有利于挖掘隐含在知识网络中的更多的潜在资本（Coleman，1988）。美国社会学学者 Uzzi 研究显示，知识网络关系联结中具有信任、优质信息交换及共同解决问题三个特征，这些特征有助于隐性知识的学习和转移。概括来说，集群知识网络中存在信任关系，存在合作意愿和交往的积极性，能够有助于构建起企业间独特的知识分享路径，在知识分享的过程中，又强化了彼此之间的信任和合作意愿。基于以上的分析，我国有学者构建了知识网络、组织学习和集群企业的竞争优势三者之间相互作用的逻辑关系以及作用机制（见图2-2）。

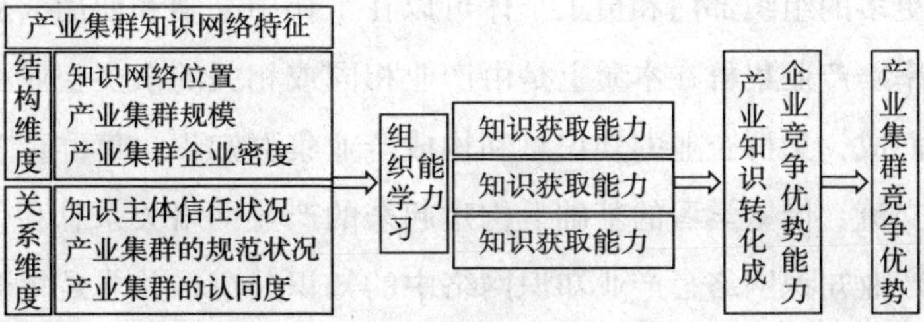

图2-2　知识网络、组织学习与集群企业竞争优势的互动模型

（三）产业集群内产业知识共享的价值分析

产业集群是世界普遍的经济现象，已经成为全球重要的经济发展模式，在促进地区和国家经济发展方面，起着至关重要的作用，随着知识在经济发展中的作用越来越大，对产业的影响达到前所未有的程度。产业集群内知识运用效果和知识创新的效率，直接制约产业集群的市场竞争能力和生死存亡，基于产业集群知识运用和创新的需求，产业集群内各行为主体之间的知识传播、共享和创造，成为产业集群运行的重要内容。

1. 知识共享是产业集群发展的必然要求

当代企业面临的市场环境已经发生了重要变化，知识在市场竞争中的作用更加突出，企业凭借独特的、充足的知识资源而取得市场竞争优势。企业对知识的需求变得更加迫切，出于知识积累和知识创造的需要，企业内部之间以及企业相互之间的知识共享显得极为重要，有研究表明，企业知识管理的目标就是，对内实现知识共享，对外实现企业间的知识交流。集群企业的知识管理目标表现为集群企业在知识网络中的显性知识和隐性知识的共享和利用。所谓知识共享，是指员工彼此之间相互交流知识，使知识由个人的经验扩散到组织的层面。知识作为特殊的经济资源，其价值发挥不仅取决于自身，还取决于与其他相关知识的匹配和综合，取决于知识共享的程度。通过知识共享活动，集群企业中的部门和员工个体可以通过查询组织知识获得解决问题的方法和工具。反过来，集群企业中的部门和员工个体拥有好的方法和技巧，通过反馈系统可以扩散到组织知识体系中，使得更多的组织部门和员工个体可以在工作中采纳和使用，从而提高组织的效率。产业集群在本质上是由产业相同或相关的众多企业在地理空间上聚集而成，集群企业的知识总和构成产业集群知识，集群企业相互之间在来往交流、借鉴学习的基础上构建起来的产业网络关系总和，就是产业集群的产业知识网络，产业知识网络中的知识共享，并非是集群企业外部强制性的要求，而是集群企业出于自身利益考虑而做出的理性决策行为。在产业集群知识网络中，没有任何机构或者组织会强制其他企业或者组织进行知识共享，产业知识网络中的知识共享是企业或者组织的主动性、自发性行为，在合作中将各自的产业知识融合在一起。只有实现了产业知识的融合，才有可能实现专业分工和产业合作。

产业集群的知识共享，既是集群企业提升市场竞争能力，强化市场竞争优势的要求，也是产业集群适应资源环境变化的必然要求。从资源环境角度来看，社会对环境保护的要求越来越强，越来越强调人与自然和谐发展的理念，这使得传统的土地、原材料和资本等资源环境类的生产要素将变得更加紧张，经济增长将难以继续寄望于自然资源的大量供给。经济增长将转向知识的投入和运用，建立在产业知识不断创新的基础上。随着科学技术的进步，与土地、自然资源、资本等实物资源有限性不同，产业知识资源将会越来越丰富，而且知识生产的速度也会越来越快。借助信息技术的发展，知识传播的广度和深度前所未有，这为知识价值的发挥提供广阔空间，也会越来越合理化。可以说，越是能够发挥知识价值的地方，就越能够吸引知识聚集于此，知识聚集又反过来促进知识价值的更好地实现。知识经济时代下的产业集群，扮演的就是知识汇聚、知识运用和知识创造的角色。

2. 产业知识共享的积极效应

在产业集群中，产业知识共享的本质是打破知识所有者的身份壁垒限制，使得产业知识在产业集群中实现自由流动和使用，降低产业集群内的产业知识获取成本，促进产业集群内的产业知识应用于创新，提升产业集群的市场竞争优势。从这个角度来看，产业集群内的知识共享具有显著的积极效应。知识共享能够有效提高企业获取知识的效率。在产业集群中，尽管企业本身内部知识或者外部的知识很重要，是企业形成新的市场竞争优势的来源，但是企业仅仅凭借自身吸收外部知识是不够的，因为某家企业能够从外部获得产业知识，其他企业也同样可以获得产业知识，待大众多企业获得的产业知识具有同质性和同等机会性时，建立在这些知识上的市场经营能力便能演变为企业的市场竞争优势。相较而言，企业内部知识具有私享性和隐秘性特征，很难被其他企业获得和使用，因而能构成本企业的竞争优势来源。具体而言，企业内部的知识共享，具有以下几个方面的经济效应。

一是企业内部知识共享能够提升企业获取知识的有效性。企业获取市场机会、提升竞争能力离不开足够的企业知识支撑，集群企业获取知识，既可以通过内部的 R&D 研发等创新活动方式取得，也可以通过与外部交流合作等活动方式获得。由于从外部获取的知识，难以形成独特性和稀缺性，虽然可以提升企业技术水平，但难以有效形成和保持企业的市场竞争优势，因为外部知识可以自己获得并加以利用，也可以被其他企业获得而加以利用。与外部获得的知识比较而言，内部知识属于独享的、私有的，没有被其他企业所掌握和知悉，具有构建企业独特竞争优势的基础，并有能力维持企业的竞争优势。英国科技政策研究的先驱者帕维特（Pavitt）认为，在企业知识创新中，企业内部知识的作用要远远大于企业外部知识。在调查中发现，在 1945 年到 1979 年的三十多年间，英国发生了 3013 项重大创新，其中 59% 的创新来源于创新企业对内部知识的运用和整合，尤其是在某些产业中，如燃料、铝业、机动车以及纺织业中，企业创新总数的70%来源于内部知识的运用和整合，由此看出，内部知识对企业创新的影响何等重要。在企业范围内，将知识从一个部门转移到另一个部门，可以增进知识的运用，扩大知识的匹配范围，强化知识的匹配效果，提升知识资源的匹配效率，企业可以借此充分发挥知识的价值。由于知识的内部转移比外部转移较少受到保密性、合法性等规则制约，在相同条件下，产业知识在企业内部转移，速度快、障碍少，因此，在快速变化的市场竞争中，企业必然会越来越转向构建内部共享知识的能力。

二是强化企业内部的知识共享水平，有效防范企业知识流失。有调查显示，集群企业知识中，能够被轻易获得和使用的知识，约占知识总量的一成；企业知识五成以上是以书面文件、电子文档的形式存在，虽然在理论上也容易获得和分享，但由于多种因素的制约，难以做到真正意义上的知识交流。另外约占知识总量四成的知识，存在于企业成员的头脑之中，在知识型和科技型的企业中，存在于员工大脑中的知识比例要更高一些。这意味着，企业中那些既有较高专业知识水平，又有丰富的实践工作经验、能够独当一面的专业知识人才，一旦选择离开，会使得企业知识外泄，会造成本企业所拥有的、独特性的产业知识外泄，削弱企业的市场竞争能力。通过知识共享，激励员工将自身的经验和诀窍与他人分享，将产业知识的存储从个体的大脑转到企业的知识库中，将单个员工掌握的知识演变为群体掌握，将个体知识演变为企业知识，成为企业随时可以调用的知识，这样可以有效规避知识的个体独专性，避免因为个体行为而导致企业损失。

三是知识共享是优化企业知识资源配置的有效手段。知识作为经济资源的一种，也存在配置效率高低的问题，只有被掌握和使用的企业知识，才能够创造出市场价值，知识资源配置效率越高，创造出的市场价值就越高。在现实中，企业知识分布与企业知识需求二者之间的匹配程度不高，企业知识在工作岗位、组织部门中的配置常常处于非优化状态，具有改善的空间。提升员工工作岗位、组织部门和产业知识的匹配效率，可以通过两种手段来实现：一是人员流动，随着人员的流动，人员所掌握的知识也会随之流动，使得知识在不同岗位、部门之间进行扩散，提升知识资源的匹配效率；二是知识流动，知识共享是知识流动最有效的方式之一。通过员工流动来实现知识流动速度快，但工作岗位上的员工流动，容易造成该员工在之前岗位所积累的专业知识失效，同时面临着在新岗位上知识积累的重新开始。通过知识共享等方式推动知识流动，速度相对较慢，成本比较高，但知识在不同员工和工作岗位上的交流共享，可以有效促进企业不同类型的知识之间相互融合，使得知识资源匹配更具有针对性、匹配性和持续性。从企业层面来看，可以从企业整体利益角度考虑，更好地根据知识匹配效率的要求，强化员工相互之间的学习和知识共享，更好地获取、整合和运用产业知识。

四是知识共享可以提高组织的核心竞争力。在知识经济时代，面对经济全球化的趋势，企业要想在市场竞争中获得生存和发展，必须跟上市场上的技术发展潮流，对市场上的技术具有很强的知悉能力、接受能力和运用能力，在知悉、接受、整合和运用的基础上，创造属于自己的、符合市场需求的技术。而实现此目的的有效办法就是通过知识共享，充分利用群体知识优势。在知识共享过程中，不同思想、技术、工艺和规则相互碰撞和糅合，一方面，能发现这些知识更有价值的使用方法，另一方面，也能找到不同知识之间的最佳配置，提升知识资源的配置效率。

3. 集群企业知识共享的路径分析

集群企业知识共享，具有多种方式可供选择，具体来讲，可以从以下几个方面着手：首先，营造倡导知识分享的企业文化氛围，建立相应的组织机构，推动知识在组织内部的共享。例如，可以利用网络信息技术，搭建网络学习平台，为员工提供全面的学习解决方案，甚至为了激发员工的学习积极性，推行多种多样有趣味性的活动，将知识学习融入趣味活动中，包括签到积分、学习游戏类型的升级、抽奖等，营造一个良好的学习氛围。其次，鼓励和引导集群企业在内部构建学习型组织。学习型组织的特点在于整个组织弥漫着学习的氛围，在这个氛围影响和激励下，组织的员工主动参与识别和解决问题，将获取的知识不断地投入到实践工作过程中去，促进组织能够进行不断的尝试，改善和提升工作效率和组织能力。学习型组织的运作特色在于为员工提供一个充分发挥创造性思维能力的机制和平台，以此多方位地寻求解决经营中的问题，提升组织运营效率，是学习型组织的价值所在。通过设计合理的组织结构，让企业员工在企业内的各个层面都能接触到企业知识，并在企业内营造知识分享的氛围，使得员工乐于进行知识交流活动。企业知识，尤其是隐性知识，通过正式网络推动知识扩散的效果并不理想，只有借助信任关系建立起来的紧密的人际交往网络，才能更有效地促进知识扩散和流动，也只有在具有良好的信任关系和愿意的基础上，才能更有效地实现隐性知识的有效转移和有效共享。通过以信任为基础的知识网络，把属于个人在工作中积累的经验与心得挖掘出来，在组织中进行转移和传递，从而达到知识共享的目的。构建产业知识共享的技术体系，建立知识共享的信息网络，在技术上为编码化知识远距离传输提供技术支撑，为知识的需求方和供给方创造接触的机会，促进知识交流的广度和深度。最后，构建知识共享的激励机制，一项活动的有效开展，固然少不了活动参与者的志愿和热情，但仅仅依靠热情还不够，必须还要具备有效的激励机制，知识共享这项工作也是如此。设计知识共享的激励机制，可以形成导向作用，明确向外界宣示鼓励知识共享的意图，对参与知识共享活动的参与者予以物质、精神上的各项奖励。在这方面，典型的案例包括：总部位于美国马萨诸塞州的 Lotus Software 软件公司（被 IBM 收购前名为 Lotus Development Corporation）是一家著名的软件公司，为了引导和激励员工进行知识共享，将其收入的 1/4 用于奖励在知识分享中有突出贡献的员工；有的公司在招聘时，优先录用那些有分享意识的员工，对那些在知识共享中做出贡献的员工，在升职、额外休假、物质奖励等方面进行给予。

第三章　产业集群中的知识资产属性与价值效应

在科学技术快速发展的知识经济时代，如雨后春笋般涌现出来的新知识、新技术，被运用到产品和服务生产过程中，极大地改变了人们的生活方式，提升了人们的生活水准。科学技术的发展改变人们的生活，是通过企业来进行的，企业运用新技术和新知识，向市场提供具有新知识、新技术支撑的产品和服务，改变社会，改变人们生活，也改变企业自身。善于运用、吸收和创造新知识的企业，越来越成为市场的宠儿，反之会被市场逐渐淘汰。特别是随着计算机网络等信息科技水平的提高，企业的成功已经远远不能简单地依靠资本、劳动和原材料等资源上的投入，影响企业生存和发展的至关重要的资源是企业知识。企业知识作为一种特殊的生产要素，不是独立地存在，而是附着在员工的头脑、企业生产经营流程、企业组织结构等载体中。企业知识是无形的，但它的载体隶属于企业，又由于企业知识能够给企业带来价值，一旦流失，会给企业造成损失，具备价值性特征，可以称之为“知识资产”。随着科技进步和技术发展，知识资产的作用已经远远超越其他资产，成为最重要的企业资产之一，构成企业重要的战略性资源。

一、企业知识对生产要素的影响作用

知识是一种资源，具有价值性特征。随着新知识的不断涌现，知识所发挥的作用日渐增强，知识资源的价值特性，越来越受到人们的重视，这种价值性，既体现在生活中，也体现企业经营中。只有把资源的价值用于生产经营，用于价值增值，才可以称之为资产或者资本。生产经营和价值创造过程，本质上就是知识的运用过程，将知识资源用于价值创造和生产经营的现象，很早就发生了，但把知识作为单独的资产形态提出来的，是美国经济学家加尔布雷思（J. K. Galbraith）。在他看来，知识资产是一种动态的而不是静态固定的资本形式，此后，知识资产和知识资本理论研究和实践在学界展开。1991 年美国《幸福》杂志编辑托马斯·A. 斯图尔特（Thomas A. Stewart）在其经典论文《知识资本：如何成为美国最有价值的资产》中较为系统地提出知识资本概念，长期以来被人们习以为常而又忽视的知识资本的重要性被明确地提出来，其重要性表现在，虽然知识资产不是独立地存在，而是以附在载体上的形式存在，虽然无法触摸但却客观存在，企业员工的技能、顾客的忠诚以及企业文化、制度和企业经营过程中所包含的流程等背后都是企业知识在支撑，都是企业知识在发挥作用，知识对于企业如此重要，对于国家也如此重要，知识是员工、企业和国家最重要的资产。

（一）产业知识对物质生产要素的影响

知识经济时代并不改变企业的价值构成，企业价值构成仍然由活化劳动和物化劳动组成。但这并不意味着知识对企业价值构成没有产生影响，恰恰相反，知识对企业价值构成的影响是重大的，不仅表现在形式上，更表现在内涵上。知识可以直接作用于劳动，使得劳动在本质上得以提升。以体力为基础，从简单操作为特征的劳动，在知识的作用下，演变为以知识为基础，从精细复杂化的劳动为特征的脑力劳动和智力劳动，甚至直接演变为人工智能对人的劳动替代。知识不仅可以作用于劳动，本身也可以成为劳动对象和劳动资料。在市场经营过程中，知识可以促进新生产资料的运用，是企业生产创造价值的日益重要的条件。在传统理论中，劳动资料主要包括以厂房、土地、矿产、机器设备等物质形态的企业资源等为代表的劳动工具和劳动对象，但随着生产力的发展，在土地、物质资本投入和自然资源消耗基本不变的情况下，经济仍然可以持续不断地增长。这种现象超越了传统经济理论的解释范畴。于是，人们通过研究发现，在传统经济理论之外，以高科技为代表的知识在生产中发挥了巨大作用。物质形态的资源、产品等生产要素价值的体现，不仅依赖于其自身的稀缺性，更有赖于其蕴含的知识含量，单纯的物质形态的生产要素在生产经营过程中的价值越来越式微，知识成了生产经营利润的主要来源，生产知识产品比生产物质产品在经营上显得更加有利可图。之所以如此，是因为随着工业化的进程加快，人们日常所需要的物质产品更易于被大规模地快速生产出来，生产成本越来越低，物质资源虽然稀缺，但通过科学技术的运用，更多的自然资源被开发出来，用于人们的日常生活。在物质资源的稀缺被科学技术的快速进步所解决，并且物质产品的生产成本降低的情况下，提高劳动生产率，提升物质产品的性能，为人们提供用于发展和享受的知识，成为最有市场潜力的策略选择，而能选择如此经营策略的，必然有雄厚的知识资源作为支撑，知识资源的边际效应，远远大于传统的物质资源。市场竞争和市场实践表明，将产业知识资源充分而又大量地运用到生产经营活动中去，获得的利润回报比投入物质资源要高得多。于是，企业以及其他经营主体有意识地运用知识资源，通过知识运用制造新的劳动工具，并以知识为劳动对象，如在知识的催生下，电脑、网络、各类软件成为企业普遍的劳动工具，从事市场调研获取顾客信息、开发新的技术、创立新创意等，这些信息、技术和创意本身就是知识，它们是劳动对象，是无形的，不能独立存在，而是附着于某种载体，有别于传统物资资源的劳动对象。衡量一个社会的生产力先进与否，往往是以这个社会的劳动工具和劳动对象的先进程度为标准。知识经济时代的主要劳动工具和主要劳动对象，主要是知识及其知识产品，这意味着潜在的生产资料是无限的，可以打破物质资源稀缺的限制，促进经济持续增长，打破经济增长极限的魔咒。可以说，产业知识成为生产资料，既是知识资本化的结果，也是知识资本化的动力来源。产业知识资本化，本质上是产业知识的价值属性使然。

（二）产业知识对劳动力生产要素的影响

产业知识的价值属性还表现在对劳动力的塑造上，产业知识资本强化了劳动者的专业技能，提升了劳动者的专业素质，改变了劳动者在生产经营中的地位。在传统生产经营方式中，市场竞争优势取决于企业所拥有的物质资源，企业拥有的土地、厂房、设备和生产物资越多，企业的经营实力就越强，就越容易获取市场竞争优势，投入越多，利润就越大。在这种生产经营范式下，劳动者在很大程度上附属于物资资本，生产经营的规则、流程和制度均以物质资本为中心而建立，劳动者在很大程度上，只是获取利润的工具而已。而在知识经济时代，产业知识大大提升了劳动者的地位，当劳动力获得了大量产业知识，或者说，产业知识促使资本与劳动力结合起来，对劳动力进行投资，劳动力演变为人力资本时，物质生产要素和劳动力生产要素的重要性发生了变化，劳动力取代物质生产要素，成为最重要的生产要素，成为企业获得市场竞争优势的源泉，也是企业生产经营利润的主要源泉。在这种情况下，为了充分发挥劳动力生产要素的价值，生产经营的流程、规则和制度不再围绕物质生产要素而构建，而是围绕劳动力生产要素而建立。

产业知识不仅改变了劳动力在生产要素中的地位，还改变了劳动者的就业结构。一方面，随着科学知识的发展以及在生产经营中的运用，劳动工具的科技含量越来越高，自动化生产以及人工智能在生产经营中开始得到广泛运用，“无人售卖”“无人车间”等现象越来越普及，这种现象使得人们从直接物质生产过程中解脱出来。另一方面，从事知识生产以及运用先进知识进行经营，从市场获得的回报将越来越大，产业知识的市场回报率要远远高于其他生产要素，激励企业和其他经济活动主体更加积极地从事产业知识的生产和运用。对于劳动者而言，拥有知识技能的劳动者获取的劳动报酬要高于知识技能低下的劳动者，这就会激励劳动者自发地提升自己的专业技术素质，激发人力资本投资的热情，在一些发达国家，从事专业技术工作的脑力劳动者人数，已经超过了体力劳动者。由于知识生产和运用，能够从市场上获得更高的回报，政府、企业和劳动者个人都愿意进行人力资本投资，增强劳动者的专业素质和创新能力，相当多的国家，特别是政治稳定、经济发展良好的国家，已经在政策、教育、市场和制度等方面积极推动知识的资本化，激发人们的学习和创新热情，知识型劳动者在生产经营中发挥更为显著的作用，成为企业获取市场竞争优势的重要砝码。

（三）产业知识促进新产业的形成

从三次产业划分来看，人类社会的产业模式包括农业产业模式、工业产业模式和商业产业模式。传统的农业产业模式中，劳动对象是土地，劳动更多的是依靠手工操作，更多采用精耕细作模式；而工业生产模式，是知识发展到一定阶段并运用到人们的生产实践中之后，从农业生产模式中分离出来的新兴产业模式，其劳动对象是各种物质资源，主要以生产机器设备作为劳动工具。随着信息技术等新知识的出现，能够引领产业发展方向、改变产业发展模式的新劳动工具出现了，以电脑、智能设备为代表的新生产工具具备了一定的计算、分析和控制能力。智能化是新生产工具与传统生产工具的最大区别，通过具有智能化特征的生产工具在生产经营中的运用，劳动者一改以往借助体力来进行工作的模式，只要通过指令、编码、声音等信息就可以操作和使用相应的生产工具。生产经营过程中的智能化趋势，极大地提升了劳动生产率，拓宽了劳动对象的领域，有形的物质产品被以更快捷、成本更低的方式生产出来，从而导致物质产品的市场利润不断降低。与此不同的是，生产新知识、运用新知识的行业和领域却能获得丰厚的市场回报，刺激更多的企业和经济主体转向知识生产和知识运用，更多的有利于提高生产效率和开发新物质资源的知识被创造出来，不断满足人们日益增长的日常生活中的品质需求。将知识用于生产经营，是一个产业化过程，在这个过程中所获得的超额回报，刺激高新技术的创造极其广泛运用，于是，以知识生产、运用和分配为主要活动内容的新兴产业——高新技术产业就应运而生了，随着新兴技术层出不穷地出现，本来是高新技术产业的企业逐渐演变为一般企业，由其生产经营的产品也从新兴科技产品演变为日常普遍使用的物质产品。例如，在无线通信刚刚起步阶段，手机属于高新技术产品，生产手机所需要的产业知识属于高新技术行列，但经过十多年的发展，手机走进千家万户，已经成为日常必需品，生产手机的行业逐渐由高科技行业演变为一般生产经营行业。而涌现出来的新技术、新知识又在开拓新的生产领域，这些新兴的领域又将引领新的产业形成。在新知识和新技术不断形成与运用于生产经营过程中，催生高新技术产业的出现。同时，非高新技术产业的企业生产经营并非与高新技术产业相互隔离，而是接受高新技术产业的辐射，吸收高新技术产业的技术和知识外溢，以此来提升自己产品的质量或提高工作、管理效率。另外，在高新技术产业的带动下，与高新技术产业相匹配的配套企业应运而生，如知识密集型的教育、通信、信息、商业、金融等服务部门的快速发展，拓展了知识产业的领域。从世界范围来看，传统工业仍在社会生产中占据主要地位。但在一些发达国家，以高科技企业为代表的知识产业正在取代传统大工业的地位，成为社会生产中最重要的生产部门。

（四）知识资产是企业超额利润的主要源泉

知识通过对生产要素的作用，使生产要素在生产经营中的作用和价值发挥发生了颠覆性的变化，知识对价值创造的意义在于导致生产能力发生变化，最终表现为生产率得到大幅提升。知识作用于劳动力和其他生产要素，不仅提升劳动生产率，还能够生产出新的知识产品，如新工艺、新产品、新创意等。新的知识产品因为知识的作用，使得自身在性能、特征等方面具有一定的差异性、先进性，为使用者带来更好的使用体验和更高的使用价值，具有广泛的市场空间，这就意味着生产者可以从中获得更高的市场价值和投资回报，基于新知识的新产品带来的盈利水平和投资回报，要显著高于普通的产品，这是因为知识的运用和创新，能够创造更多的市场价值总量。从创新理论来看，供给的创新催生出市场需求的创新，而供给创新的前提是技术和知识创新，具体表现为工序创新和产品创新。每一种新产品和新工艺的出现，都会使得市场出现新的需求，形成新的市场，打破原有的市场需求格局。市场需求的扩大和延展，为企业供给、生产以及创造的市场价值提供了可能，特别是供给的非均衡性使得企业获得更大的市场价值增长空间，为企业带来较高附加值和较大利润空间。知识通过创新，创造新需求，提供新产品，实现新价值，带来超额市场利润。除此之外，知识为企业带来利润，还表现在知识资产能够降低既有产品的生产成本、提高企业经济效益等方面。传统的工业化生产模式，对自然资源的开采利用，往往处于较为低端的技术水平，随着生产规模的不断扩大以及自然资源的稀缺，低端技术水平下的工业化生产成本变得越来越高，使得传统生产工艺下的产品价格居高不下，市场规模难以扩大。但在知识创新时代，知识和创新具有无限增长的可能，知识进步带来的新技术新工艺，一举改变旧有工艺下的产品生产模式，不再依赖过度的自然资源的投入，而是依靠科技进步的方式来取得。换言之，相同的投入规模，采用新的工艺和新的技术之后，与旧有的生产工艺和生产技术模式相比，既能够使得产出更多，也能够提升产出效率，投入成本随着产出水平和产出效率的提升而被大幅摊薄，因此，会比传统生产模式下的竞争对手获得更为丰厚的超额的市场利润回报。

二、产业知识是企业获取市场竞争优势的核心资产

（一）知识是企业核心竞争力的基础

美国学者普拉哈拉德（C. K. Prahalad）和哈默尔（G. Hamel）两人通

过对佳能、本田等制造型企业的考察，发现组织中的积累性学识，特别是关于如何协调各种不同的生产技能和整合不同的技术流的学识，是赢得市场竞争优势的关键。他们将这一观点在1990年发表的《企业核心竞争力》中首次提出，并将之称为核心竞争力。他们认为核心竞争力是指具有企业独特特性的知识系统，能够给企业带来持续竞争优势，是企业在市场竞争中获得超额利润的依据。因为具有很强的企业特性，企业核心竞争力很难被其他企业所模仿，核心竞争力是一个动态的概念，不是静止不变的，随着时间的积累，企业核心竞争力的外在表现会随之改变，但本质不会改变，因为核心竞争力在本质上是一个知识学习和创造的过程，为了达到这样的目的，学习就成为核心竞争力积累提高的重要途径。在企业核心竞争力研究传入我国后，我国的学者也对此做出相应的界定，如将企业核心竞争力看成企业有效使用生产要素的能力（刘世锦，1999），认为企业核心竞争力是企业特有的经营化了的知识体系，竞争力的本质是企业特有的知识和资源（刘斌，2001）。无论国外还是国内学者，对企业核心竞争力的理解都离不开知识和知识运用，概言之，知识是企业获取竞争优势的基本因素，是形成核心竞争力的基础。

知识就是生产力，知识就是创新能力和竞争力，知识就是企业未来的价值所在，这些观点在当下的知识经济时代，已经成为学界和企业界的共识。在工业时代，物质资源和货币资本是企业参与市场竞争，获取市场竞争优势的利器，随着产业知识在企业经营中不断被开发出来，并投入经营活动之中，在市场竞争过程中，获取超越一般生产要素所能带来的丰厚回报，知识越来越成为企业所重视乃至最为重视的生产要素，与此相对应，企业的核心竞争力逐渐由物质资源、有形资产等演变为一系列的技术、规则和文化等所组成的非物质形态的资产，正如美国管理学大师彼得·德鲁克所言："真正控制资源和绝对是决定性的生产要素既不是资本，也不是土地，而是知识。"在德鲁克看来，知识是企业拥有的唯一独特的资源，知识不是企业核心竞争力，但知识是企业核心竞争力的基础，只有通过知识的运用和价值发挥，才能构建企业的核心竞争力。知识在企业中无所不在地发挥作用，有的企业知识比较先进，有的企业知识比较落后，知识先进的企业因为能获得更多的市场收益，所以更能为他人所注意和效仿。企业的知识存量影响企业资源的配置模式、配置效率，知识存量大、知识运用能力越强的企业，企业资源配置往往就越合理，配置效率就越高，越是能通过知识运用的途径获得较好的市场收益，并能从知识运用过程中，获得新知识，实现知识创新。经过知识运用、知识创新的不断循环，企业知识具有了特定的个性特质，使得企业知识与企业黏在一起，难以分离，使得知识使用和知识创造产生很强的路径依赖，一旦脱离了企业具体的情境，知识对资源配置模式的影响就失去了应有的意义，难以获得相应的配置效率，这决定了企业知识难以模仿，由此而形成的市场竞争优势也就具备了难以模仿性，一旦企业获得以企业知识为基础的核心竞争力，竞争对手或者其他组织在短期内难以通过模仿、复制的手段获得。

以知识为基础而形成的核心竞争优势，在企业经营中主要表现为产品供给的创新，以及由于创新而形成的产品供给垄断。由知识创新形成的新产品、新工艺，与市场现有的产品和工艺，存在很强的差异性，具有很强的独特性，从而在市场上形成“只此一家，别无分店”的垄断现象。企业知识的技术含量和创新性越强，形成的技术壁垒就越高，形成的垄断概率就越大，竞争者就越难进入，企业获得的市场竞争优势就越强。

（二）产业知识是企业获取竞争优势的核心资产

企业知识是企业核心竞争力的基础，但并不意味着企业知识一定就会形成核心竞争力，并由此带来市场竞争优势。企业知识促进企业核心竞争力形成，并由此获得市场竞争优势的前提是：企业拥有知识并能控制和合理使用知识。形成企业核心竞争力的知识，不是静态存在状态下的知识，而是动态使用过程中的知识，唯有在企业经营过程中对企业知识的动态使用，才能形成核心竞争力，才能借此获取市场竞争优势。在农耕时代晚期，由于科学技术的进步，知识在各个领域得到不同程度的推广使用，激发了工业革命，工业革命是产业知识在工业领域广泛使用的结果。自工业革命以来，知识对工业的影响速度和程度都呈几何级数增长。在早期的传统工业时代，产业知识的创造和集中使用过程，就是生产力得到大幅提升的过程，扩大具有知识含量的资产比例，进行知识产品的创新，是传统工业时代的企业获取竞争优势的主要手段。虽然企业主观上并不刻意追求企业知识，但在客观表现上却是如此，企业的本质在于追逐利润，在追逐利润的过程中，总会选取投入少而效率高的路径，通过对这些追逐利润的路径和模式归纳总结，发现知识含量高的路径和模式的资产回报率最高，从事知识创新活动的经营行为获得的市场回报率最高，促使企业追求市场回报、获取利润的手段高度趋同：追逐知识进步和知识生产，获得先进的知识并将之投入到市场经营体系中，就能获得更多的利润，利润回报率的高低，不再仅仅取决于投入规模，更多地取决于企业知识存量和知识创新能力。这就形成一种现象：在同一产业内部，一家账面资产总量庞大的企业，其盈利能力可能很低，而一家账面价值很小的企业，其盈利能力则可能很高，之所以如此，是因为二者的经营资产中，知识含量大的资产所占比重不同，拥有的知识水平和知识运用能力不同，最后导致资产规模与盈利水平出现反差的局面。

随着科学技术的进步，知识在产业界得到更为广泛的推广和使用，当早期的工业化生产时代进入现代工业化生产时代时，产业知识在企业获取市场竞争优势方面的作用方式发生了改变。在传统工业生产时代，先进的产业知识产生于生产过程，并作用于生产过程，使得企业获取市场竞争优势。而在现代工业化生产时代，先进产业知识发挥作用，不仅局限于对生产过程的影响，更注重将产业知识的创新从生产制造过程中独立出来。行业中的一些领先企业逐步将生产制造过程转移出去，分立出单纯从事生产制造的产业下游企业，构建并强化研发创新、品牌塑造、知识产权保护等知识含量要求的产业流程，强势掌控决定企业核心竞争力的知识要素，企业的生产经营形态发生了改变，由传统加工制造企业演变为知识生产和创造企业。例如，现实中的苹果公司、爱立信公司等企业把生产制造流程分立出去，甚至外包，退出生产制造流程，把更多的精力聚焦于核心技术与品牌的塑造。再如，福特、大众、通用汽车等公司，在本土之外大量投资设厂，从事整车生产制造，但研发和设计仍然集中于本土，这些企业虽然将部分生产制造过程让渡出去，但强化了对知识含量较高的生产流程的掌控，不仅没有削弱企业市场竞争力，反而进一步强化了企业的市场竞争优势，强化了对产业发展趋势的把控能力。

企业对利润和市场回报的追逐是无止境的，这一驱动，使得企业对应用和创造新的产业知识诉求也是无止境的，在产业知识使用和创造效用的激励下，企业的生产经营流程发生了改变，专门从事企业知识生产的流程被独立出来。出于知识运用和创造效率提升的考虑，企业生产经营流程也在不断的调整变换过程中，高新技术企业在这个变换调整过程中应运而生。产业知识对企业市场竞争优势的影响，发展出第三种形态：为谋取市场竞争优势，获得超额的市场利润，出现了专门从事高新技术运用和创造的企业，即高新技术企业，高新技术企业是指通过科学技术或者科学发明在新领域中的发展，或者在原有领域中革新式的运作①。高新技术企业的形成和发展，大致都经历过这样的路径：首先从产业知识和技术的前沿和高端起步，研发出更为先进的、符合市场需求的产业知识和技术，取得产业知识和技术的突破，凭借产权保护等政策措施，形成大量的知识积累，带动企业的创新能力不断增强，与产业中的其他一般企业在能力上形成显著差异，在市场上形成技术壁垒，最终形成市场垄断地位。这种垄断形成

① 在界定高新技术产业范围的基础上，对于高新技术企业的概念问题可以从 2016 年国家修订印发的《高新技术企业认定管理办法》来加以界定。因此，在我国，高新技术企业一般是指在国家颁布的《国家重点支持的高新技术领域》范围内，持续进行研究开发与技术成果转化，形成企业核心自主知识产权，并以此为基础开展经营活动的居民企业，是知识密集、技术密集的经济实体。

的核心竞争力既难以通过市场购买方式获得，也无法在短期内通过内部知识积累和创造追赶，一旦在市场上形成技术壁垒，产生技术垄断现象，往往形成“先入为主”“独霸市场”的产业格局。例如，计算机主板、CPU主要由英特尔和AMD两家厂商垄断供应，微软的Window视窗操作系统则横行全球，不是其他企业不能生产出这样的产品，而是由于最早提供这些产品的企业在市场上形成了先入为主效应，经过企业自身努力巩固这种形象，最终形成了市场垄断格局，其他企业很难撼动它们的市场地位。

（三）知识资产是企业内部的契约性制度安排

从制度经济学的交易成本理论视角来观察企业知识资产的性质，可以将之看成企业内部的企业制度性安排。交易成本理论体系的核心要义有两个：一是产权；二是交易成本。明确产权归属，才能形成交易，交易费用影响产权归属的变更。在企业中，各种生产要素均是有价值的资产，企业以契约的方式从外部获得，这些生产要素的产权归属于企业，归属于企业控制和使用。特别是长期资产，其契约性更为明显。正如科斯在其著作《企业的性质》中所讲：“为某种物品或者劳务的供给签订长期的契约是符合期望的，这可能源于这样一个事实，如果签订一个长期的契约以替代多个短期的契约，那么签订每一个短期的部分费用就被节省下来，或者，由于人们出于规避风险，宁愿签订长期契约，而非短期契约。”生产要素能否为企业所用，企业能否从生产要素中获得相应的价值增值，并不在于生产要素的自然属性，而在于生产要素与企业的归属关系，即使生产要素的价值很高，很重要，但不归属于企业，对企业而言，也是没价值的。越是归属于企业，乃至于长期归属于企业的资产，才是构成企业生产经营的关键要素和核心要素。实物形态的生产要素的价值具有独立性，能独立于企业而具体存在，能够在产权明确的情况下，进行市场交易，实现产权让渡和转移，企业对实物形态的生产要素的拥有、使用和处置，都是建立在契约的基础上，根据生产经营的需要，契约期限可长可短。然而，企业知识作为生产要素，与实物形态的生产要素不同，难以独立存在，具有很强的黏性，附着于企业、员工、经营流程或者作用于其他生产要素等存在，一旦脱离具体的经营情境，企业知识就失去了应有的价值，从这个意义上来看，企业知识是企业经营所需要的生产要素，其与企业的关系，也以契约关系的方式而存在，但企业知识只是附着于企业而存在，加之企业知识资产，具有可重复使用、非完全排他性等特征，使得企业知识与企业之间的关系，较一般生产要素而言，只能以契约关系的确定作为其存在并发挥作用的前提。

企业知识资产的契约关系，从本质上讲是以法律的形式规定知识资产所有者拥有法定的排他权，因为知识资产同其他形态的资产不同，知识资产一旦形成，就具备了非排他性的低成本，乃至零成本的重复使用特征，具备公共物品的特征。如果不以法律的形式规定知识资产的权利边界，就会使得企业难以通过使用和创造新知识而获取相应的收益。例如，某家企业通过大量的投入，进行知识创新，取得了知识创新的成果。但由于这些知识资产具有公共性特征，但凡使用这些创新知识获取市场收益的经济活动主体，均是知识创新主体的免费“搭便车”者，获取了收益，却未支付成本。长此以往，必然会打击知识创新者的知识创造积极性。反之，正如张五常所言：“近代经济学家都同意，若研究所能获得产权保障，研究工作就会因为可以期待市场的奖赏而增加。”以法律的形式规定知识资产的使用范畴，形成知识产权，明确知识资产的产权界限，杜绝了企业契约之外对知识产权的使用，终结知识资产的使用、创新的部分公共性，确保知识创新者从知识创新中获得应有的市场竞争优势以及由此而带来的市场收益。这样，企业知识的资产性质，在法律框架内得到正式认可和保护，真正成为法律意义上的资产。而处于法律框架之外的非产权类知识资产，如商业秘密、隐形默会性知识，虽然没有采用法律形式以知识产权方式确定，但在现代法律体系下，这些企业知识的产生和运用过程，仍然是缔结契约关系的结果，表现为企业通过买卖合约或者内部规章制度、雇佣合同等方式界定企业知识的使用范畴，采用特定的保密条款对企业知识加以传播和扩散，使合约各方均可享受相应的权利，并承担相关的义务，法律对这些权利和义务的界定，予以认可，加以保护。例如，企业在生产经营过程中研发的技术创新和发明，事前通过契约规定属于职位发明的，其产权为企业所有，他人不得据为已有。即使向外泄露，也属于侵害企业权益的范畴。

在企业契约前提下产生的新知识、新技术，是契约的产物，由此而形成的或有收益权限也受到契约的约束，归属于企业或者契约明确规定的相关主体。另外，员工因为在企业工作过程中，尤其是从事知识运用和创新的过程中，积累了相应的知识技术技能，提升了人力资本价值，换言之，企业中从事知识生产和创新的员工，其工作过程，既是产品和服务的产出过程，又是人力资本价值增值过程，对于人力资本增值部分的占有和使用，也构成契约关系，是企业与员工之间通过契约关系而形成的企业对员工知识和智力的占有。企业与员工之间的雇佣契约确立企业对员工劳动的占有，从而间接地占有员工的知识和智慧，尤其是对于掌握企业关键知识岗位的员工，会以特别的方式对员工的就职、工作职位和离职做出规定，本质上是对工作中形成的人力资本增值部分予以占有。企业为了实现可持续性发展，必须尽可能地与人力资本增值能力强的员工保持长期雇佣关系，并通过契约限定双方在人力资本增值部分的使用权限和利益分配关系。人力资本及其增值在企业内部形成，是企业知识作用于劳动力这一生产要素的结果，企业通过契约形式来确定人力资本及其增值部分的价值归属和产权归属，但是员工在企业工作过程中，人力资本价值发挥程度的大小要受到员工主观态度的约束，如果员工主观不努力，附着于其身的人力资本价值就得不到实现，那么通过契约来分配人力资本价值及其收益，就成了一句空话。在企业与高人力资本价值的员工之间，如果没有建立起比较完整有效的长期契约关系，尤其是以信任为基础的长期契约关系，企业对劳动力生产要素的使用就是权宜的、短暂的，员工成不了企业的核心员工，在这种情况下，基于人力资本增值及其价值分享的契约关系就不复存在。

知识资产作为企业内部契约性制度安排，还表现在企业管理结构和社会关系结构方面。对于企业来讲，企业内部管理结构及其与社会关系结构对企业经营结果也会产生很大影响，企业内部管理结构以及与社会关系结构的形成，在本质上也是企业知识运用的结果。企业管理结构包括组织结构、规章制度安排、经营流程等方面，是企业在长期经营中形成的，具有很强的路径依赖性，是企业员工共同遵守的价值理念、企业目标、企业形象以及由此而形成明文规定的规章制度和行为规范，因为其直接影响企业经营效率，具有很强的价值属性，也被称为企业的组织结构资本。企业与社会关系结构，是企业社会资本的外在表现，企业的社会关系资本是指企业在生产经营过程中，与客户、供应商、合作伙伴、政府、居民等主体以信任和互惠为基础形成的来往关系，这些关系的存在，有助于提高组织流程的质量和效率，促进企业实现其目标和实现目标活动，是嵌入企业网络结构中的显在和潜在的资源和能力集合。简言之，就是企业通过纵向联系、横向联系和社会联系摄取稀缺资源的能力。可以看出，企业的社会资本能够给企业带来收益和增值，属于企业资产的一部分。企业的组织管理结构和社会关系结构，从企业内部来看，也是一系列的关系综合，是企业通过一定的价值理念和行为规范，在企业内外形成的一种交往网络，在交往网络中，交往的各方主体都有一个明确的价值判断预期、行为决策预期和利害得失预期，这种预期的形成是基于一种显性的规则或者惯例使然，这些显性规则或者惯例在本质上属于企业契约的组成部分。从企业外部来看，社会关系结构和内部管理结构，就是企业一系列内部制度性安排形成的契约结果，由于其在企业长期存在与发展中起着至关重要的作用，从而资本化为企业的长期资产。

三、知识资产的内涵、分类与特征

（一）企业知识资产的内涵

产业知识通过对生产要素的作用，提升生产要素的价值增值能力，成为企业核心竞争力的基础；企业通过对产业知识的运用和创造，构建具有垄断特征的市场竞争优势。产业知识的这些特征足以说明，产业知识是企业所拥有的一种资产形态，可称之为知识资产。知识资产概念提出后，引起了经济学、管理学和社会学等相关学科的广泛关注，对知识资产内涵的认识和概念的界定，既有共性，也有各个学科的个性。制度经济学家加尔布雷思在 1969 年首先提出知识资产的概念，把知识资产理解为一种动态的知识活动，而不是传统的固定资产形式，加尔布雷思提出知识资产的概念，描绘了知识资产的特征，但并没有对知识资产进行明确的界定，缺乏完整的概念阐述。早期关于知识资产的研究，偏向于知识对企业员工知识能力和综合素质状况的影响，从而测评知识资产的价值，强调知识资产在企业生存和发展中的重要性。具有代表性的观点包括：①将知识资产定义为企业内每一个成员所拥有的教育、信息、专业知识、经验和知识产权等能够为企业创造市场竞争优势的所有知识的总和（Stewar & Losee，1994）。这个观点重视知识对劳动力的影响，知识增强了劳动力的人力资本价值，人力资本价值又作用于生产经营过程，提升工作效率，最终表现为生产经营效率的提升。不足之处在于，其忽视了产业知识对劳动力之外的生产要素的影响，忽视了企业其他可编码和不可编码的知识资产的价值；②将知识资产界定为企业物质资本和非物质资本的综合，知识资产的价值体现在企业账面价值和市场价值的差额，其中包括人力资本和结构资本（Edvinsson & Sullivan，1996）。这个概念界定侧重于知识资产的价值测量，而非概念界定；③将知识资产定义为能够提高企业生产效率，带来市场价值的所有知识，包括受法律保护的有形资产，如专利权、注册商标、商业秘密等；也包括嵌入于企业无形资产和根植于员工头脑的技术诀窍、企业经营哲学、服务理念、销售渠道和生产流程等（Wilkins，1997；Tao，2005）。

随着信息技术在知识应用和创造过程中的影响不断扩大，以及对知识资产研究的不断深入，早期的知识资产内涵得以进一步扩展和提升。有学者认为在网络情境下，企业知识资产范畴不仅包括内部，还应拓展到客户关系、销售渠道资源、合作伙伴网络、品牌声誉等企业外部关系性资源（Bontis，2000），将能够提升企业竞争优势或者创造实际价值的所有可编码和不可编码的知识性因素，包括企业内部和企业外部的，全部纳入企业知识资产范畴。自此，知识资产的界定和相关研究，均在此基础上不断地丰富和深入。综合来看，对于企业知识资产的界定，存在狭义和广义之分。狭义来讲，企业知识资产就是知识产权，获得法律认可、能够为企业生产经营带来收益的那部分企业知识，是可编码化的、法律化的企业知识，如专利、商标、版权等。广义的企业知识资产，是将狭义的概念衍生到企业员工个体所拥有的隐性知识、市场诀窍、客户关系等内容。结合企业经营活动的实践表现以及知识资产在经营中所起的作用来看，企业知识资产的广义概念，更能反映知识资产的内容和内涵。综合而言，可以将知识资产概念界定为：能够为企业创造经济价值，增强企业市场竞争力，并且为企业所控制的所有知识的总和，既包括受到国家法律保护的法律化企业知识，如企业专利、商标、版权等，也包括员工掌握的技术诀窍、客户资源、社会关系、销售渠道等隐性知识。

（二）企业知识资产的分类

在认识和了解企业知识资产的基础上，对企业知识资产加以分类和研究，可以更好地把握企业知识资产的特性，以便企业更好地发挥企业知识价值，提升企业经营效率，这是企业知识资产研究的意义所在。基于不同的角度，对知识资产的分类，结果也有所不同。

有学者借鉴罗伯特·卡普兰和戴维·诺顿平衡计分卡的思想，分别从财务、顾客、业务流程和可持续性发展四个视角，依据企业知识对这四个方面的影响作用不同来划分企业知识资产类型，在此基础上，进一步地借鉴无形资产负债表的做法，将企业知识资产高度概括性地一分为二，一是人力资产，二是结构资产（Edvinsson & Malone，1997）。人力资产主要是指企业内附着于员工个体的企业管理技能、知识经验、学习能力，具有人身附属性，随着员工个体的流动而流动；与人力资产附属于员工个体不同，结构资产是依附于企业组织而存在的知识资产，包括组织结构、企业商誉、专利版权、客户关系、软件数据库、政府关系资源等。还有学者提出知识资产的人力—结构—关系（H-S-C）三分法（Stewart，1997）。是将企业知识资产划分为人力资产、结构资产和关系资产三个类型，人力资产的范畴与前文所讲的二分法中人力资产的范畴一致，是指内嵌于企业员工的知识资产，表现为员工知识技能、经验水平和可持续提升的能力，是企业从事生产经营活动的劳动力基础；结构资产是指除了嵌入于员工个体之外的所有知识资产总和，包括组织结构、规章制度、经营流程、组织文化、管理模式、经营理念等，注重组织运行保障的惯例和规则，是企业从事生产经营活动的内部环境支撑和保障；关系资产则是强调企业对外交往形成的关系总和，包括企业商誉、政府资源、企业形象等，是企业从事生产经营活动而形成外部关系，是以非货币形式存在的资本，是企业价值创造和增值的外部保障，具体分类以及内容，详见表3-1。对企业知识进行人力—结构—关系的三分法，是国内外学界对知识资产进行分类的主流观点。

表3-1 知识资产类型与内涵

类型	载体	内涵	编码难易
人力资产	内部的，存在于员工头脑	员工的知识存量，包括员工个体的价值观、态度和能力，工作经验、技术诀窍、工作心得等	一般
结构资产	内部的，存在于组织结构、运营流程	是企业除了人力资本之外的知识库。包括企业规章制度、运营流程、专利、商标商誉、组织文化、经营理念等	较易

续表

类型	载体	内涵	编码难易
关系资产	外部的，存在于与外部的关系之中	是企业经营过程中与外界联络形成的关系价值，属于社会资本性质。与顾客、供应商、经销商、政府、竞争对手以及社群等主体的关系，表现为企业形象、口碑、顾客满意度等。	偏难

（三）知识资产的特征

产业知识能够成为资产的组成部分，最根本的原因在于企业知识的收益性特征，产业知识能够为企业带来收益，能够增强企业的市场竞争力，在企业获取经营利润方面，发挥着重要作用。因为产业知识能够带来收益和增值，使得产业知识具有了资产的属性，作为企业资产，一方面，能够参与到企业经营活动过程中，对内可以提升企业经营效率，对外可以塑造良好的企业形象、强化市场地位、树立良好声誉等，为企业带来收益和价值创造；另一方面，也可以将知识转化为资产表现形态，通过交易买卖、交换转让等方式为企业创造价值，带来收益。企业知识的收益属性，还表现在对创新能力的提升。企业将拥有的产业知识运用到经营活动过程中，既是产业知识运用过程，也是对知识进行改善、提升和创造的过程，在这一过程中，企业的产业知识存量、质量和水平都有了进步，企业也因此拥有了更多数量、更高水平的产业知识，将这些新的产业知识投入到下一轮的经营活动过程中，能够提升企业市场竞争力，获取更多的价值创造。由此周而复始，企业就能够拥有不断创新的自我提升能力，这些能力是建立在对产业知识的运用和创新基础之上的，成为产业知识的重要组成部分。

企业知识的第二个显著特征是外部性。知识资产外部性特征表现为在经营过程中知识使用的非竞争性和不完全排他性，企业的知识资产不仅能够为本企业带来收益，还可以低成本甚至零成本地为其他企业带来收益，具有很强的正外部性特征。换言之，企业个体拥有或者创造出来的产业知识，被其他企业或者其他组织所获取或者利用，在利用过程中，谋求收益和价值创造，这就是通常所讲的知识溢出效应。适当的知识溢出和有意识的知识溢出，既能够给知识接收者带来收益，为知识再创新提供可能，也能够给双方基于共同产业知识利用的合作创造机会，使得知识溢出方和知识接收方共同受益。但因为产业知识能够带来收益，具有资产属性，在外溢过程中，具有“搭便车”的可能，使得企业所拥有的个体产业知识被刻意模仿，侵犯知识创新企业的正常收益回报，使得知识创新企业难以弥补为创新活动而投入的成本，降低了创新企业的创新收益预期，挫伤了企业的创新热情和积极性，抑制了创新活动的持续发展。这构成了产业知识，尤其是产业集群情境下的产业知识治理的重点和难点。

四、基于演化视角的产业集群知识资产形成机制

自世界经济合作与发展组织首次提出知识经济概念以来，知识被普遍看成推动经济增长的关键生产要素，于地区来讲，知识是促进经济增长的首要因素，于企业而言，知识是企业获取市场竞争核心力的关键要素。在这种认识推动下，具有资产属性的企业知识，包括个人的、群体的、组织和网络的诀窍知识等，是企业在投入、产出和协调知识创造过程中形成的具有特殊价值的、不可或缺的资产。Stewart 建立了人力资本—结构资本—关系资本模型来探测企业知识表现形态和存量规模，在企业知识测评方面，这种测评模型具有广泛的认可度。但是，适用于探测企业知识的形成、表现形态和规模的模式，不一定就适合用来探索集群的知识形成路径以及产业知识的表现形态。在产品差别性分工和生产工序性分工的国际经济分工格局与全球生产网络背景下，出于追求产业分工、范围经济、规模经济等因素带来的效应而形成产业集群。在全球价值链上，专业化分工使得集群生产片段化，导致产业知识的传播和运用局限在特定领域，集群性知识在参与全球经济活动中价值尚未充分展示，产业集群发展受限。因此，探索产业集群知识的形成路径，探索产业集群知识的演变状态，识别产业集群知识所处的地位和发展趋势，寻找提升产业集群知识水平的策

略，是促进产业集群发展的关键所在。

（一）个体知识与群体知识的形成与演化机理

达尔文主义的“变异—选择—遗传”演化理论分析框架，不仅适用于考察生物进化的演变，还适用于考察产业集群的形成和发展过程的演变，运用达尔文主义的生态演化理论来考察产业集群，我们称之为经济演化理论，该理论在产业集群中的运用，是以技术创新和制度变迁为核心，探索产业集群以及集群中的经济体在市场环境变化过程中不断创新和选择的非均衡的、动态的过程。经济演化理论超越传统经济学的“经济人”假设，侧重于探索知识在产业集群演化过程中的影响。产业集群的形成与演变受知识的影响，而知识本身也在不断地演化，知识的演变推动产业集群的演变，产业集群的演变对知识演变的速度和方向提出了更高的要求。从知识角度来看，产业集群是一个不断演化的知识体系，该体系由四个层次的组织单元，这四个层次的组织单元分别是知识个体、知识种群、知识群落和知识生态系统。在集群知识体系中存在知识分布、知识交流、知识竞争和知识演化的关系。与物质资产不同的是，知识资产不仅具有个体、企业和产业组织的层级性，在数据、信息、知识、专门知识和能力五个方面，也存在质量等级性的差异。

对于员工而言，获得产业知识的首要动因就是产业知识能够带来效用，包括物质利益方面的效用和精神层次方面的效用。出于对效用的追求，员工具有获得新知识和创造新知识的动力。最初的知识生产都是源于个人追求自身满足这一过程的结果，是一种包含结构化的经验、价值观、关联信息以及专家见解等要素流的动态混合物。员工个体的知识增长和演化是通过学习活动来形成的，学习过程一般包括三个阶段：第一个阶段是个体从外部环境纳入信息，在了解、熟悉和掌握知识后，进入形成内部知识的第二阶段。学习过程中的第二个阶段，是知识生成阶段，是员工个体在对自然界、人类社会以及思维活动的信息感知认知基础上，通过归纳、解析、推理等理性思考，将吸收的外部知识内部化，形成自身的知识积累和提升。产业集群以及其他外部环境的变化，总是会诱导产业知识发生变异或者促进新知识的产生，员工个体为了适应产业集群以及其他外部环境的变化，会不断从环境中获取自身的需求，提高自身的适应性能力。那些对员工个体产生负效用以及效用不显著的知识，或被淘汰，或被更新。正是出于追求效用满足的激励，员工个体不断地主动吸收知识、创造知识和检验知识，使得主体不断地更加适应环境，并按照员工个体的效用目标，力所能及地改变环境，使得产业知识在个人层面上不断得以累积，成为获取更大效用或者利益的基础。知识资产在个体与环境的适应过程中，以效用价值优劣和高低作为知识取舍标准，促进知识的不断演化，在演化过程中不断提升和发展。

个体知识汇聚成流，形成群体性知识，个体知识在群体知识中起到类似于“知识基因”的作用。著名发展心理学家让·皮亚杰（Jean Piaget）清晰地解释了个体认知过程，英国哲学家迈克尔·波兰尼（Michael Polanyi）则将知识划分为隐性知识和显性知识，这二人的研究成果较好地解释了知识的人际传播和演化过程。在此基础上，日本学者野中郁次郎（Ikujiro Nonaka）和竹内弘高（Hirotaka Takeuchi）构建了个体知识向群体知识演化机制的SECI模型，该模型认为，无论是人的学习成长，还是知识创新，都是在群体情境下实现的，只有在群体情境下，通过相互交往，相互借鉴和启发，才能实现个体的学习成长和知识创新。由此可以进一步推论，正是社会的存在，才有文化的传承活动，任何人的成长、任何思想的创新都不可能脱离社会的群体、集体的智慧。因此，关于“隐性知识”与“显性知识”相互转化SECI模型的“社会化（Socialization）、外在化（Externalization）、组合化（Combination）、内隐化（Internalization）”过程，每完成一次螺旋式上升的阶段都有一个具体的情境存在，可以将情境称为场域（Ba）存在。对应于知识转化四个过程阶段的场域，分别为创始场域（Originating Ba）、对话场域（Interacting/Dialoguing Ba）、系统化场域（Cyber/Systemizing Ba)、练习场域(Exercising Ba)。SECI 模型较好地解释了不同类型知识相互之间的转变，揭示了知识演化的内在规律和内在机制。在实践中，将此模型进行有意识的采纳和运用，促进了个人知识得以在群体、社会等更广泛的时空范围内流动和传递，既增加了知识总量，也促进了知识在更广范围的传播和使用，知识在传播过程中，知识形态经过不断地转化和运用，满足了使用者对知识使用的诉求，提升了知识的总体效用。

在知识的传播和使用中，由于人们对知识的使用目的不同，知识表现形态也会发生不同的变化。相同的知识原理在不同领域、不同产业的表现形式存在一定的差异性。一般来说，相同或者相似的知识，具有较高的交流和传播效率。这是因为知识传播和运用的主体是人，知识是在人与人之间进行传播和使用的，因此，人对知识的理解和接受能力，决定了知识传播和使用效率。人与人之间存在认知角度和认知领域的差异，在人际的知识交流与转化过程中，相似的认知视角和相似的认知对象，能够提高主体交流密度和交流效果，提升知识传播的速度，强化知识传播效率。

在认知领域，认知视角相同或者相近的个体，沟通的内容、渠道、方式具有可接近性和可理解性，容易聚集在一起，建立对世界的共同认知和分析范式，共同认识和探究认知对象的内在本质与外在现象、结构体系与实质内容、日常运行与变异更新，由此而形成专业化的知识，通过专业化的方式，以专业化的认知视角和专业化的思维，形成了个体化的专业知识，个体化的知识在群体内传播和分享、融合和优化，最后大浪淘沙，提炼出更加符合客观规律的经验总结和科学知识。产业集群是相同或者相近产业的众多企业在专业分工基础上形成的聚集，对产业知识具有共同的理解、运用和诉求，使得产业集群内的产业知识传播和交流效率要远远高于产业集群外的知识传播和交流效率。在个体基础上形成不同专业化的群体，就构成知识部落。在实践领域，从不同角度，采用不同类型的知识作用于共同的实践对象，发挥不同种类知识的协同效应，获取综合性的效能。

在现实中，企业是某一产业的知识共同体，是知识运用、创造的场所，也是不同类型知识综合运用的场所。企业产品、服务的生产和提供，需要企业内外众多的个体知识整合，需要来自不同专业知识的配合和衔接，包括采购、生产、运输、仓储、销售、售后服务、金融投融资等领域的专业知识。作为一个认知系统，企业由众多的节点组成，每一个节点都是包含专业知识的长期积累和运用所形成，这些节点是由众多个体、团体、部门、结构和程序构成。与此相对应，企业的知识体系是由众多节点专业知识的总和，这种总和，不仅仅是简单的加总，也不仅仅是企业决策的结果，而是节点间的专业知识持续的相互作用的结果，是个体的交换、苦心经营的部门、个人预期、共享的标准、程序和组织机制等多方面共同作用的结果。

（二）产业知识演化的集群性

产业集群是基于企业追求专业化分工带来的规模经济效应和范围经济效应而聚集形成，专业分工的本质是产业知识在产业链条上不同环节的分配，产业知识是推动产业集群形成和发展的根本性力量，产业知识扩散与知识创新是集群中重要的两种知识活动，集群中的知识扩散主要是经由经济主体的各类交往活动来实现。产业集群的地理集中特性，加大了企业间交往的频率，并通过面对面的交往，提高了经济主体间知识传播与使用的效率。但集群内各经济主体的知识基础和知识吸收能力存在差异性，使得知识在产业集群中呈现非均匀性分布。迈克尔·波特认为，知识创新是产业集群形成和发展的动力源泉，从产业集群中的知识演化过程来看，知识创新是知识演化的关键环节，知识并不直接形成组织的市场竞争力，而是通过提升企业的创造力，促进企业在产出上形成创新，在经营上提升效率，进而获得市场竞争优势。产业集群是集群中各经济主体的知识活动的运行平台，是一个集知识运用、传播和创新于一体的复杂的开放系统，集群知识演化过程要受到产业集群两个因素的影响：集群企业知识创造与集群企业间知识流动。沿着这个分析逻辑，可以将产业集群的知识演化分解为两个阶段，产业集群中的知识主体在知识运用过程中，创造出新知识，这里的知识创造，既可以是单个经济主体所为，也可以是多个经济主体联合所为，这是第一个阶段，该阶段的主要表现就是产业集群的知识增长。在第二个阶段，产业集群中出现的新知识，从创新的主体扩散传播出去，使得新知识在整个产业集群内分享和获得，促进产业集群进行进一步的知识创新，这两个阶段的活动交替循环进行，构成产业集群知识演化的整个过程。

在信息技术高速发展的推动下，产业集群知识的流动和传播效率得到大幅提升，甚至可以突破时空的限制，实现产业集群知识的跨时空交流和传播。正是由于信息技术能够实现远距离的、非人际接触式的信息传输和交流，使得在产业集群知识研究中，出现否定产业集群地理集中性的无效论，认为产业集群的地理集中性对产业知识的沟通交流、运用、创新没有实质性的影响，通过信息技术的辅助手段，产业知识能够跨越产业集群地理聚集的限制，在整个产业链条中进行传播和交流，在整个产业范围内，形成大一统的产业知识领域，产业知识的区域性特征和价值将不复存在。但在现实中，并非如此，信息技术的发展，确实提升了知识交流的效率和规模，但这并不意味着它能够替代产业集群的地理集中性对知识传播和创新所产生的作用。产业集群地理集中性特征，加大了产业集群企业面对面的交往频率，并通过面对面的交流，提升了知识扩散的效率。在产业集群的地理集中特性上形成的面对面人际交往模式，使得知识扩散、使用和创新具备了地理区域性的特征，甚至知识的价值表现也具备地理区域性的适用性特征，从这个意义上来讲，产业集群的地理区域，不仅是产业知识交流、使用和创造的场所，而且是产业集群知识创造的对象，在此区域中形成的产业知识，具备了区域性的特征，产业集群的知识资产价值也就相应地具有区域性特征。

产业集群知识的形成具有特定的区域性和集群性特征，具体表现为：一是知识资产的生产具有集群嵌入性和地域的根植性特征。知识产生于人与环境的互动中，适应环境和改变环境是人们认知的主要诉求，由此产生一系列的经验和规律总结，是为知识。有什么样的人，有什么样的环境，就会产生什么样的知识。作为认知主体的人和作为认知对象的环境，无论是自然知识还是产业集群的专业分工的技术知识和社会知识，知识生产过程都具有产业集群的嵌入性和地域根植性特征。二是根植于区域而产生的产业知识，其传播和使用受到空间距离衰减的制约，使得知识的产业集群嵌入性和地域的根植性得以强化。虽然信息技术的发展改变了知识传播的速度和效率，打破了时间约束。信息技术对知识传播方式和效率的改变，更多地体现在可以编码的显性知识方面。但在隐性知识的传播速度和效率方面，信息技术的作用并不明显，经验性的经验理念、操作性的技术诀窍等隐性的知识，更多的是依赖于人而存在，无论是传播，还是创造，隐性知识都会随着人的活动空间而受到限制，与人的活动空间范围和时间范围保持一致。企业竞争优势不仅取决于显性知识的规模和利用效率，更取决于隐性知识的规模和利用效率，企业如此，企业聚集形成的产业集群也是如此。隐性知识的传播方式和转化运用模式，不会随着信息技术的发展而发生较大的改变，并且，产业集群由于其特定的区域性，使得产业集群隐性知识在形成、转化运用和创造过程中，充满了产业集群特色。甚至在这些具有产业集群特色的隐性知识转化成显性知识时，对隐性知识生产形成影响的人文因素，随同隐性知识本身，融合转化成显性知识，使得产业集群的显性可编码的知识也具备了一定的产业集群特征。三是集群企业知识价值实现具有显著的区域化和产业集群性特征。集群企业知识的价值体现在产出和服务上，能否在市场上实现其价值，关键在于这些产出及服务能否获得市场认可和接受，越是符合当地市场的文化习俗、行为模式和消费理念的产出和服务，越是能够将普遍适用性的科学知识与具体的地方性知识融合起来，生产出来的产品，越是能够被市场接受和认可。这实际上就是集群企业知识价值实现的区域化特征表现。此外，相同的知识的价值实现程度和实现方式，在不同区域之间存在较大差异，原因在于，知识生产与创新能力、知识吸收和运用能力存在不同地理区域的产业集群间的差异，在知识吸收—使用—创新的螺旋式循环中，不同区域间的知识资产价值差距不断扩大。四是产业集群知识内部网络化趋势明显。产业集群在一定的地理空间上聚集，从地理空间视角来观察，产业集群知识内部网络化的过程，也是区域知识内部网络化的过程。当形成共同的产业集群实践和认知时，产业集群知识网络中的知识主体，包括产业集群中的个体、企业组织、其他组织机构以及产业集群外的环境相互作用、相互制约，在产业集群中形成了以产业知识为核心纽带的产业知识链和知识网络。产业集群之间存在差异，相应地，产业集群中的知识链和知识网络也会存在差异，这些差异体现在产业集群中的知识传播的内容、传播路径和知识主体的协作模式，这些差异的存在，又会强化知识网络的集群性和区域性特征。

（三）影响产业集群知识演化的因素分析

1. 影响产业集群知识演化的知识存量规模因素

产业集群是企业追求经营效率聚合形成，企业在集群中所提升的经营效率，来源于集群中的产业知识规模以及基于产业知识运用的专业化分工，产业集群的知识规模以及知识增长能力，是产业集群形成和发展的核心要素。影响产业集群知识规模和知识增长能力的因素有很多，其中，产业集群内的技术基础设施会尤为显著地影响产业集群知识的扩散能力，知识共享可以促进知识扩散，知识扩散有利于知识共享，在知识扩散和共享工程汇总，集群企业所掌握的知识会成倍数地增长，最终决定集群企业的价值创造能力和市场竞争优势。知识共享和知识扩散能力受到产业集群中的技术基础设施的影响，其影响方式和能力可以借用安达信公司（Arthur Andersen）的知识共享公式来表述：$K = P + IS$，其中，K代表知识，P代表知识拥有者，+代表技术，I代表知识传播，S代表产业集群的知识共享能力。这一公式所代表的含义是：知识（K）是由知识拥有者（P）借助技术（+）进行信息交换（I）的能力所获得的，知识共享能力（S）能够提升知识扩散能力和扩散效果。英国巴塞罗那 *ESADE* 商学院教授马克斯·H. 博伊索特（Boisot，M. H.）在其著作《知识资产：在信息经济中赢得竞争优势》中，也提出相似观点，认为技术基础设施影响知识的扩散能力，知识是以从数据资料中提取信息为基础的一种能力，将“可抽象、可编码、可扩散”三种特性作为知识资产的识别和价值评估标准。把知识能力转化运用到生产经营过程中，知识能力就演变为知识资产，知识资产具有很强的操作性，在操作运用过程中，产生经济价值。与实物资产不同的是，知识资产在与他人分享之后，并不降低初始拥有者的效用，但知识分享却使得知识普及范围扩大，知识稀缺性降低，削弱知识资产本身的市场价值。知识分享一方面带来的产业知识普及性，在产业知识使用价值的认知性上形成共识；另一方面，知识分享导致产业知识的稀缺性降低，削弱产业知识的市场价值，二者之间形成严重的悖论。为解决这个悖论，人们通过设计以专利制度为主要内容的知识产权保护制度，但事实证明，这个制度所发挥的作用显得越来越脆弱，因为产业知识在很多情况下必须通过扩散或者传播才能实现价值认知和价值发挥，能够有效传播，实现知识扩散的产业知识，都是经过充分编码、充分抽象才能达到应有的目的。

2. 影响产业集群知识演化的知识差异性因素

知识资产存在差异性是影响产业集群知识规模和知识增长能力的另一个重要因素。集群知识的产生具有内部演化机制，不同的产业集群，内部演化机制也存在相应的差异，在不同演化路径作用下，形成知识的规模、质量、专业性、扩散速度等也会有所不同。集群知识差异可以细化为以下几个方面：①知识丰裕度差异，集群中知识种类、数量、知识专业化程度等不同，引致集群知识丰裕度的差异；②知识分布结构差异。产业集群中的员工个体之间、组织机构之间所拥有的知识不是均等的，知识有差异地分布在不同类型的知识主体之间，产业知识分布差异越大，产业知识分布越不平衡，产业集群内部的组知识主体间的知识差异就越大；③知识增长速度差异。产业集群在知识的吸纳和知识创造方面也存在差异，导致产业集群在产业知识增长速度方面存在差异。例如，传统产业集群和高新技术产业集群比较，二者对产业知识增长速度有着不同的要求，传统的产业集群知识吸收和知识创新能力较低，产业知识增长速度较为缓慢，高新技术产业集群的知识吸收和知识创新能力较强，对产业知识增长速度要求较高。概括而言，产业集群的背景、特征、管理制度、协同文化等是造成产业集群知识增长速度的主要因素；④知识开放性差异，集群内的知识主体主要通过两种路径获取外部知识：一是充分利用空间位置的毗邻性，以“搭便车”的方式从知识高位势的地方获得新的产业知识，获取知识的溢出效应。二是基于市场交换、知识交流等方式获取知识。产业集群开放性程度越高，集群内的知识主体越倾向于通过知识扩散的单边交易机制来获得新知识，愿意单方面向产业集群奉献出自身拥有的独特性产业知识，以求得更好的知识碰撞、糅合与匹配，促进新知识的生产和创造，相互间的知识交流就越自由，产业集群内的知识共享壁垒就会越低。反之，开放程度越低，集群内的知识主体越倾向于采用知识扩散的双边交易机制，强调知识扩散过程中的等价交换，重视单次知识交易的成本收益比较，不太注重多次重复的知识交易成本收益，导致产业集群的知识主体间的封闭性增强，知识难以自由流动。

3. *产业集群知识扩散能力的测度模型*

出于分析的需要，通过构建模型来简要阐述产业集群知识扩散能力。假设产业集群中有 N 个组织机构，包括企业、科研院所、专业服务结构、政府等，这些主体在产业集群中，相互之间通过沟通交流、业务往来、契约交换等方式，形成了特定的产业知识网络，记为 W（V, E），其中 $V = (v_1, v_2, v_3, \cdots, v_n)$，表示产业集群中各个知识主体；$E = (e_1, e_2, e_3, \cdots, e_n)$，表示产业集群中各个知识主体的知识流动关系，如果产业集群中知识主体 i 与知识主体 j 之间存在知识流动关系，用式子 $e_{ij}=1$ 来表示，$e_{ij}=0$ 则表示二者之间不存在知识交流关系。为了分析的产业集群中知识流动特征、方向和轨迹，可以通过构造一个具有 NW 小世界（NW small world model）① 特征的产业集群知识网络 W，对产业集群的知识网络设定两个前提：一是集群知识网络有 N 个节点，每个节点的两边各有 $\frac{R}{2}$ 个节点与之相联结的耦合网络（K 为网络平均度，且为偶数），并且满足 $N \geqslant R \geqslant \ln N \geqslant 1$ 条件；二是以概率为 p 随机在网络中间任意两个节点之间可以且只可以添加一条边，节点自身不相联结。

根据上述假设得知，在产业集群中存在 N 个知识主体，存在多种类型的产业知识，包括技术、规则、营销等 R 种类型的产业知识（M 为任意不确定的自然数），第 i 个知识主体在 t 时刻对 j 类知识的拥有量表示为 K_{ij}^{t}，知识主体 i 的知识吸收能力表示为 γ_i，ρ_{ik} 为第 i 个知识主体对第 k 个知识主体的知识扩散能力。由此可以推断，当知识主体之间以单边交易机制规则进行知识交流时，知识主体 i 在 $t+1$ 时刻从知识主体 k 处所接受到的第 j 类知识量为：

$$\Delta R_{ij}^{t} = \gamma_i \rho_{ik}(R_{kj}^{t} - R_{ij}^{t})$$

$t+1$ 时刻知识主体 i 的第 j 类知识拥有量为：

$$R_{ij}^{t+1} = R_{ij}^{t}(1 + \alpha_{ij} - \beta_i) + R_{ij}^{t+1}$$

---

① 小世界网络存在于数学、物理学和社会学中，是一种数学图的模型。在这种图中，大部分的节点不与彼此邻接，大部分结点可以通过任意一个其他节点经少数几步就可以产生联系。小世界网络最终由邓肯·瓦茨（Duncan Watts）和斯蒂文·斯特罗加茨（Steven Strogatz）在 1998 年提出，形成 WS 小世界网络模型，由此衍生出的 NW 小世界网络构成原则认为：从一个环状的规则网络开始，网络含有若干个节点，以概率 p 随机地联结网络中的任意一个节点，每个节点与最邻近的若干个节点连出若干个边，满足 $N \geqslant K \geqslant \ln N \geqslant 1$ 条件，随后可随机化加边。但必须满足两个前提，一是任意两个不同点之间至多只能有一条边，并且每个节点不能与自身相连。改变 p 值可以实现从最近邻耦合网络（$p=0$）向全局耦合网络（$p=1$）转变，在 p 足够小或者 N 足够大时，NW 小世界模型和 WS 小世界模型大同小异。

其中，α_{ij} 是第 i 个知识主体所拥有的知识 j 的内生增长速度，影响知识内生增长速度的因素包括知识主体的研发投入、技术条件、规章制度、组织文化氛围以及学习能力等。β_i 为知识 j 在产业集群中的知识质量下降程度，属于知识 j 的内生属性，产业集群的知识更新速度与知识主体拥有的知识优势呈反向关系，产业集群的知识增长速度越快，集群中知识主体所拥有知识的质量下降速度就越快，贬值程度就越高，知识资产的价值就下降得越快，贬值越快。当彼此之间的知识扩散遵循双边交易机制时，交易发生的条件 $\min(RN_{ik}, RN_{ki}) > 0$，唯有如此，交易才能发生。其中，$RN_{ik}$ 表示第 k 个知识主体比第 i 个知识主体具有优势的知识数量。在追求知识最大化的行动决策要求下，知识主体 i 和知识主体 k 各自选择两者之间感知差异最大的知识进行交易，不同知识主体进行知识转移和扩散时，主要受知识主体间所感知的知识差异和扩散意愿两个主要因素影响，知识质量和规模差异越大，扩散意愿越强烈，则产业集群中的知识扩散能力就越强。分别用 η 和 ω 来表示集群中知识主体的知识增长速度和知识劣化速度。假设在 c_1 类知识，与知识主体 i 拥有的数量和质量比较而言，知识主体 k 明显感知到差距，而在 c_2 类知识上，与知识主体 k 拥有的数量和质量比较而言，知识主体 i 明显感知到差距，在这种情况下，两个知识主体就形成了知识交流的前提条件，进一步假设知识主体 i 在 $t+1$ 时刻从知识主体 k 处所接收到的 c_1 类知识的数量为：

$$\Delta R_{kc_1}^{t+1} = \gamma_i \rho_{ki} (R_{kc_1}^t - R_{ic_1}^t)$$

$t+1$ 时刻，知识主体 i 拥有 c_1 类知识的数量为：

$$R_{ic_1}^{t+1} = R_{ic_1}^t (1 + \eta_{ic_1} - \omega_{c_1}) + \Delta R_{ic_1}^{t+1}$$

知识主体 k 在 $t+1$ 时刻从知识主体 i 处所接收到的 c_2 类知识数量为：

$$\Delta R_{kc_2}^{t+1} = \gamma_k \rho_{ik} (R_{ic_1}^t - R_{kc_2}^t)$$

$t+1$ 时刻知识主体 k 拥有的 c_2 类知识数量为：

$$R_{kc_2}^{t+1} = R_{ic_1}^t (1 + \eta_{kc_2} - \omega_{c_2}) + \Delta R_{kc_2}^{t+1}$$

用产业集群的平均知识水平作为产业集群知识的扩散效果的衡量指标，对产业集群中的各知识主体所拥有的知识采取抽象化的衡量，抽象掉具体知识的差异比较，对知识进行无量纲化的抽象，使得各个知识主体之间的知识数量和质量具有可比性。由此可以对产业集群在 t 时刻的平均知识水平可表示为：$R^t = \frac{1}{MN}\sum_{i=1}^{m}\sum_{i=1}^{n}K_{ij}^t$，产业集群知识分布差异可以用方差 δ_t^2 来表示：

$$\delta_t^2 = \frac{1}{MN}\sum_{i=1}^{m}\sum_{i=1}^{n}(K_{ij}^t - K_j^t)^2$$

其中，$\bar{K_j^t} = \frac{1}{N}\sum_{i=1}^{n}K_{ij}^t$，表示 t 时刻产业集群第 j 类知识拥有量的平均值。为简化过程，在不失一般性的前提下，假设产业集群中的所有知识主体所拥有的知识内生增长速率相同，知识劣化和贬值速率也相同，那么，产业集群之间的知识变化速度差异可以表示为：$\delta = \bar{\eta} - \bar{\omega}$，式中的 $\bar{\eta}$、$\bar{\omega}$ 分别表示为产业集群中知识主体拥有的知识内生增长速度和贬值速度，当 $\delta < 0$ 时，意味着产业集群的知识增长速度低于知识贬值速度，产业集群内的市场竞争力在下降；当 $\delta > 0$ 时，意味着产业集群的知识增长速度高于知识贬值速度，产业集群的知识水平处于提升状态，产业集群的市场竞争力在上升。当 $\delta = 0$ 时，则表明产业集群的知识水平保持稳定状态。

产业集群中的知识速度差异可以用知识增长速度和知识贬值速度的对比来分析，当知识增长速度快于退化速度时，则产业集群的知识优势在扩大，反之则在缩小。产业集群中知识扩散机制反映产业集群的开放性，如果产业集群中知识主体注重短期的、单次性知识交流的成本收益时，则偏向采用双边交易机制，整个产业集群则偏向保守和封闭，知识扩散速度缓慢；反之，如果产业集群中的知识主体注重长期的、重复博弈的成本收益比较，则偏向采用单边交易机制，产业集群的知识交流呈现出开放性特征，知识扩散速度加快。在实践中，产业集群中知识主体之间的知识扩散，既有单边交易机制，也有双边交换机制，产业集群之间的知识资源禀赋差异测量，多数以产业集群所拥有的核心关键性知识的统计数据来测定评估。

（四）基于知识网络的产业集群知识演化机制

产业集群知识包含个人知识和组织知识、产业集群内部知识和产业集群外部知识、显性知识和隐性知识、技术性知识和制度性知识、管理性知识和市场性知识等，构成一个体系完整、内容丰富的知识网络体系。产业集群知识构成内容与体系，分别由个体知识、企业组织知识和产业集群知识构成，各自构成以及相互关系见图3－1，不同层次的主体知识构成相应的知识网络（见表3－2）。

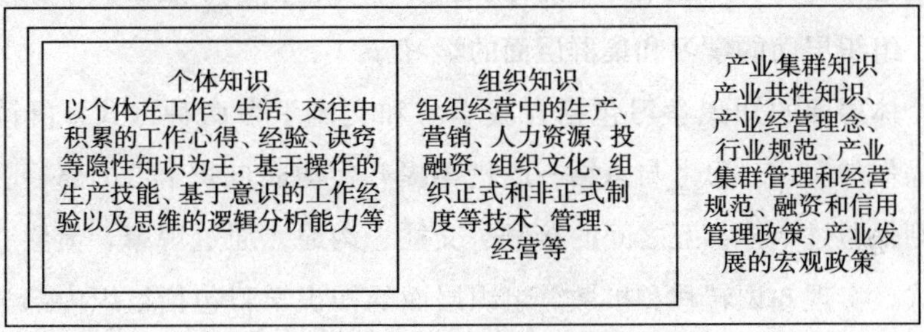

图3－1　基于知识网络的集群知识体系

表3－2　集群知识网络的层次结构

知识网络层次	知识结点	知识关联
个体层次知识网络	知识专家—知识需求者	工作关联、人际关联、社会交往关联、网络社交关联
企业层次知识网络	核心企业、相关组织	核心组织与其他企业、政府、学术界、消费者和市场等从属组织之间的联系，包括“核心企业—相关企业/政府/大学/科研机构/中介服务机构”等相互之间的联系
产业集群知识网络	产业集群外组织	本地集群以及集群企业同集群外组织的联系，如基于全球价值链的关联等

产业集群知识体系以及知识存量，不是产业集群内各个知识主体所拥

有的知识存量的简单加总，而是知识体系各组成内容在相互扩散、相互影响的过程中，进行加总、糅合和提升，由此形成的知识总量，既包括原有知识的汇总，也包括原有知识在糅合过程中产生的新知识。一方面，分散的个体知识通过各种网络路径，向组织层面和产业层面进行知识聚合，形成组织知识和产业知识；另一方面，产业层面、组织层面的知识向个体扩散，为个体所掌握，并将获得的知识运用到实际工作中去，提升工作效率，在个体的知识运用过程中，形成新的个体知识，为下一轮的知识聚合奠定基础。集群知识得以在演化过程中形成和发展，是由于产业集群中各个知识主体出于提升生产经营效率、获得市场竞争优势的目的而进行持续性的学习所致。换言之，知识学习是知识主体主动适应环境而进行知识运用和创造的过程，产业集群中的知识主体学习包括三个层面：个体层面的学习、组织层面的学习和集群层面的学习。

个体层面的知识学习包括自我学习和交流学习两种方式，阅读与观察→操作与实践→思考与总结→改进与提升，构成自我学习的路径。交流学习则是通过个体相互之间的接触、交往、沟通，通过观摩、借鉴、协同等方式，实现知识转移和扩散。组织层面的知识学习包括组织内部学习和组织之间学习。组织是由个体构成的，也只有作为个体的人，才有学习的主观愿望和行动，组织学习的概念实际上也是从“个体学习”（Personal Learning）概念借鉴引申而来。组织不是构成组织的所有个体的简单加总，与此相对应，组织学习也不是个体学习的简单积累。组织虽然不存在人一样的“大脑”，但组织通过档案记录、资料存储和数据分析，具有记忆和认知系统。组织在发展过程中，在路径依赖和经验导向的作用下，组织的发展路径和发展模式存在一定的规律性，能够形成并保持具有自身特征的行为模式、思维准则、文化以及价值观等。从企业知识理论角度来考察组织，组织在本质上是一系列知识资源的结合体，组织运营的过程就是不断地知识吸收、知识运用和知识创造的过程，获取知识、实用知识和创造知识也就构成知识的基本活动，也是组织生存、发展的必要前提。沃尔玛

（Wal – Mart）和麦当劳（McDonald's）成功经营的实践表明，企业经营成功的关键在于充分合理地管理和使用产业知识，并且顺利地将蕴含在组织惯例中的知识在合作伙伴中进行扩散转移，获得相应的认同和匹配，并由此创造出更有效率的知识运用。为了顺应形势变化，组织不仅要能及时处理信息，还要善于创造出新知识，运用新知识所衍生出的经验和规律，形成经营指导规则，对组织的产出、运行过程或组织结构等外在要素进行调整，而且要对影响组织运行的各种内在因素，包括企业的价值观、思维模式、基本假设乃至根本目标进行改革。正如哈瑞森·欧文斯（Hudson Owens）所说，过去的企业主要目标是生产出产品和提供服务，以获取利润，但在知识快速更新和发展的今天，企业更为优先和重要的任务是成为高效的学习型组织，这并不意味着产出和利润不重要，而是因为在未来社会，如果没有持续性学习，企业将难以获得市场竞争优势，难以获得想要的利润。当代组织学习理论的主要代表人物 C. 阿吉里斯（Chris Argyris）和 D. 肖恩（D. Schon）在合著的《组织学习》一书中，将组织学习看成组织应该培养的重要技能，认为优秀的组织一定会善于学习，善于通过学习来总结运营中的偏差、缺失和失败，并通过学习来寻求更好的解决办法和应对策略。组织学习越是有效率，组织就越能够发现存在的不足，越能够找到组织在发展过程中存在的障碍。通过组织学习发现的不足和障碍，更多的是表现在组织计划与实际执行之间存在的偏差，引起偏差的原因，可能存在于计划制订本身的不尽合理、计划执行缺乏效率、计划制订与执行之间存在协同偏差等方面，通过组织学习，可以发现弊端所在，在计划制订和执行过程中所涉及的各个主体之间形成共识，提升协同配合的效率。组织学习不仅存在于组织内部，还存在于组织之间，与同行进行知识交流，向竞争对手学习，都是组织间学习的重要方式。在马奎特（Marquadt，1996）提出构建学习型组织五要素中，在人员要素中就涉及组织间学习，构建学习型组织离不开组织成员的学习，组织成员学习广泛分布在与工作相关的各种关系中，与组织运营相关的整个业务链上的利益相关者，包括组织领导者、一般成员、顾客、合作伙伴、供应商以及社区等等，都是学习组织不可忽视的重要角色，都是组织成员学习的对象，都是组织成员汲取知识的来源。组织通过挖掘客户的内在需求，培训客户对产品和服务认知等方式，使得客户与组织建立合作关系，组织也由此深入把握市场需求动态，构成组织学习系统的一部分。业务伙伴、供应商、政府部门、社区团体或者居民等组织外部成员，都可以通过与组织分享知识、参与组织的学习项目而获益，在获得收益的过程中，组织变得更加适应外部环境。

产业集群的知识演化，不仅包括个体学习和组织学习形成新知识，还包括个体学习、组织学习相互之间的渗透、影响和转换。这就涉及个体与个体之间、组织与组织之间、个体与组织之间，以及个体、组织和产业集群之间的知识转化和演变。在个体层面与组织层面的知识转化中，个体知识向组织知识转化表现在三个方面：一是企业家创业、工作成果等个体知识，在工作过程中向组织传递，在企业范围内加以推广实施，形成组织知识；二是人才引进所带来的知识在组织内的推广，即引进的人才从组织外部带来新的显性知识和隐性知识在企业内推广，完成个体知识向组织知识的转化；三是日常工作中，企业员工在工作中创造和积累形成的经验、诀窍、秘诀等，被组织采纳，在组织内推广使用，构成组织知识的一部分。而组织知识向个体知识转化的主要方式包括培训、指导、学习和组织文化渗透等。集群层面的知识包括产业集群赖以生存的产业基础知识和支持集群升级的产业共性知识，这些知识的形成机制比较松散，既包括产业集群内部各知识主体的系统开发所形成的知识，也包括产业集群内部的核心企业的技术突破，以及从产业集群外部引进成熟的产业技术。集群层面的知识表现得比较松散，其形成机制也比较多元化，使得产业集群内的不同知识主体所掌握的集群知识存在一定的差异。产业集群出于发展的需要，集群共性知识必然要向集群内所有组织和个体转移和扩散，具体采用的方式包括知识推广、共同学习、相互模仿和借鉴等。在组织内部的知识网络中，组织在发展过程中会不断地使用知识，在使用过程中，组织运营过程的高度专业化会不断发现和创造新知识，在组织内形成自身特色的知识积累，构成组织的私有化知识。由于组织之间具有广泛的合作、协同与竞争关系，使得各组织之间能够形成频繁的互动，在互动过程中，组织私有化的知识、信息、编码、经营流程、发展战略就会相互渗透，相互影响，带动整个产业集群的学习机制的高效率运转，构成了组织层面的知识向集群知识转换，这种知识转换表现为将组织私有的知识提升为集群层次的知识，将组织层面知识转化为产业集群层面的知识，具体表现为形成产业政策、出台行业标准、完善产业集群内的配套设施、提升产业集群的技术能力等。

第四章　产业集群知识流动及其效应

随着社会的发展，知识在推动经济增长方面扮演的角色越来越重要，人类社会已经迈入了知识主宰发展的知识经济时代，人们对知识就是生产力的论断有了更为直观、更为深刻的认识，知识的生产、分配和使用规模、方式决定着经济发展速度，知识在最终产品和劳务的价值中起着决定性作用。在生产经营领域，知识的发展，改变了企业以往对关键生产要素的界定，传统的物质生产要素，如土地、资本和设备，已经难以独立成为市场竞争中的关键资源和核心要素，被赋予知识背景的生产要素，如技术、人才、经营流程、管理规则等，逐步成为决定企业获取市场竞争优势的关键要素，之所以成为关键要素，不仅仅是因为这些要素比较重要，而是这些要素背后所蕴含的知识质量、知识获取与运用能力使然。

企业对利润的追逐，在本质上是对知识的追逐，唯有保持先进的知识水平和知识能力，才能保证持续不断地获得经营利润，产业集群的出现和发展，契合了企业对利润和知识的需求。对产业集群的传统解释是节约运输成本和企业间的物质投入—产出关系所带来的规模经济效应、范围经济效应，随着知识经济的兴起，人们对产业集群的解释和理解，逐渐由运输成本节约和规模经济效应转向对经济活动所处经营环境的关注，在企业关注的经营环境的众多要素之中，产业知识又是最重要和最关键的对象，因为产业知识是企业从事经营活动和获取持续市场竞争优势的主要源泉，获取和运用知识成为企业提升经营效率、强化市场竞争优势的主要活动内容。企业间的信任与合作、企业间的知识共享和扩散成为产业集群兴起和持续的重要动因，也是产业集群保持创新能力的不竭动力。

一、知识流动的内涵、作用和影响因素

知识是人类认识的成果，有了人类就有了知识，有了知识，就会存在知识流动。知识流动现象早就存在于人类的交往和实践中，在社会早期，由于知识的两个特性，导致知识流动并不受人们的关注：一是知识的独立性不强，知识的产生和实践要依附于人这一主体以及人的实践活动而存在，编码性的、能够独立传承的显性知识在知识总量中所占比例不大，人们的知识获得和传授更多的是依靠人际接触方式来进行；二是知识的价值没有得到充分重视，由于知识主要是通过口口相传以及人际接触方式来获得或者传授，使得人们更多重视实践活动本身，而对实践活动过程中的知识运用和知识流动现象常常视而不见。随着编码性知识的增加，知识价值越来越充分地凸显出来，产业知识传播和扩散在推动产业知识的广泛运用、充分实现知识价值方面发挥了重要作用，逐渐为人们所关注和研究。

（一）知识流动的内涵

早在 1965 年，美国管理学家德鲁克就把知识看作取代土地、劳动、资本与设备，成为最重要、最关键的生产要素，随着这个观点的提出以及实践活动对这个观点的证实，人们对知识的重视提升到了一个新的高度，人们开始重视知识的获得方式和使用效率，产生了对知识流动的研究。最早提出知识流动概念的人是美国管理学家蒂斯（Teece，1977），他在跨国公司的技术转移研究过程中发现，技术的国际转移能够为企业带来相应的知识积累，引起学者的广泛关注，自此开启了知识流动研究的大门。巴塞罗那 ESADE 商学院教授马克斯·H. 博伊索特（Boisot & Meyer，2008）从企业技术战略发展的角度界定知识流动。他认为知识流动是一个过程，该过程可以划分为四个阶段：第一个阶段是知识扩散阶段，在这个阶段，技术领先的组织出于培育产业跟随者或者合作伙伴的考虑，会有选择地将部分

技术向外扩散；随着这些领先技术向外扩散，企业的合作伙伴和那些对新技术敏感者，会迅速获取和吸收新知识，转化到生产经营过程中去。出于保持市场竞争优势的考虑，技术领先企业选择对外扩散的技术，一般都是辅助性的、非核心的技术，这是知识流动的第二个阶段，即知识吸收阶段。知识流动的第三个阶段是知识扫描阶段，在这个阶段，知识的追随者越来越多，众多的知识追随者对获得的新知识有着不同的理解和应用体验，这些企业将获得的新知识与自身既有的知识结合在一起，寻求二者的最佳匹配，从中提炼出具有自身经营特色的新知识。之所以能成为新知识，就是在经营实践中，这些新知识能够解决新问题，开辟新思路，带来新机会，这个过程构成知识流动的第四个阶段，即解决生产经营活动中问题的阶段。知识流动的四个阶段呈螺旋环状上升发展态势，不断提升行业的产业知识规模，从而最终提升产业技术水平，促进产业规模的扩大。

世界经济合作与发展组织（OECD，1997）认为知识流动是区域创新系统内组织之间相互关联的形式之一，通过知识流动，使得组织能够相互联结，形成知识网络关系，并由知识网络，衍生到整个生产经营活动流程。知识流动关系着创新网络中的各主体之间的联系与交流，如果没有知识流动或者知识流动不畅，就难以知识主体之间、组织之间形成知识网络，没有知识网络，就难以使得不同类型的知识相互接触、相互匹配，难以激发产生新知识，缺乏新知识创造能力的网络，也就无法形成创新网络，难以形成一个动态发展、相互关联的开放系统。在知识流动的作用下，创新活动是将系统内部各要素组合起来，形成最佳的资源组合模式，并由此产生新的知识、新的生产经营模式和新的绩效。创新主体之间只有通过知识的传递、共享、使用，才能完成创新并通过生产要素的重新组合实现可持续发展。美国知识理论学者维纳·艾莉（Verna Allee）在 1998 年发表的《知识的进化》中认为知识是实体和过程的统一，作为实体的知识是静态的，作为过程的知识是动态的。作为过程的知识，知识流动方式、方向和流动速度等本身就是一种知识，构成知识的内容之一，探索知识在流动过程中，如何实现知识的转移、共享、学习、运用和创造。还有学者将知识流动看成一个动态的过程，等同于知识流，认为知识流动的过程，及时知识传递的过程，也是对知识加工的过程。由此总结出知识流动的主体、内容和方向三个重要因素（Hai zhuge，2002）。知识流动主体包括知识发送者和知识接受者，也是知识的拥有者和吸收者，二者构成知识流动的节点。在知识流动过程中，相互关联、相互合作的知识主体是知识流动的节点，如果知识主体发生了变化，意味着知识流动的节点发生了变化，沿着知识流动的线路而形成的知识传递、接受、运用和创造等合作必然也会随之变化。知识流动使得异质性的知识能够有机会相互接触，在接触中发生碰撞，相互激发，形成新知识，解决新问题，产生新绩效。知识流动的内容是指知识主体间能够共享共用、用于传播的知识，知识之所以流动，一是流出知识的知识主体和期待合作、接受知识的知识主体，形成合作伙伴，共同解决面临的问题，在合作中，双方能够获取相应的收益。二是接受知识的知识主体，期待新知识可以转化成生产经营效率，提升市场竞争能力。知识流动的方向，是知识位势高的地方向知识位势低的方向流动，在知识同质的前提下，是从知识拥有量多或者知识水准高的向知识拥有量少、知识水平低的地方流动，知识流动的方向是某一知识主体向另一知识主体进行知识传递和给予，是不可逆的过程。

在国外研究，尤其是发达国家的知识流动研究的影响和带动下，国内对于知识流动的研究，虽然起步晚，但研究进展快速，取得的成果令人瞩目。有学者从创新的角度提出知识流动的本质是知识在参与创新活动过程中的不同主体之间扩散和转移（顾新，2006），有学者根据我国产业集群的发展特色，从政策鼓励产学研结合的角度出发，认为知识流动是知识在企业、大学、科研院所等系统内部以及部门之间的流动（马旭军，2007）。还有学者借鉴生态系统流动理念，将知识流动看成一个知识系统运行过程，是知识主体之间、知识与环境之间的信息交流过程，包括知识生产、知识吸收、知识传播、知识共享和知识创新等活动环节。综合国内外对知识流动概念的阐述来看，其共同之处包括：①知识流动过程需要知识主体参与，知识主体包括知识的发送者和接受者，知识主体可以是组织机构、社会网络、产业集群和一个区域，也可以是作为个体的人；②知识流动是一个复杂的动态过程，不是只靠知识传递和接受这两个行为过程就能解释的，对于知识流动的环节和效果等方面的内容，需要进行更深入的研究，方能探究其中奥秘；③知识流动的动因大致包括两个：一是客观规律使然。知识矢量性导致知识流动是必然发生的现象，水往高处流，人往高处走，知识也是如此，不同知识主体的知识性质、规模和质量各不相同，这种差异必然导致知识在知识主体之间的流动；二是主观能动使然。不同知识主体出于合作、共赢、资源共享等目的，会主动寻求相互间的知识流动，对外提供自身具有优势的知识，吸收自身缺少的知识，协同合作，寻求发挥知识的价值最大化；④知识流动是知识组合再生产的过程，能够形成裂变效果，产生质量更高、数量更多的知识。这些效果很难在单一知识主体中实现，需要通过更多的知识主体相互之间的知识流动，使得不同类型的知识能够在一定的环境中实现最佳组合。

（二）知识流动的作用

知识流动是一个多环节组成的有序过程，对知识流动现象，不同的学者有着不同的用语，如知识溢出、知识扩散、知识传播、知识转移等，这些表述从不同角度表示了知识流动的局部活动，或者阐述了知识流动中的某一环节或几个环节。知识溢出更多的是表示被动状态下的知识流动，知识扩散则是强调主动状态下的知识流动，而知识转移是知识主体各方的共同意愿下的知识流动，侧重于知识共享。按照知识流动的运行轨迹，知识流动的环节可以分为以下几个：首先，知识流动的前提是知识主体拥有知识，以及拥有的知识之间具有异质性和层次性。知识主体通过自己的实践活动和思维创新之后，获得了具有知识属性的技巧、经验，认识和把握自然界和人类社会的运行规律。不同的主体，获得的经验、技巧，认识和把握的规律不尽相同，具有很强的异质性和数量规模的差异性，构成知识流动的前提。知识被生产和创造出来以后，或者以经验性的形式存在，存在于人的脑海中或者行为习惯中，或者以编码的形式存在，存在于书本、文件之中。在这些人类社会创造的形形色色的知识成果中，都或多或少地蕴含着可以“作为交流对象的有用知识”的信息因子。这些各自不同的有效信息因子，只有通过知识流动这一社会活动过程，才有可能使得这些知识到达需要它们来指导社会实践、提升生产活动效率的地方，也才可能使得人类创造的知识在更大范围内实现价值，产生“知识是第一生产力”的效果，进而推动区域经济的发展和进步。如果按照知识普及程度和知识对社会的贡献程度来衡量社会是否进入知识经济时代，有一个参照标准，即知识成果的应用在经济增长中的贡献度是否达到或者超过50%的界限。经济增长主要靠三个方面的要素投入：物质资本、劳动力资本和技术。如果技术在促进经济增长方面的贡献超过50%，则可以认为社会基本跨入知识经济时代的门槛。而在比较成熟的知识经济时代，以知识推动经济增长的能力会更加显著，对经济增长的贡献可以达到80%。知识对经济增长的贡献既有直接的产出，如知识产品的生产和销售，也有间接的产出，可以提升生产效率，如知识成果的转化、知识在生产经营活动中的运用等。所有这些，无不以知识流动为前提。知识流动在知识创造和知识运用方面，发挥了非常重要的作用，具体表现为以下几个方面。

首先，知识流动扮演着知识成果转化为社会经济价值的纽带角色。在人类社会的社会实践活动过程中，个别或者少数的先知先觉者通过对社会实践活动的总结、思考和研究，抽象出领先于社会整体水平的客观规律，形成人类社会最早创造的知识智慧成果，从知识物化形态来看，这些知识成果虽然表现为一篇论文、一个公式、一种方法、一种创意、一个定理等，但一旦被运用到社会实践中，能够带来趋利和避害两方面的收益，一是创造价值，带来很大的社会经济价值效应，提升劳动生产力，提升人们的社会生产实践活动的效率和效益，在不改变投入水平的情况下，大幅提升人们的生活质量和生活水平；二是利用知识的力量，有效避免天灾人祸的伤害，可以使得人类社会在自然灾害面前，避免遭受更大的损失，等等。在实践中，相当一部分知识成果的形成，只是表明这些成果具备了潜在的社会价值和经济价值，并不意味着自然而然地被运用到社会实践过程中去实现这些价值。只有在社会实践过程中，自觉地运用这些知识成果，才能将知识成果所蕴含的社会价值和经济价值成分发挥出来。例如，科学家在实验室探索出新的知识成果，这些成果在实验室内并不能产生经济效益和社会效益，只有把这些成果运用到生产实践领域，改善生产实践领域的工艺方法和工艺流程，甚至替代现有的生产运营体系和产出，才能在社会实践领域发挥出应有的价值效应。要让知识成果从实验室、从知识主体的脑海中运用到生产实践领域，以及遍布全行业乃至整个实践界，知识流动这一环节必不可少，倘若不经过知识流动这一环节，知识创造和知识使用之间就会脱节。即使所创造的知识具有很大的运用价值，但不进入社会实践运用，难以演变为现实的价值。由此可见，知识流动在知识创造和知识运用之间发挥着极为重要的枢纽作用。

其次，知识流动的作用还表现在能够显著提升社会知识水平方面。知识流动能够把较高的、较为先进的知识传递给知识需要者，接受新知识的人或者组织，通过知识流动获得了新知识，并将新知识运用到生产经营活动中，至少能够产生两种效果：一是利用新知识解决了之前无法解决的难题，提升生产经营活动的能力和水平；二是在利用新知识解决之前难以解决的问题之余，也提高了自身的知识存量和知识质量。例如，一家企业通过购买专利权等形式，获得了新的生产经营技术，提升了经营水平，这是新知识带来的直接效应。在利用新知识的同时，企业的生产工艺流程、工艺方法发生了改变，在这个改变过程中，促进企业员工思考如何适应和运用新工艺、新流程，既提升了企业员工的技术水平，也促使企业员工吸收到了新知识，将新知识与已有的知识存量，糅合形成新的使用心得，激发知识的再创新和再利用。知识主体正是通过知识流动的渠道，迅速提升自身的知识拥有规模和知识使用水平，当知识流动遍及整个社会，整个社会的知识规模和知识使用水平就会得到提升。

最后，培育和造就更多的知识人是知识流动所带来的效果之一，知识人的称谓，是针对社会中一般成员而言，与社会普通成员相比而言，知识人掌握较多的知识数量，具有较高的知识水准，在生活和工作中，持有鲜明而有效的知识经济社会意识和理念，从事知识创造、知识转化、知识运用等方面的工作，能够有机会将自身拥有的知识能力发挥出来。知识人是知识经济社会的核心要素，知识经济得以出现以及良好运行，有赖于知识人的知识创造、知识转化和知识运用。没有知识人的知识创造，知识成果就无法产生，没有知识人的推动，知识就无法流动推广，知识蕴含的成果就无法实现，知识经济时代就无法到来，缺少知识人的知识工作，也就无法形成知识社会。知识流动使得没有知识的人具备了知识，使知识水平低的人达到更高的知识水平。知识流动的过程，是推广知识使用发挥知识价值的过程，是传播知识理念和知识经济意识的过程，是提升社会知识水平的过程，更是发现、培育知识人的过程。随着知识人的出现和增加，围绕知识生产、转化和运用的活动就会日益增加，知识人和知识活动的增长，反过来又促进新知识的出现，二者形成良好的互动，激发知识在更大范围内推广和使用，使之创造出更多的社会财富，提升整个社会的知识水平，推动社会经济向更高水准的知识经济社会迈进。可以这样说，没有知识流动，就没有知识人，没有知识人，社会就会陷入低水平发展模式，甚至停滞不前。知识流动造就和培养了更多的知识生产者、知识转化者和知识成果的利用者，这些都属于“知识人”范畴。知识成果、知识成果的转化以及由知识成果转化而来的生产力提升，知识人的作用功不可没。

（三）知识流动的影响因素

知识流动是使得知识从知识位势高的地方向知识位势低的地方流动，知识流动能否实现以及知识流动的效率高低，受到多种因素的影响。有学者在研究竞争性合作伙伴知识共享条件时发现，共同的需要、合作的意愿和组织特性等影响知识流动的因素以及效果（Andrjessen，2003）；还有学者从研究技术研发的角度，发现知识的根植性、企业合作的特性、知识流动的接受方的素质以及知识转移方式等因素，对知识流动活动产生影响（Cumming et al，2003）。不同的学者从各自的研究视角和研究目的，探讨影响知识流动的主要因素。概括来讲，影响知识流动的主要因素，大致包括以下几个方面。

一是知识特性因素，影响知识流动和传播及其效果。从知识传播难易程度来看，复杂性强、隐性程度高的知识比较难以传播扩散，相应地，复杂程度不高的显性知识比较容易传播。特别是隐性知识，是一种只可意会、不可言传的知识，难以传播，这类知识的传播和流动，需要知识主体之间进行亲力亲为的人际接触活动，才可能得以实现。

二是知识传播方和知识接受方相互之间的合作特性。具备了知识流动意愿，达成的仅仅是主观条件，要实现知识传播，还要具备一定的客观条件，这些客观条件构成知识传播的合作特性，包括：①组织差异性。知识传播涉及的各方，相互之间的组织结构、管理规则、生产流程、惯例等方面，相似程度越高，共同语言就越多，沟通的默契性就越强，知识在传播过程中，就越容易对接和融合，反之则越难。②空间邻近性。知识传播活动涉及的各方，在空间上具有毗邻性，会使得相互接触变得频繁，知识传播既可以在正式活动安排下进行，也可以在私下接触中无意识地进行，提高知识传播频率，降低知识传播成本，提升知识传播效果。有研究表明，在某些情况下，知识转移各参与方在地理空间上的毗邻性才会发生（Davenport & Prusak，1998），处于同一地理空间上的集群企业，在技术吸收过程中，具有更好的学习效应（Baptista P.，1998）。反之，如果知识传播各方地理空间疏远，知识传播的成本、频率和效果都会影响知识传播活动的进行。互联网技术的普及和运用，虽然能在一定程度上降低地理空间上毗邻性因素对知识传播的影响作用，降低知识传播对空间距离邻近性的要求，但并没有从根本上改变空间毗邻性对知识传播的影响，特别是制造业、服务业以及隐性知识程度高的行业，空间距离仍然是影响知识传播至关重要的影响因素。③知识背景的差异性。知识传播中的各方在知识性质、质量、数量上存在差异，是知识流动的前提。但这是针对具有相同知识背景而言的，如果知识流动过程中，各方缺少共同的知识背景，或者说知识背景差异较大，则会制约知识流动的速度和效率。知识主体学习新知识最有效的方法是在现有知识基础上进行拓展，知识传播者与知识接受者之间，如果存在共有知识，有助于知识传播的实现（Dixon，2000）。知识传播的各方，知识差异性越小，各方对知识的理解就越容易到位，对问题的解决就越容易取得共识，越有利于知识的流动和传播；反之，知识差异性大，则会容易导致知识传播中的知识接受方难以准确、完全、顺利地接受对方扩散出的知识，不仅影响知识传播，还影响合作效果。④知识的规范性。组织中的知识既有显性知识，也有隐性知识，隐性知识是造成企业之间知识差异的主要因素，构成知识传播的前提之一。隐性知识包括价值观、文化理念、认知模式、惯例等内容，是组织成立初期就有意识营造和打造的结果。在知识传播过程中，这些因素的差异性越小，说明知识传播过程中的各方，具有共同的知识规范，具有相近的知识准则，有利于知识传播，反之则可能阻碍知识传播的有效进行。⑤关系质量。是指传播过程中涉及各方是否具有良好的关系，一般来说，知识源与知识受体之间，在知识流动过程中产生良好的合作经验、较好的信任度和良好的沟通质量，那么在合作中就会更容易达成默契，形成了良好的默契关系，有利于知识传播活动的开展和进行。

三是知识接受者和发送者的特性。知识传播是从知识位势高的地方向知识位势低的地方流动，知识位势低的称为知识接受方，知识接受方对接受到知识价值的预见性、捕捉能力、自身拥有的知识存量、对知识的学习能力、思维能力、交往能力等智力因素和情感因素，都会直接影响知识传播的效果（Duammu & Fai，2007）。知识接受者的特性影响知识传播，同样，知识发送者也会影响知识传播，知识发送者的知识编码能力、知识应用能力、知识发送动机等因素，都会影响知识传播的效果，强烈的知识传播意愿、较高的知识编码能力和知识运用技巧，会提升知识传播效率和传播效果。知识传播的情境特性也是影响知识传播的重要因素，知识传播必须借助一定的组织方式和传播渠道。知识传播的情境特性主要包括两个方面：一是知识传播渠道；二是知识所属的行业或者产业的特性。如果知识传播渠道不顺畅，知识就很难发生流动。知识传播渠道包括外部的政策鼓励、外部为知识流动搭建的知识交流平台。例如，政府为推动新技术的运用，举办各类公益性的技术推广活动，从物质、精神等多方面鼓励企业积极从事知识交流活动，为知识交流创造有利的条件和设施。再如，某些产业或者行业为了强化内部沟通和合作，构建行业协会，协调一致地制定行业标准、行业准则、技术规范等，这些活动无不嵌入产业知识的内容，伴随这些活动的开展，能够达到知识传播的目的。不同行业或者产业，对知识流动的需求也存在一定的差异，如网络信息技术行业的知识更新速度快，力度大，对新知识的需求比较迫切，那么这个行业的知识传播速度就会较快；反之，有的行业是在历史传承基础上形成的，与外界的知识关联度不大，如传统的雕刻行业，对外部知识的敏感度低下，对知识流动需求少，那么这些行业的知识流动就会显得缓慢和迟滞。

二、产业集群中的知识流动模式

（一）产业集群知识网络是知识流动的载体

产业集群是围绕相同或者相似的产业而形成的企业聚集，可以将产业集群看作一个整体的网络体系，在此系统中，又可以划分为生产网络、社会网络和知识网络。生产网络是以生产制造为核心，以企业间的分工协作为连接而形成的网络；社会网络是产业集群内包括企业、政府、其他服务机构、员工个体等在内的众多产业主体，为维持和促进产业集群合作和发展而形成的各种社会关系总和；产业集群中因为生产经营而产生各种信息、经验、技术、声誉等各种知识资源。产业集群中生产网络、社会网络和知识网络相互联系，相互影响。生产网络是产业集群形成和发展的物质基础，生产网络要实现有效、低成本正常运转，则要依靠产业集群的社会网络，社会网络也是知识网络的载体和媒介，集群企业知识水平决定生产网络和社会网络的水平、质量和价值，是产业集群创新的本质和获取持续竞争力的关键所在，产业集群的知识流动发生在产业集群生产网络和社会网络中。产业集群的知识网络包括知识单元、知识活动和知识内容三个要素，产业集群中拥有相关知识的主体，包括员工、企业、其他组织结构、政府等，构成知识关系要素中的知识单元要素，同时，也是构成知识生产关系网络和社会关系网络的主体。知识活动既可以独立存在，也可能嵌入生产活动和社会活动中，如科技研发、知识创造、知识交流、知识学习、知识传播等活动，都属于独立存在的知识活动。组织之间的商业往来、员工之间的交往、工作联系而产生了知识传递效应，则属于嵌入于社会关系网络和生产关系网络的知识活动，知识活动的对象是产业集群在生产和发展过程中的技术、经验和规律等的总和，产业集群中的知识网络的特性和表现，决定产业集群的知识流动的方式、路径和效果。

产业集群中的知识流动形成网络体系，构成知识网络；知识网络的形成和完善，又促进产业集群的知识流动。产业集群知识网络特点，对产业集群的知识流动产生重要而又显著的影响。探讨产业集群的知识流动，就要首先把握产业企业知识网络的特点。概括来看，产业集群知识网络具有如下几个特点：一是集群企业知识网络中知识分布的不均衡和异质性。产业集群是企业在空间上的聚集，产生聚集的激励因素很多，主要是专业化分工带来的规模经济效益和知识匹配带来的范围经济效应。专业分工效应和知识匹配效应的存在，说明企业之间的知识既具有共同性，也具有异质性。因为存在共同性，所以具有合作的共同基础；因为存在异质性，所以能产生合作的共同收益。产业集群中的企业，虽然具有地理空间上的邻近性特征，产业知识在产业集群中相互流动，但不同组织的自身条件、产业分工、规模以及发展方向不同，使得产业集群中知识在企业之间的分配具有异质性和不均匀性的特点。二是开放性。产业集群是企业在地理空间上的聚集，聚集的激励是能增加企业的生产经营效率，提升企业市场竞争优势。产业集群的出现，不是回避竞争，而是为了提升市场竞争力，身处产业集群中的企业能够更好地关注产业动态，洞察产业发展趋向，准确预测市场发展变化的态势，掌握行业前沿技术。这就决定了产业集群必须不断地与外界交往联络，互通有无，在相互合作的同时相互竞争，形成良好互动的竞合关系，具备这些特征的产业集群，一定是一个开放性的系统，产业集群知识网络一定是开放性的网络。产业集群知识网络的开放性，意味着产业集群知识网络与外界进行知识交流，在知识交流过程中，既可以通过产业链，以产业分工协作的方式实现知识转移，也可以通过专业市场上的产品和服务的采购和销售等活动实现知识转移。可以说，产业集群的开放性是产业集群内部与产业集群外部之间进行技术与知识交流、产业合作的必要基础。产业集群知识网络的第三个特征是动态演化性。产业集群的形成和发展是一个动态演化的过程，与此相对应，产业集群知识网络是一个不断演化的自组织体系。集群知识网络的自组织性体现在知识网络中的各个主体，出于自身发展的需要，相互之间自发进行知识交流、知识交换、知识使用等活动，并在从事这些活动的同时，不断优化互动的方式和模式，以求得最佳的互动效果。在产业集群研究早期，产业集群更多地被看成一个生产系统，主要考察产业集群内部企业之间的物质资源的流向以及由此而衍生出的各种关联性关系。产业集群的发展推动经济发展和技术进步，经济发展和技术进步又反过来推进产业集群的演变，产业集群逐渐由早期生产系统性质的集群演变为技术创新和运用性质的产业集群，产业集群的演变，更多的是在内外环境变化推动下的自我要求，是自组织的演化过程。

产业集群的知识流动与物流、人流、资金流和信息流等一样，都是在各个节点的流动，不同的是，产业集群知识流动具备独特的性质，包括：①知识质量和数量的不减性。知识在流动过程中，在每一个节点上的使用，不存在消耗减少的情况，只会通过该节点的运用，使得知识含量和质量得以提升，使得知识规模只增不减，质量只升不降。②知识流动的方向具有不确定性，知识流动既可以在有意识的学习过程中产生，也可以在潜移默化中产生；既可以在反复锤炼过程中产生，也可以在偶然的一瞥中产生。正是由于知识流动的这个特性，使得知识流动的方向既可能是事先设定好的，也可能是预料之外的，甚至是知识主体所反对的。知识流动在不同的情境下会产生不同的流动路径，产生不同的知识流动方向，知识流动的方向和知识流动的内容都非常灵活，具有复杂性特征，难以规范化管理。

（二）集群企业的知识流动

产业集群知识流动建立在企业知识基础上，企业知识建立在企业内部不同部门、机构、个体的知识以及交流基础上，企业内部的知识主体在生产经营过程中，将自身拥有的技能、知识和信息转化成工作方式、方法，演变成提升企业生产经营效率的因素，由此将个体知识转化成企业知识。因此探索产业集群知识流动，必然要从考察企业知识流动开始。

集群企业内部知识流动的过程，也包括知识获取、知识传递、知识运用和知识创新等相关内容。企业知识获取，更多的是从企业外部环境中获取知识，是通过市场交易等方式，将企业不具备的外部知识引入企业内部，使之为企业所用，创造价值，带来收益。企业的知识获取一般要经历成长、感知、转移和吸收四个过程。在新知识成长阶段，由于与新知识相匹配的技术、知识、资源等数量规模小，相互之间的匹配能力弱，适应新知识背景下的市场环境能力不强，对经营环境中由于新知识带来的机会和威胁认识不足，导致不能动态地识别、筛选出企业内外环境中有价值的新知识，企业从外部获取新知识的能力不足。随着企业不断接触新知识背景下的市场环境，企业适应外部环境的能力不断提升，对市场环境中的新知识具有一定的识别和筛选能力，企业逐步进入对新知识的“感知”状态。当企业对新知识的把握和了解发展到成熟阶段时，企业不仅能从市场中识别和筛选价值的知识和资源，而且能够对这些知识和资源进行动态整合，这是企业知识获取的转移阶段，将知识从外部转移到内部，通过整合形成企业内部知识，将之分布运用到生产经营的各个环节中，形成有利于提升自身经营效率的企业知识，这构成企业知识吸收的吸收阶段，完成了企业知识获取的第一个循环。

从企业内部知识运用和创新角度来看，企业内部新知识的形成和获取，是一个知识螺旋发展的过程。日本学者野中郁次郎和竹内弘高在合著的《创新求胜》一书中，根据知识的表现形态，将企业知识分为显性知识和隐性知识，这两种知识相互作用，相互转化。显性知识和隐性知识相互转化的过程，实际就是创造知识，形成新知识的过程，这两位学者开创性地通过构建企业知识转化的 SECI 模型，用以说明二者转化的过程和原理。该模型把隐性知识和显性知识的转化过程，分为四个阶段：潜移默化（Socialization）、外部明示（Externalization）、汇总组合（Combination）和内部升华（Internalization）。

构建知识转化的 SECI 模型的前提是，知识学习不是独立进行的，而是在工作过程中，在群体中通过知识运用、知识交流、知识思考等活动实现知识创造。在知识转化的第一个阶段——潜移默化（社会化）阶段，知识主体实现隐性知识向隐性知识的转化。前一个隐性知识是指组织中的个体原本具备的工作经验、工作技能、工作风格、工作理念等个人内隐的知识，后一个隐性知识是指拥有前述隐性知识的知识主体，通过与他人的交流接触，从对方那里感知到有别于自身的工作技能、理念、风格等隐性知识，并能辨识出对方内隐知识中优于自身的地方，产生模仿学习动机。这个阶段的知识成果为“个人心得”，它是通过共同的接触交流活动建立隐性知识的过程，获取隐性知识的关键是观察、模仿和实践。知识转化 SECI

过程中的第二个阶段——外部明示（外化）阶段，是隐性知识向显性知识的转化，知识主体在交往接触过程中，各自分享拥有的隐性知识，在群体中进行讨论、酝酿和提炼，通过分析探究、归纳总结、演绎推理，对各类隐性知识反复酝酿，加以提炼，形成可以书面化的显性知识，以概念、规则、图示、模型、范例等形式呈现出来，这个过程，从个体心得性的知识中，提炼出共性，形成群体性知识，使得隐性知识转化为显性知识。知识转化 SECI 模型的第三阶段，是显性知识和显性知识的组合。在第二个阶段形成的显性知识之间相互磨合，对上一阶段形成的显性知识进行加工和重组，在企业内部形成系统化的知识，形成新的显性知识体系。通过内部培训、组织学习等方式，在企业内部推广使用新获得的显性知识体系，将这些体系化的新知识整合到生产经营体系中去，并以书面文件资料的形式表现出来，便于知识的推广和使用，最终沉淀为组织智慧。知识转化 SECI 模型的第四阶段——内部升华（内化）阶段，即显性知识到隐性知识的转化，是显性知识形象化和具体化的过程。第三阶段形成显性知识，在推广使用过程中，被知识使用者吸收、消化，在知识实践过程中，形成自身的使用心得、技巧，演变成自身的隐性知识，表现为内隐化模式。总体来说，知识转化 SECI 模型的四个阶段，一环套一环，紧密衔接，是隐性知识和显性知识相互转化的内在机理，是一个动态转化过程，可以高度概括总结为：高度个人化的隐性知识通过交流分享化、概念化和系统化，在整个组织内部推广传播流动，企业内部员工在充分吸收的基础上，进行使用和总结，使其得以升华，再形成隐性知识，从而完成一个知识转化循环。

（三）产业集群企业组织间的知识流动

产业集群内企业组织间的知识流动主要表现为知识溢出、知识扩散、知识转移和知识共享四种形式。根据集群中知识主体的知识流动意愿，知识溢出又可分为被动溢出和主动溢出，被动溢出是指在知识主体不希望发生知识流动的情况下，发生知识向外流传，而作为接受知识的一方，无须支付报酬即可从其他知识主体的研发成果中获益的现象；主动溢出是知识主体在主观上愿意发生知识流出，作为接受知识的一方，往往会为接受知识而付出一定的代价，如购买知识或者知识产权。知识扩散是指知识主体之间在互动合作过程中，知识拥有者对知识的有意传播。有学者研究认为，知识溢出的方式和路径大致有四种：人才流动、研发合作、企业家创业、贸易投资等（赵勇，2009）。知识转移是建立在知识发送方和知识接受方共同愿意的基础上，共同采取措施，确保知识流动实现，并提升流动效果的知识流动形式，侧重于知识流动过程中转移内化的效果，知识转移各方对知识转移的内容、方向和环节，都有明确的共同认识。研究表明，人员流动和产学研合作是组织间知识转移的重要渠道（罗岭，2016；徐升华，2010）。知识共享是某个知识主体与其他知识主体分享与产业相关的信息、理念、建议和经验的过程，是知识流动的最终目的之一，与知识扩散比较而言，知识共享具有更强的主观性和目的性，是知识主体主动举办和执行的计划性活动之一。知识流动的四种形式，在概念上有着明显的交叉，发生机制和流动路径也存在很多的相似性，在很多场合，并不做详细而具体的划分，统一作为知识流动。

在产业集群中，企业之间的知识流动是最普遍、最直接、最重要的交往合作方式，企业在地理空间上的聚集，在本质上也是因为能够就近获取产业知识，收集产业信息，及时应对瞬息万变的市场变化。在产业集群中，企业间的知识流动方式、规模、效率受到企业间的信任关系影响。企业间建立良好的信任关系是合作关系的基础，如果企业之间缺失信任，彼此疑虑，即使双方订立了契约，合作的预期目标也难以得到圆满实现。在产业集群下，信任是集群运行机制的基础条件之一，也是吸引企业进入产业集群的重要因素之一。由于地理空间毗邻，产业相近，经营业务相关，导致企业之间的联系频繁而密切，集群内的企业在相互学习、相互影响以及产业集群统一要求下，形成共同的正式或非正式的行为规范和惯例，激励更进一步的密切合作。从客观条件来看，产业集群内的专业化分工越来越精细，业务合作和产业协作成为产业集群内的普遍现象，同时受到资金、规模、人力等多因素的共同作用，导致单一企业难以从事技术创新活动，合作成为必然选择，也是共同利益需要的理性选择。

在产业集群内部，企业组织间的知识流动是发生在企业、高校、科研机构、政府部门、中介机构等任意两个或者多个参与主体之间的活动。按照知识流动过程中的先后顺序，可以将企业组织间的知识流动划分为两个环节：一是知识搜索阶段；二是知识获取阶段。知识搜索阶段是指企业为解决生产经营中出现的问题、提升生产经营效率、提升市场竞争能力，寻求外部知识的支持。知识搜寻是一个搜寻并反馈的过程，是企业有目的、有计划、有准备地寻找知识供应源。知识获得是知识需求方在知识搜寻的基础上，将外部知识转化成企业内部知识，知识获得要经历知识传递、知识吸收和知识反馈三个阶段。知识传递阶段需要解决的问题是准确评估知识的质量、价值，选择知识传递的媒介、渠道和方式；知识吸收阶段，知识需求方根据自身生产经营需要，对接收到的知识进行梳理整合，取其精华，去掉无关紧要的知识；知识反馈阶段则是知识需求方将新知识投入使用过程后，在知识适用性、匹配性等方面存在一定的障碍时，寻求知识供给方的支持和帮助，共同提升知识使用效率。如果知识供给方和知识需求方之间能够形成持续稳定的合作关系，久而久之，双方的关系性质就会发生变化，知识供给方和知识需求方的身份区分就会模糊，从知识供需关系演变为知识合作关系。

（四）基于产业集群生命周期的知识流动分析

产业集群因为产业兴而兴，因为产业升级而升级，产业集群的生命周期与产业生命周期大致保持一致。产业生命周期理论是从产品生命周期理论和企业生命周期理论扩展而来的。最早将生命周期理论引入管理学领域的是美国学者波兹（Booz）和阿伦（Allen）（1957），在此基础上，蒙德·弗农、威尔斯（Louis T. Wells）、赫希（Hirsch）、克鲁伯（Gruber）

对产品生命周期理论进行了进一步完善，到了20世纪70年代，William J. Abemathy和James M. Utterback等以产出增长率为划分依据，将产品生命周期划分为流动阶段、过渡阶段和稳定阶段，并认为企业的产品创新和工艺创新相互关联，在不同阶段对两者的侧重有所不同，企业的创新类型和创新频率取决于产业成长的不同阶段，由此提出了A－U模型。随着产业集群的研究深入，一些学者开始利用生命周期理论分析产业集群的演进方式，认为与生物从成长到死亡的过程一样（克鲁格曼，1991），产业集群也会经历产生、发展、衰亡或者转型的过程（波特，1998），经过众多学者的研究和完善，学界较为普遍地认为产业集群存在生命周期，大致包括产生、成长、成熟和衰退四个阶段（蒂奇，1998）。在此基础上，有学者更进一步地提出“S”形的四阶段理论（Williams，2005）。在国内，也有学者对此做出了很多的理论探讨，学者们从不同角度来探索产业集群的生命周期现象，如分别从网络特性角度（荣建、刘西林，2006）和企业结构网络角度（陈欢，2008）来探讨产业集群内的生命周期，还有学者通过构建产业集群的自主创新动力机制模型来探索产业集群的不同发展阶段，界定产业集群的生命周期。

学界对产业集群生命周期的理解、界定和划分，有着各自的视界，继而产生各自的观点。但综合来看，学界普遍认为产业集群存在从产生到衰亡或者转型的过程，在形成初期，产业集群规模小，集群内的企业数量不多，产业上的专业分工和企业间的协作程度不高，产业特色、市场竞争优势不显著，创新能力不足。到了产业集群的成长和发展期，产业集群内的企业数量快速增加，产业分工与协作体系日益完善，产业集群规模快速扩张，规模经济效应和范围经济效应显著。到了产业集群的成熟期，集群规模、规模经济效应、范围经济效应处于稳定状态，集群内的产业分工和协作结构脉络清楚，产业集群内的不同机构组织之间形成的专业化协作已经非常普遍，产业集群内的产业基础设施完善，在市场上形成别具特色的竞争能力和市场地位，创新能力显著提升，创新活动频繁，创新形成的新工艺、新流程、新产品等层出不穷。在衰退或者转型阶段，由于市场的变化，原有的产业特色不再受市场青睐，产业特色失去市场竞争力，具有很强的路径依赖的企业，逐步缩减规模，其结果要么转型，要么迁出。而那些创新活动频繁、创新能力较强的企业，凭借对市场的悟性和适应性，迅速融入市场的新环境中，在这些企业的带动下，原有的主导产业逐渐被新兴的产业所替代，实现产业的转型升级，进入产业集群的下一个成长周期。

在产业集群生命周期的不同阶段，产业集群中的知识流动也呈现不同特点。在产业集群产生阶段，产业集群规模小，产业集群的知识积累比较少，大量的知识创造往往局限于少数几家大企业和领先企业，产业集群内的知识获得方式以本地知识为主，知识流动方式主要存在于企业内部和少数企业间的人员流动带来的知识扩散。从外部迁移进入产业集群的企业，更多的是汲取本地知识，寻求企业与产业集群的匹配，寻求企业知识与本地知识、集群知识的融合，少部分企业开始主动对配套企业、合作企业进行技术指导。总体来看，此时的产业集群内部的知识流动规模小，效应不明显。到了产业集群成长阶段，相同产业或者相似产业的企业聚拢到产业集群，产业集群内的产业知识多样性和层次性得到显著提升，为产业集群内的知识流动和技术创新提供了坚实的基础。这个阶段的产业集群，知识流动规模迅猛增加，知识流动速度加快，形成的知识流动路径多种多样，产业集群知识网络逐渐形成。核心企业在产业集群中起到主导作用，并成为知识创造的主力军，产业集群知识有了较大规模的积累，知识累积速度加快。产业集群内的知识学习渠道增加，学习氛围得以强化，频繁出现各种正式和非正式的知识交流活动。企业间在努力探索、保持自身核心知识的同时，积极获取、借鉴、吸收其他组织结构的知识，强化自身的知识优势和市场竞争能力。产业集群内的知识流动带来的积极效果开始显现，知识流动促进了异质性知识之间的碰撞和融合，一方面，提升了产业集群内现有的知识资源的匹配效果，另一方面，增加了异质性知识相互碰撞、匹配和融合的机会，为知识创新提供了良好的机会，提升了产业集群的知识创新能力。在产业集群成熟阶段，产业集群规模趋于稳定，集群企业在产业链上下游关系的产业地位基本定型，整个产业集群逐步发展成为较为完整的产业价值链条，在产业集群内形成稳定、均衡的各种交往关系，包括产业关系网络、知识网络和社会关系网络。集群网络完善，联系密切，处于网络节点上的企业或者其他组织，都是知识流动的参与者，参与知识流动过程，参与产业集群的知识创造活动。集群企业知识流动的主要方式发生变化，知识流动以网络间的自由流动方式为主，知识流动产生的效果非常明显，产业集群中的技术创新方向与目标明确，技术创新的流程有序可循，形成成熟的技术创新规范，创新的结果具有很强的可预见性，创新成果具有非常强的应用性。整个产业集群中知识流动频繁，创新活动活跃，创新成果的目的性和指向性非常明确。但是，这些特征会导致消极的一面：创新的目的和指向性明确，容易产生路径依赖和技术锁定现象，反而会限制产业集群的创新能力，容易忽视市场的本质需求，从而偏离市场。产业集群偏离市场，主要由两种情况导致：一是由于产业技术突变、经济发展、政策改变等因素发生重大变化，市场发展趋势超越产业集群的预期，使得产业集群难以跟上市场的变化，导致产业集群发展与市场走向发生偏离；二是由于产业集群的技术锁定和路径依赖作用，产业集群难以对市场的变化做出及时有效的应对，产业集群发展和市场走向发生偏差，强行以产业集群的发展来影响和引导市场，一旦影响不足，引导失败，便会形成产业集群与市场的偏差。当小的偏差逐步累积，积淀形成大的偏差时，导致产业集群与市场产生严重背离。产业集群的创新和发展偏离市场发展方向时，就意味着产业集群进入衰退阶段，此时的产业集群要么调整方向，根据市场需求来调整产业集群，实现产业集群的转型，要么衰退，逐渐式微，退出市场，自我消亡。处于衰退阶段的产业集群，是与市场环境的匹配能力下降，创新方向偏离市场，逐渐失去原有的市场竞争优势，产业集群的凝聚能力下降，产业人才流失或者转行，企业外迁或者向其他产业方向演变，使得产业集群内原有的产业关系网络、社会网络和知识网络中的网络节点缺失，网络运行受到很大的影响，知识网络逐渐解体，知识流动规模和速度减缓，知识流动的内容和方向发生改变。随着原有的产业知识网络逐渐解体，新的产业知识逐步形成，借助产业集群原有的知识网络、产业关系网络和社会网络，网络中的新型关系正在形成，网络重构开始在知识流动中发挥作用，逐步开启新的生命周期。在这个转变过程中，如果发生转型方向错误、速度迟缓等现象，不能及时更新现有的产业技术和创新模式，产业集群就面临着被市场淘汰出局，直至消亡的风险。

上述分析表明，产业集群处于不同生命周期阶段，其知识流动也会出现不同的特征。从产业集群内的知识流动的层次来看，产业集群初始阶段，少量企业洞悉市场机遇，围绕市场机遇开发新技术、新知识、新工艺、新流程、新产品，研发新产出，并通过知识产权的方式，在法律上确定知识资产的归属，在产业集群中，逐渐树立核心和主导地位，随着规模扩大和业务开展，产生了产业配套需求，继而寻找合作伙伴，甚至主动派遣员工到提供配套服务的企业进行技术指导，形成企业间和个体间的扩散现象。随着时间推移，产业集群规模扩大，企业聚集现象频繁。知识流动从最初的核心企业与配套企业之间的知识转移方式，逐渐演变为稳定的、持续的企业间合作交流关系。当稳定持续的企业间合作交流关系遍布于产业集群时，产业集群中的中介服务机构、各种企业协会等组织机构参与到知识流动的环节中来，产业集群内的非正式交流机制也逐步形成，正式交流机制和非正式交流机制相互作用，相辅相成，形成较为系统的产业集群知识网络，产业集群的知识流动层次逐渐由个人层次上升到企业层次，再上升到产业集群中的网络层次。产业集群知识网络中，集群主导企业、配套企业配套以及相应的研发机构、教育机构和中介组织等互相学习，沿着知识流动的方向，形成知识学习网络和知识学习机制，有效形成于知识流动、知识学习、知识运用和知识创新集一体的产业知识社群。从知识流动方向来看，是知识位势高的向知识位势低的地方流动。物质世界中物质或非物质的传导、扩散都是由势能差引起的，在产业集群中，知识并不是均匀分布在知识主体上的，每一个知识主体拥有的知识规模、质量、类型都存在差异，构成异质性的知识主体，形成高低不同的知识位势。在产业集群初期，具备技术优势的知识主体掌握了先进的知识，具有较高的知识位势，知识流动往往就以这类企业为知识流动的起点，流向产业集群其他企业。处于知识位势高处的企业，拥有较强的知识网络整合能力，具备较高的知识运用能力和知识创造能力，在知识向外传递过程中，会在无形中引导产业集群的知识发展方向。随着产业集群的知识网络进一步完善，产业集群达到成熟阶段，知识流动使得知识在产业集群中得到更为广泛的配置，知识匹配效应进一步增强，知识流动带来的知识扩散效应，使得知识位势转化为知识创新位势，产业集群中的知识创新位势优越的企业，代表了本地产业集群的技术领先优势和产业发展方向，在集群发展过程中处于引导地位。从知识流动过程中知识扩散内容来看，其演变路径与产业集群的生命周期也存在一定的关联。从表现属性来看，知识有隐性知识和显性知识之分，在产业集群形成初期，知识流动，主要是出于企业之间的合作与配套协作需要，具有知识优势企业的一方，主动向其他企业扩散知识，寻求配套协作，继而派出员工个人向协作配套企业进行知识传递，知识流动主要在企业员工个体与少数企业之间进行，知识流动的内容主要以显性知识为主，便于相关知识快速扩散，遍及产业集群。随着产业集群，进入成长期后，产业集群知识网络得以完善，产业集群中的各类组织之间的合作越来越紧密，直接的、密切的交流逐渐增多，相互之间的默契程度提升，有利于隐性知识流动的条件已经形成，在知识流动的过程中，隐性知识所占比重逐渐增加，知识流动的质量越来越高，隐性知识在流动扩散过程中，开始形成独特的流动方式，通过这种方式，使得本来不具备流动特性的隐性知识，在相关企业之间进行扩散流动，乃至扩散到整个产业集群。久而久之，整个产业集群内部形成了具备集群特色的隐性知识流动路径，由此进一步形成产业集群的市场竞争优势。

三、产业集群中隐性知识特征、作用和传播

哲学家迈克尔·波兰尼（Michael Polanyi）在1958年提出隐性知识的概念，他将那些能够被人类以一定符码系统加以完整表述的知识称为显性知识，将那些人们知道但难以言述的知识，称为隐性知识。20世纪60年代后，心理学家Reber和Weiskrantz、Warrington分别在内隐学习、内隐记忆领域开展实验研究，从而在学界正式开启内隐认知、学习和传播的研究。目前研究已经证实内隐认知加工具有相对独立性的特征。Reber据此提出人类学习的两种模式：外显学习和内隐学习，外显学习是一种需要通过意志努力、策略使用完成学习的过程；而内隐学习则是无意识习得环境中复杂知识的过程。隐性知识的认知和学习，对于人而言，具有上述特征，对于组织以及组织组成的部落群体，也是如此。产业集群作为一个庞大的产学研相结合的系统，既是生产隐性知识的有利场所，也是促进隐性知识流动和转化的优质场所。探究产业集群中的隐性知识的特征和流动方式，有助于把握知识对产业集群形成和发展的影响，也有助于把握和理解产业集群的竞争优势形成机理。

（一）产业集群隐性知识特征

在企业知识理论中，知识被看成企业最重要的资源，能够给企业带来创新，带来竞争利益，隐性知识更是如此，是凸显企业间差异的根本所在，是企业核心竞争优势的来源。企业隐性知识存在于员工个体和企业内各级组织（团队、部门、企业层次等）中，难以规范化，难以言明和模仿，难以通过书面化等非人际接触化方式进行交流与共享，也不易被复制或窃取，这是隐性知识的共性。产业集群中的隐性知识除了拥有这些共性特征之外，还具备下列独有的特征：一是深层次性特征。员工个体所拥有的隐性知识是其在生活、工作等活动过程中，积累的个人心得、体会、感悟、经验等，并以此来指导自身的生活和工作，形成自身的个性特征、行

事风格、工作能力等。组织层次的隐性知识是在对员工个体、组织机构或组织团体从组织外部获取的各种知识，经过组织内的个体、群体、组织层次的多重转化和整合，通过组织运营实践加以运用提炼的基础上形成，形成员工个体或组织群体所无法具有的知识特质。组织层次的隐性知识主要表现为组织层次上才具有的组织文化、组织伦理、企业惯例等，也包括能被组织层次所掌握的诀窍、经验和协作能力等。与个体层次和组织层次的隐性知识比较而言，产业集群层次性更深。与个体比较而言，产业集群的隐性知识是在个体、组织多层磨合提炼中产生的，具有更强的综合性和广泛性，既是个体层次隐性知识的综合，也是个体层次隐性知识形成的基础。与组织层次的隐性知识比较来看，由于产业集群内部成员之间的交往联系、分工协作建立在自愿、共利的基础之上，产业集群对内部成员的约束力介于科层制和市场化规则约束之间，那么对知识资源的分配、使用和创造，既不能像企业组织那样通过科层制方式来进行，也不能像市场自发那样调节来进行。产业集群同企业相比，其内部产业体系健全，具有完整的流程运作系统，在个体、企业组织等多个层面上进行人力、物力、财力、信息等整合运作，继而形成隐性知识，产业集群中的隐性知识不再仅仅是简单的个人层次和企业组织层次上的隐性知识，而是具备了更广泛的深度、宽度的知识内容体系。产业集群隐性知识层次性特征形成路径见图 4－1。

图 4－1　产业集群隐性知识层次性特征形成路径

产业集群隐性知识还具备分散性和综合性的特征。产业集群的形成是通过具有相同或者相似产业背景的企业聚集，伴随着企业聚集，为企业提供配套服务、中介咨询服务、产业规划和管理部门等相关组织，陆续在产业集群中聚集，使得产业集群既是产供销一体化的组织，也是产学研一体化的组织。产业集群中的知识运用、传播和创造，涉及不同部门、不同领域、不同环节，这就使得产业集群知识分配分散化、多元化，显性知识如此，隐性知识也是如此。产业集群层次的隐性知识分散在产业集群中的不同组织机构、成员个体和流程活动中。产业集群是相同或者相似产业的企业聚集在邻近的地理空间上，沿着产供销的产业链条，分工协作，具有集产供销于一体的特征，沿着产供销产业链条分工协作的企业以及相互之间，形成的隐性知识具备了聚合产供销各环节的综合性特征；产业集群既是纵向链条式的产业分工协作集合体，也是产学研横向合作的集合体。产业集群中，有从事产业生产经营的企业，也有从事配套服务的组织，还有从事技术研究和开发的组织等，它们沿着产业链横向分布，进行分工合作，由此而产生的隐性知识，具备了产学研三者综合的特征。产业集群也是政府、高等院校等科研机构、企业等组织机构共同作用而形成的集合体，沿着整个合作路径和合作模型形成的隐性知识，无疑就会具备政商学三者综合性的特征。产供销、产学研、政商学等不同路径而形成的隐性知识，在集群内相互交错、相互作用、相互整合，最终形成更为综合的隐性知识。

隐性知识的根植性，构成产业集群隐性知识的另一个重要特征。隐性知识与显性知识最大的区别在于无形之中，看不见摸不着但可以感受得到，隐性知识的形成、使用和流动，只可意会，难以言传；只可在默契中习得和使用，难以在书本中学习获得。随着信息科技的快速发展，显性知识的学习效率得到显著提升，学习成本显著下降。但隐性知识的习得、使用和流动依然主要依赖于人际接触的模式，没有因为信息技术的发展而改变，正是隐性知识的难以习得性和独特的个性，使得隐性知识成为个体之间、组织之间和产业集群之间形成差异的最根本的标志之一，成为企业市场竞争优势的来源。隐性知识形成于特定的环境和活动过程，其使用也依赖其产生的环境，一旦离开了这些环境，隐性知识的功能和价值将会受到很大的影响，这使得隐性知识具有很强的根植性。

（二）产业集群隐性知识的作用

随着经济增长模式的变化，产业集群在推动区域经济增长方面所发挥的作用越来越显著。知识资源在地理空间上的整合和运用，是促进产业集群形成和发展的重要原因。具体来说，产业集群中的隐性知识作用，主要表现在以下几个方面：首先，隐性知识是集群企业知识生产的基础。产业集群中的知识生产过程，是对产业集群现有知识进行收集、分类和存储的过程。产业集群的知识来源主要有两类：一类是以显性化的方式，分布在集群中的个体、企业以及其他组织内外的显性知识；另一类是隐性知识，存在人们的思维、行为、观念、操作技能、组织结构、运营流程之中。人类的知识生产从隐性知识开始，人们在社会实践中，习得经验、技能和感悟后，将之归纳总结，分析推理，逐步形成可传授、可表达、可继承的书面知识，使之显性化，于是知识生产就完成了从无到隐性知识，再从隐性知识到显性知识的生产过程。在产业集群中，隐性知识的深层次性使得隐性知识流动比较困难。在不同层面上，将隐性知识显性化，使之成为便于流动、学习和运用的显性知识，从而增加产业集群的知识规模和知识质量。从产业集群隐性知识提炼和挖掘出来的显性知识，具有产业集群的独特性，具有更强的产业集群适用性，能够有效提升产业集群的市场竞争能力。将这些从隐性知识中提炼出来的显性知识，在更广的范围内加以流动和运用，一方面，能提升产业集群的市场竞争能力，另一方面，由产业集群隐性知识演变来的显性知识具有很强的产业集群特性，在更为广泛地流动和使用后，又产生了相应的隐性知识，而这些隐性知识的质量和价值，比之前的隐性知识要高很多，具有更高的广度和深度，并且更加凸显产业集群的特性（见图4－2）。

产业集群中的隐性知识，能够有效提升产业集群组织响应性和创新能力。在产业集群中，隐性知识的转化过程有助于隐性知识在更大范围内发挥价值，有助于获取和共享实践成果，将之用于解决新问题，形成更有效

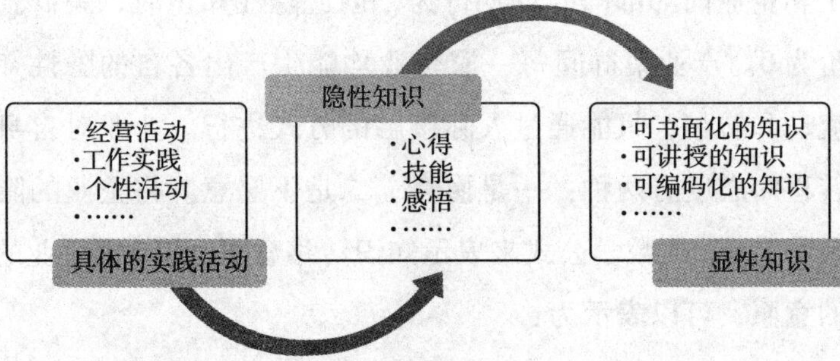

图 4-2　隐性知识在知识生产中的作用

率的新工艺、新流程。在隐性知识转化为显性知识后，加快了知识流动的速度，更加有利于知识的共享和运用。显性化的隐性知识，经过运用、共享和演化，使得在局部发挥价值的技能、经验、诀窍，在产业集群内转化为更多企业的产出改良、服务能力提升、运用效率提高等，有助于获得市场青睐，有助于开发新市场，最终实现产业集群的市场竞争能力。

（三）基于模型构建的产业集群隐性知识转移分析

在以往的产业集群知识流动研究中，更多的是将显性知识和隐性知识混合在一起，来考察知识流动的特征、方向和效果。虽然能够在总体上把握知识流动的规律，但忽视了隐性知识的具体特性，难以具体地考察产业集群中隐性知识的流动规律。

假设产业集群生产存有 n 家同一产业的企业，生产相同的产品或者服务，其反需求函数为：

$$p = F(Q) = a - bQ \qquad (4-1)$$

其中，a、$b>0$，均为需求函数的参数，设 $q_i(i=1,2,3,\cdots,n)$ 为集群中第 i 个企业的产出，那么产业集群的总产出可表示为：

$$Q = \sum_{i=1}^{n} q_i \qquad (4-2)$$

在产业集群中，企业在生产经营过程中，能够形成隐性知识，由于隐性知识是日常生产经营工作的附带物，不是强行要求的，也难以强行要求，是员工和企业内部部门的自发行为，创造隐性知识时，集群企业支付的成本代价为0。产业集群间每一家企业均能生产出各自的隐性知识，隐性知识的流动和转移，只能通过人际接触的方式进行。企业对自身拥有的隐性知识转移的态度有两种：一是愿意；二是不愿意。将企业的隐性知识转移意愿表示为j，用数学公式来表示知识转移意愿，第i家企业的对隐性知识转移的意愿，可以表示为：

$$j_i = \begin{cases} 0,\text{不愿意} \\ 1,\text{愿意} \end{cases}$$

产业集群中隐性知识转移存在两种模式：一种是独立性的知识转移，知识接受者无条件地接受隐性知识所有者转移的知识，成为知识接受方的内部知识，在生产经营过程中发挥知识价值，称为Ⅰ型隐性知识转移；另一种是融合式的知识转移，知识接受方接收到的知识，只有同自身原有知识匹配融合的情况下，才能在生产经营中发挥价值，称为Ⅱ型隐性知识转移。隐性知识转移的两种类型方式，既可以同时存在，也可以单独存在。当知识接受方接收到转移的隐性知识，应用到生产经营过程中时，所获得的直接好处就是降低产品产出的生产成本，用数学表达式可以表示为：

$$c_{i1} = c_{i0} - \beta \sum x_{ij} - \gamma \sum x_{ij} x_{ji} \quad i \neq j \qquad (4-3)$$

其中，c_{i0}、c_{i1}分别表示产业集群中第i家企业在接受隐性知识前后的产品生产成本，$\sum x_{ij}$表示第i家企业接受产业集群中除自身外所有企业Ⅰ型隐性知识转移带来的成本节约，$\sum x_{ij} x_{ji}$表示Ⅱ型隐性知识转移带来的成本节约，β、γ是产品生产成本转换系数。根据式（4-1）和式（4-3），可以得出产业集群中第i家企业的利润，表达式如下：

$$\Pi = (p - c_{i1})q_i \qquad (4-4)$$

假设产业集群不需要借助人际接触条件以外的其他辅助设施，隐性知识转移的硬件设施成本为0，但因为进行隐性知识转移而进行的人员往来、人际沟通、人际交流会发生一定的成本支出。隐性知识转移会对转出企业产生两种可能影响：一是让企业获利的有利影响；二是让企业受损的不利影响。企业对隐性知识转移的决策取决于对利益的衡量，有利于企业的，就做出转移的决策选择；不利于企业的，就做出不转移的决策。

首先来考察企业的收益和获利模型，无论隐性知识转移与否，以及隐性知识转移的专用性如何，企业的生产经营决策都是独立进行的，决定自身的产量和产出类型，在市场上竞争。在产品市场上，参与竞争的企业之间是一个非零和的静态博弈，存在纳什均衡，如果除了企业 j 之外，其他所有企业都是对称的，则可以将企业的知识转移带来的成本影响状况由式（4－3）修正为：

$$c_{i1} = \begin{cases} c_{i0} & i \neq j \\ c_{ij} & i = j \end{cases} \tag{4-5}$$

综合式（4－1）、式（4－4）、式（4－5），可以得出企业的如下产出水平：

$$q_j^* = \frac{a - n c_{ij} + (n-1) c_{i0}}{n+1}$$

由此进一步推导出企业的均衡利润计算公式：

$$\Pi_j^* = (q_j^*)^2 = \left[\frac{a - n c_{ij} + (n-1) c_{i0}}{n+1}\right]^2 \tag{4-6}$$

根据集群企业的均衡利益模型，探测企业在产业集群中隐性知识转移决策过程。从理性决策原则来看，能够增加企业的经营收益，扩大利润，企业在知识流动过程中，就会做出转移或者接受隐性知识的决策，反之，则不转移隐性知识或者拒绝接受隐性知识。产业集群中的企业，所面临的知识转移决策情境是一样的，即 $x_{ij} = x_{il}$，其中 $j \neq l$，产业集群企业参与知识转移的成本，可以表示为：

$$c_{转移} = c - (\beta + \gamma)(n-1) \tag{4-7}$$

产业集群在隐性知识转移背景下的收益期望表现为：

$$\Pi_{转移} = \left[\frac{a - c + (\beta + \gamma)(n-1)}{n+1}\right] \tag{4-8}$$

在产业集群中，如果在某一企业（假设为j企业）做出不参与隐性知识转移的决策，而其他企业均做出知识转移决策时，则产业集群企业的知识转移成本可表示为：

$$c_{不转移}=\begin{cases}c-(\beta+\gamma)(n-2) & i\neq j\\ c-\beta(n-1) & i=j\end{cases} \tag{4-9}$$

那么，隐性知识转移对利润的影响可以表示为：

$$\Pi_{不转移}=\left[\frac{a-c+(2(\beta+\gamma)-\gamma n)(n-1)}{n+1}\right]^2 \tag{4-10}$$

当$\gamma>\frac{\beta}{n-1}$时，企业做出隐性知识转移所获得收益大于不转移所获得的收益，即$\Pi_{转移}>\Pi_{不转移}$。上述推理说明，在产业集群企业均参与隐性知识转移时，如果各企业转移出的隐性知识之间缺乏融合性（即$\gamma<\frac{\beta}{n-1}$），各企业之间的隐性知识聚合在一起，难以形成聚合效应，出于成本收益的考虑，企业就会选择不参与知识转移的决策；反之，如果企业间的隐性知识具有较强的聚合效应（即$\gamma>\frac{\beta}{n-1}$），能够产生“1+1>2”的效果，那么企业就会选择参与知识转移的决策。

在把握收益与成本比较的理性选择基础上，分析企业进行隐性知识转移决策的模型，集群中所有企业之间都是对称的，每家企业的知识转移决策的标准和依据都是理性的，也是相同的，因为产业集群企业进行隐性知识转移时，只能依靠人际接触的方式，企业之间的隐性知识转移采取的是人际两两接触的模型，借助轮辐模型（Chen & Rordan, 2002），对参与隐性知识转移的企业支付成本进行描述，假设n家企业均匀分散在区域直径为d的产业集群空间中，每家企业在进行隐性知识转移活动时，为进行人际接触支付$\frac{d}{2}$的交流参与成本，假设企业为了参与知识转移活动所支付的参与成本为$L(d,c)$，那么，$L(d,c)=\frac{d}{2}$。结合式（4－10）的推导可知，当$\gamma > \frac{\beta}{n-1}$时，企业在知识转移过程中，收益大于成本，做出知识转移的决策，继而决定参与知识转移的活动；当$\gamma > \frac{\beta}{n-1}$时，表明企业在知识转移过程中，收益小于成本，采取不参与知识转移活动的决策。如果产业集群企业愿意参与知识转移活动，并在参与过程中，做出知识转移的决策，那么，参与知识转移活动并进行知识参与，所获得的利润为$R_{转移}$，在知识转移决策的多次博弈中，参与并实现知识转移的收益就是每一次收益的总和，假设折现因子为φ，则多次知识转移的收益净现值为：

$$W_{转移}(d,c) = \frac{\Pi_{转移} - \frac{d}{2}}{(1-\varphi)} \tag{4-11}$$

若在知识转移过程中，某一企业（j企业）参与知识转移活动，但做出不进行知识转移的决策，该企业就会被其他所有的企业排斥，那么该企业（j企业）的生产经营过程中的单位产品成本为：

$$c_i = \begin{cases} c - (\beta + \gamma)(n-2) & i \neq j \\ c & i = j \end{cases} \tag{4-12}$$

在此情况下，j企业的收益为：

$$\Pi_{不转移} = \left[\frac{a - c - (\beta + \gamma)(n-2)}{n+1}\right]^2 \tag{4-13}$$

剔除j企业之外，其他企业均参与知识转移活动，并做出知识转移的决策，其他企业的收益为：

$$\Pi_{转移} = \left[\frac{a - c + (\beta + \gamma)(n-2) + (\beta + \gamma)(n-1)^2}{n+1}\right]^2 \tag{4-14}$$

通过上述分析，产业集群中的企业在隐性知识转移活动方面，有多种决策方案可供选择，用S和W分别表示隐性知识转移决策和隐性知识不转移决策；用T和NT分别表示参加隐性知识转移活动，则对于企业来说，隐性知识转移的策略集合就可以表示为：

$$\phi \in (S/T, S/NT, W/T, W/NT)$$

设 d_c 为隐性知识转移的最大阈值，即企业在进行隐性知识转移时，单次博弈背景下参与获得所支付的成本临界值，同理，设定 D_c 为多次博弈情况下，企业参与知识转移活动时支付的参与成本阈值。

在单次博弈情况下，如果 $\gamma < \frac{\beta}{n-1}$，那么企业在知识转移活动中进行知识转移，难以获得净收益，那么企业就不会做出知识转移决策，选择独占自身的隐性知识。反之，如若 $\gamma > \frac{\beta}{n-1}$，企业的知识转移活动的参与成本为 $L(d,c) = \frac{d}{2}$，获益为 $(\Pi_{转移} - \frac{d}{2})$。假设 j 企业不参与知识转移活动，在其他企业均做出知识转移的决策下，则企业 j 不会获得知识。则企业 j 的单位产出成本可以表示为：

$$c_i = \begin{cases} c - (\beta + \gamma)(n-2) & i \neq j \\ c & i = j \end{cases} \tag{4-15}$$

这与企业 j 虽然参与知识转移活动，但不做出知识转移决策的背景下的成本是一致的。在这种情况下，企业 j 的收益为 $\Pi_{不转移} = \left[\frac{a - c + (\beta+\gamma)(n-2)}{n+1}\right]^2$。决定企业参与知识转移活动的阈值成本可以表示为：$d_c(a,n,c,\beta,\gamma) = 2(\Pi_{转移} - \Pi_{不转移})$。这表明，单次博弈中，当参与成本小于参与知识转移活动的阈值成本时，企业能够获得收益，参与活动是有利的。这个收益来自企业间相互转移隐性知识，使得参与企业能够获得外部知识，与本企业的既有知识进行匹配，获得更好的工作效能和经营效率，最终表现为企业在生产经营上获得收益，这个收益要大于参与知识转移活动所支付的成本。由此可以得出这样的结论：集群企业之间的隐性知识具有融合互补性时，能够带来收益，互补性越强，收益越大。如果收益大于参与知识转移活动所支付的参与成本，无论单次博弈还是重复博弈，企业对知识转移活动以及知识转移决策都是肯定的，即参与活动，进行知识转移。反之，单次博弈的理性选择就是不会参与活动，也不会选择知识转移决策。用公式表达如下：

$$d_c(a,n,c,\beta,\gamma)=2(\Pi_{转移}-\Pi_{不转移})=\frac{2(\beta+\gamma)(n-1)^2}{(n-1)^2}\times$$

$$[2(a-c)-(\beta+\gamma)(n-1)]=4(\beta+\gamma)(a-c)-2(\beta+\gamma)^2\times(n-1)$$

$$(4-16)$$

从推导的数学公式可以看出，企业参与知识转移活动的阈值成本将会随着反函数中参数 q 增加、企业的单位产出成本 c 的下降而增加。同时也可以看出，如果成本参数 β 、γ 增加，但只要 $n\leqslant\sqrt{(a-c)/(B+r)}$ ，企业参与知识转移的参与成本阈值也会增加。换言之，就是参与产业集群的企业数量越小，知识转移活动的效果越高，更能充分沟通，获得知识吸收和匹配的效果，更能获得知识吸收和运用带来的市场竞争优势。

产业集群中，企业之间的交往联系往往是重复的、多次的，通过重复的、多次的博弈，对单次交往过程中的博弈行为进行修正、调整，以长期的收益期望替代短期的收益衡量，并以长期的收益期望作为决策依据。同样，在隐性知识转移活动中，企业选择参与隐性知识转移活动，并选择知识转移决策，其期望收益可以表示为：

$$W_{转移}(d,c)=\frac{\Pi_{转移}-\dfrac{d}{2}}{1-\varphi}\qquad(4-17)$$

其中，φ 为折现因子。当 $\gamma>\dfrac{\beta}{n-1}$ 时，由前面分析可知企业出于理性角度考虑，会参加知识转移活动，并愿意进行知识转移。因此，如果企业 j 不愿意进行知识转移，只有在不参加知识转移活动时才会发生。如果不参加知识转移活动，会被其他企业发现，认为该企业不愿意进行知识转移，因而在下一次知识转移活动时，将之排除在外。此时企业的收益可以表示为：

$$W_{不转移}(d,c)=\frac{\Pi_{不转移}}{1-\varphi}\qquad(4-18)$$

当$\gamma < \frac{\beta}{n-1}$时，参加知识转移的企业，会有一个决策选择，参加知识转移活动，但隐瞒自己的隐性知识，而吸收别人的隐性知识，假设该企业为j企业，参加知识转移活动，但不分享自身的隐性知识。除却企业j之外，集群中其他企业均参加知识转移并愿意分享隐性知识。则企业的单位产出成本的变化，可以式（4－19）表示：

$$c_i = \begin{cases} c-(\beta+\gamma)(n-2) & i \neq j \\ c-\beta(n-1) & i = j \end{cases} \tag{4-19}$$

此时的企业j在参加活动但独占自身知识的收益为：

$$\Pi_{S/T} = \left[\frac{a-c' + \beta n(n-1)}{n+1}\right]^2 \tag{4-20}$$

其中，$c' = c + (\beta+\gamma)(n-2)$

通过比较，很显然：(1) $\Pi_{S/T} > \Pi_{转移}$；（2）当$\gamma < \frac{\beta}{n-1}$时，$\Pi_{S/T} > \Pi_{不转移}$。

在企业j做出不进行知识转移的决策情况下，企业的利润可以表示为：

$$W_{S/T} = \Pi_{转移} - \frac{d}{2} + \varphi\frac{\Pi_{不转移}}{1-\varphi} \tag{4-21}$$

结合式（4－17），可得到参加知识转移活动的收益：

$$W_{c(S/T)} = \frac{2}{\omega}(\Pi_{转移} - W_{转移} - (1-\omega)W_{S/T}) \tag{4-22}$$

集群企业参与知识转移的收益与企业的参与成本d比较，结果如下：

$$d < W_{c(S/T)} = \begin{cases} d_c(a,n,c,\beta,\gamma) = 2(\Pi_{转移} - \Pi_{不转移})\gamma \geq \frac{\beta}{n-1} \\ W_{c(S/T)} = \frac{2}{\omega}(\Pi_{转移} - W_{转移} - (1-\omega)W_{S/T})\gamma < \frac{\beta}{n-1} \end{cases} \tag{4-23}$$

从式（4－22）可以看出，当$\gamma = \frac{\beta}{n-1}$时的参与成本为阈值成本，因此，参与隐性知识转移的企业，其拥有的隐性知识互补程度时决定知识转移阈值成本的决定性因素。当 $\gamma = \frac{\beta}{n-1}$ 时，$\Pi_{转移} = W_{S/T}$，$W_{c(S/T)} = d$；当 $\gamma < \frac{\beta}{n-1}$ 时，$\Pi_{转移} < \Pi_{(S/T)}$。

基于上述的推导分析，可以得出这样的结论：首先，在产业集群中，如果集群企业之间的隐性知识具有较强的互补性、融合性，企业之间的接触交往就会围绕知识的流动和运用而持续下去，使得产业集群的隐性知识流动成为常态。同时产业集群也存在一个淘汰筛选机制，那些只参与集群企业知识转移活动，但不贡献自身的隐性知识的企业，在多次的博弈活动中，必然被发现，继而被其他企业所排斥，被淘汰出隐性知识交流体系。同时，那些根本不参与隐性知识交流活动的企业，也因为长期游离于隐性知识交流网络之外，与产业集群水平和产业集群发展趋势发生偏离，要么离开产业集群，要么被产业集群所淘汰。其次，激励集群企业参与隐性知识交流和共享的内在动力是企业利益，之所以能在隐性知识转移中获得收益，是因为不同企业的隐性知识之间具有互补性，互补性越大，企业参与隐性知识交流和共享的意愿越强烈，按照这个趋势发展下去，相关的企业之间具有形成较为密切和稳定合作的可能。但是，从模型推导来看，当企业间隐性知识互补性较小，且缺少必要的监督机制时，参与隐性知识交流的企业存在欺诈的空间，也就是在隐性知识交流过程中，吸收其他企业共享的隐性知识，不愿意分享自己拥有的隐性知识。

第五章 产业集群中的知识共享机制分析

对信息技术的快速而广泛地开发和运用，使不同经济体之间的联系变得密切而频繁，经济环境呈现出更强的开发性特征，在这种背景下，市场需求变化和发展趋势也变得快速而频繁，导致市场竞争日趋激烈。强化创新能力，持续开发出满足市场需要的产品和服务，是应对经济环境开放背景下市场快速变化的有效策略选择，创新能力已经成为国家、地区、产业集群、企业乃至个人获得并保持市场竞争能力的关键所在。创新是对当前已经获得市场认可的服务和产出进行改进，开发出更适合市场需求的产品和服务，因此，创新能力离不开对经济环境的了解，离不开对市场发展趋势的把握，在此基础上，应强化企业间的合作，协同开发市场。越来越多的企业在相互之间开展合作创新活动，以期通过知识共享来实现知识互补，提升知识匹配效率，实现知识创新，提升自身的创新能力。知识共享（Knowledge Sharing）是知识在个体、群体、组织以及地区（国家）间的流动过程，在这个过程中，使得拥有不同知识的知识主体，在信息技术手段和主观意愿推动下，打破信息孤岛，使得知识在一定范围内自由、自觉地流动和使用。参与知识共享活动的知识主体，通过知识共享活动，以较低成本从企业外部获得自身需要的产业知识，避免知识生产的高成本和重复性投入，降低知识获得成本，运用企业群体的智慧来提高组织应变能力和创新能力。产业集群既是产业分工协作，有效运用产业知识的结果，也是促进产业知识在产业集群范围内乃至更大的产业范围内进行知识共享、知识创造的有利平台，促进集群企业实现合作，通过知识共享与优势互补，提升企业创新能力，最终提升集群竞争力。但是，在知识共享过程中，产业集群内各知识共享主体存在共享成本与共享收益的差异，各知识共享主体进行知识共享的意愿是不同的，既有共享动力，也有共享障碍。本质上，产业集群内的知识共享过程是一个共享收益与成本的博弈过程。

一、集群企业知识共享的关键要素影响效应分析

对知识共享的理解，比较典型的观点是将之看作一个自觉进行的慷慨付出的过程，共享动力来自利益、责任和自我胜任感（Nonaka & VonKrogh，1995）。学界比较一致地认为知识共享是一个围绕知识传播、运用和创新的过程。

（一）产业集群知识共享的关键要素分析

针对产业集群中影响知识共享的关键要素的研究，主要从产业集群中知识共享主体和知识共享客体两个方面来展开。主体层面包括知识主体的知识共享意愿与共享能力。在知识共享意愿方面，集群企业是基于理性基础上的决策主体，其所做出的决策，必然要符合集群企业自身的利益诉求。集群企业在知识共享活动中，理性的选择就是只吸收其他企业的知识，而独占自身的知识，如果每家企业都如此决策，产业集群的知识共享必然无法实现。出于收益的考虑，企业之间的知识共享必然是建立在知识交换的基础上的，交换的结果必然要让参与知识交换的各方都能获得收益，收益来自知识共享而带来的知识创新。主体层面除了知识主体的共享意愿，还包括知识共享的能力。知识共享包括知识转移和知识吸收两个方面，知识转移能力包括对知识的识别、编码以及知识传递过程中的沟通能力，知识转移能力影响知识转移的准确性和完备性。知识吸收能力包括对知识的理解、学习和运用能力，知识吸收能力影响着知识学习效率和使用效果。知识共享客体方面，主要包括知识共享的对象——显性知识和隐性知识，显性知识是以编码化、书面化的形式存在，易于表达、传播、理解和吸收。隐性知识内隐程度比较

高，具有很强的模糊性和根植性，难以明确描述和表达。

知识共享是一个活动过程，在这个活动过程中，包括知识发送、知识传递和知识接受等环节，参与知识共享的各方主体的意愿和知识共享能力，对知识共享活动过程的顺利进行以及活动效率有着重要的影响。知识资源是知识共享活动的客体，构成知识共享的核心内容，知识发送方的知识规模越大，知识质量越高，知识共享的选择面就越广，知识共享的价值就越大。对于显性知识而言，编码化和精准化程度高，易于理解和学习，扩散成本低，可转移性强。在产业集群中，获取知识是知识运用和创新的前提，知识共享是获取知识的主要渠道，知识共享过程中的知识接受方所能接受到的知识数量和质量，对其知识运用和创新有着较大的影响，在考察知识运用和知识创造的效果方面，从外部进行的知识吸收，构成知识投入，知识使用和知识创造的结果便是知识产出的效果。与普通物品和商品不同的是，知识具有使用上的非排他性和获得上的非竞争性，导致知识在共享过程中，产生溢出效应，形成免费“搭便车”效应。从这个角度来看，产业集群中的知识投入、知识溢出是决定知识产出的关键要素，知识投入越多，知识溢出效应越强，知识产出越多，知识创造能力越强。集群企业以及其他产业相关组织的聚集，使得产业知识得以在一定空间上集中，产业知识的相互融通，以高水平的知识主体带动低水平的知识主体，以规模大的知识主体带动规模小的知识主体，以某一类型的知识碰撞于其他类型的知识，激发知识创新。不同规模、质量、性质的知识相互激发，产生创新，不是简单集中于同一地理空间上就能实现的，必须依赖于产业集群中的企业以及其他组织具有知识共享的意愿和知识共享的能力，缺乏知识共享意愿和知识共享能力，即使在同一空间上毗邻而居，也难以实现知识共享，形成知识创新。由此可以看出，知识共享意愿和知识共享能力直接影响知识创新的效果，构成知识共享的关键要素。

（二）集群知识共享关键要素的影响模型

出于简便分析而又不失本质意义的需要，假设产业集群由两个知识主体组成，分别为A企业和B企业，在知识共享活动中，分别担当知识发送者和知识接受者角色。集群企业知识的可转移性（T）、知识规模（Q）和知识转移努力程度（μ）共同决定知识产出（Y），构成线性函数，即$Y = TQ_{\mu} + \theta$，其中，知识转移能力（K_1）和知识吸收能力（K_2）共同构成知识共享努力程度（μ），θ是均值为0［$E(\theta) = 0$意味着影响能力程度的因素是随机因素］，方差为σ^2的正态分布随机变量。由此，知识共享的生产函数可以分别表示为：

$$Y_1 = K_1 T Q_{\mu} + \theta$$

$$Y_2 = K_1 K_2 T Q_{\mu} + \theta$$

其中，Y_1、Y_2分别是两个集群企业的知识共享产出或者共享收益。

产业集群中的知识共享，是基于知识价值发挥导向的知识共享，集群企业的决策以经济理性为决策原则，有利于企业收益的，能增加企业收益的活动，企业则参与，反之则不参与。集群企业是否参与知识共享活动。知识共享活动中，企业作为知识接受方，能够获取新知识资源，这就是一种利益，因此有意愿参与知识共享活动。而对于知识发送方而言，则缺少相应的利益激励。为了启动知识共享活动，必须对知识发送方进行一定的利益回报，用公式来表示知识发送方获得的利益回报：

$$S(Y_1) = \alpha + \beta Y_1$$

其中，α、β分别表示知识共享获得固定收益、知识共享的边际收益系数。集群企业知识共享过程中，作为知识发送方，不仅需要自身努力把知识以对方容易接受的方式进行发送，在知识发送过程中，还可能发生知识外泄风险，知识外泄带来的后果有两个：一是企业知识外泄，使得收益受损；二是知识外泄，导致知识普及程度扩大，产生知识劣化效应，知识形成的市场竞争优势因此被削弱。根据以上分析，作为知识发送方的企业知识共享成本表示为：

$$C = \frac{1}{2} b\,(a + m_1 - m_2)^2$$

其中，$b > 0$，表示知识共享过程中的成本系数，m_1 表示在知识共享过程中发生的非自愿知识溢出带来的知识损失，k_2 表示主动进行知识发送带来的知识损失。知识共享过程中，非自愿性的知识溢出 k_1 越多，知识发送方受到的损失就越大，参与知识共享的成本越大，门槛越高，知识共享的意愿就越低。对于知识接受方来讲，若知识接受方对知识需求强烈，需求规模大，则其对知识共享的意愿就强烈。换言之，构成知识发送方的自愿性知识发送带来的知识损失 k_2，恰恰就是知识接受方所获得的知识。可以有理由认为，只有主动知识发送量 k_2 大于非自愿的知识溢出量 k_1 时，知识共享才会发生。否则，如果 $m_1 > m_2$，在知识共享中，双方的主动行为是在为人作嫁，这不符合企业理性决策原则。一般来说，知识共享过程中的知识发送方往往是风险规避的，尽量采取措施，确保知识不外泄，最大限度地减少知识损失。知识接收方在知识共享过程中往往注重知识接受环节，对于知识溢出的风险缺少足够的规避意识，属于风险中性型。据此可以将知识发送方在知识共享活动中的效用（$E\mu$）函数表示为：

$$E\mu = -e^{-\rho\omega}$$

其中，ρ、ω 分别表示知识外泄风险程度和知识共享过程中获得的实际货币收入。

企业是否愿意进行知识共享活动，其决策依据就是能否从知识共享中获益。对于知识受益方而言，在知识共享过程中所获得净收益是其总收益减去知识转移所带来的损失，根据以上分析，可以得出净收益计算式：

$$\omega = S(Y_1) - C = \alpha + \beta(A_1 T Q_a + \theta) - \frac{1}{2}b(a + m_1 - m_2)^2$$

Chieh－Hsu 把知识共享划分为两个维度，即分享数量与分享数量，构建模型分析的基础上，推导出知识发送方在知识共享过程中因为知识外泄而带来的风险成本为 $\frac{1}{2}\rho\beta^2\sigma^2$，则由此得出知识发送方的净收益为：

$$R = E\omega - \frac{1}{2}\rho\beta^2\sigma^2 = \alpha + \beta A_1 T Q_a - \frac{1}{2}b(a + m_1 - m_2)^2 - \frac{1}{2}\rho\beta^2\sigma^2$$

知识发送方的效用最大化函数，用收入函数来表示，就是最大化的收益水平，将期望效用函数代入收入函数，可以得到：

$$E\mu = R = E\omega - \frac{1}{2}\rho\beta^2\sigma^2$$

知识接受方在知识共享活动中的净收益等于知识共享的产出收入减去支付成本，根据前面论述，在知识共享活动中，知识接受方是风险中性的，用表达式来表示就是知识共享过程中的期望效用与其期望收益是相等的，可以得出知识接受方的期望效用函数为：

$$Ev = E[Y_2 - s(Y_1)] = K_2K_1TQ_a - \alpha - \beta K_1TQ_a$$

将知识共享过程看成应知识接受方的要求，知识发送方向知识接收方传播知识，可以把这个过程理解为委托代理关系，知识接受方委托知识发送方向其进行知识扩散，把知识发送方看成代理人，则知识接受方为委托人。知识接受方作为委托人，要实现自身效用的最大化，面临着两个约束条件：一是知识共享是在保证知识发送方（代理人）的效用为正，确保知识发送方在知识共享后的收益和效用，必须大于不进行知识共享时的收益和效用，也就是要确保知识在知识共享过程中，必须有利可图。该约束条件可以表示为：

$$\alpha + \beta K_1TQ_a - \frac{1}{2}b\ (a + m_1 - m_2)^2 - \frac{1}{2}\rho\beta^2\sigma^2 \geqslant \bar{\omega}$$

其中，$\bar{\omega}$ 表示知识发送方不进行知识共享时的效用。

二是激励相容约束，在知识共享活动中，知识发送方和知识接收方都是独立的经济体，其行为决策都遵循效用最大化的原则，这就要求知识发送方对知识的发送规模、发送路径和发送方式的选择都应该符合知识发送方的最大效用要求，对于知识接受方而言，知识接受规模、路径和接受方式也必须是符合自身最大效用的要求。该约束条件，可以表示为：

$$\alpha^* \in \text{argmax}\ \left(\alpha + \beta K_1TQ_\alpha - \frac{1}{2}b\ (a + m_1 - m_2)^2 - \frac{1}{2}\rho\beta^2\sigma^2\right)$$

自此，可以将知识接受方在知识共享过程中的效用最大化决策考虑，完整表示如下：

$$\begin{cases} \max Ev = \max(K_2 K_1 T Q_a - \alpha - \beta K_1 T Q_a) \\ \alpha + \beta K_1 T Q_a - \frac{1}{2} b\ (a + m_1 - m_2)^2 - \frac{1}{2}\rho \beta^2 \sigma^2 \geqslant \bar{\omega} \\ \alpha^* \in argmax\ (\alpha + \beta K_1 T Q_a - \frac{1}{2} b\ (a + m_1 - m_2)^2 - \frac{1}{2}\rho \beta^2 \sigma^2) \end{cases}$$

（三）产业集群中影响知识共享的因素分析

在知识经济时代，企业的核心利润来源于企业知识的转化，创建和构造企业核心利润源的过程，本质上是企业知识吸收、知识运用和知识创新的过程。在产业集群中，集群企业从外部获得的知识，很大程度上是来自产业集群中的知识共享，产业集群中的知识共享是集群企业获得新知识的重要来源。在产业集群中，产业集群组织通过设计有效激励机制，采用科学合理的信息技术，将每一个知识孤岛自愿而又有效率联结起来，打破知识所有者之间的隔阂，将知识从一个人、群体或组织流动到另一个人、群体或组织，在一定范围内实现知识的自由流动和使用。在产业集群中，当某些新知识被生产出来，可以通过知识共享，或以知识交流的方式，或者以市场交换的方式，使得新知识在产业集群中得以传播扩散，在更大范围内得到采用和推广，降低知识生产的重复性投入，节约知识的创造成本，发挥产业集群的智慧，提高组织的应变能力和创新能力。产业集群的形成和发展促进集群企业实现知识合作，达到优势互补，提升产业集群的创新能力。但是，集群企业在知识共享过程中，存在共享成本和共享收益的差异，既有共享的动力和激励，也存在共享的障碍和困难，在本质上，知识共享是企业收益与成本比较的博弈过程。从前文的知识共享过程的影响因素模型中可以看出，集群企业参与知识共享活动在不具备一定的条件要求时是难以进行的，只有知识发送企业与知识接受企业之间存在激励相容时，才能实现知识的流动和知识共享。对知识共享的激励相容约束条件

（IC）中的知识共享激励报酬 a 求一阶偏导，可以得到：

$$\frac{\delta argmax(\alpha^{*})}{\delta\alpha^{*}} = \frac{\beta K_1 TQ}{b} - m_1 + m_2$$

将之代入知识共享的收益函数，可以得到：

$$\max Ev = \max\left[K_2K_1TQ\left(\frac{\beta K_1 TQ}{b} - m_1 + m_2\right) - \frac{1}{2}b\left(\frac{\beta K_1 TQ}{b}\right)^2 - \frac{1}{2}\rho\beta^2\sigma^2 - \bar{\omega}\right]$$

然后对 β 进行一阶偏导，得到：

$$\frac{\delta \max Ev}{\delta\beta} = \frac{K_1^{\ 2} K_2^{\ 2} T^3 Q^3}{K_1^{\ 2} T^2 Q^2 + b\rho\sigma^2}$$

再将上述偏导结果代入知识共享过程中的知识接受方的知识共享收益函数，可以得到：

$$Y_2 = \frac{K_1^{\ 4} K_2^{\ 2} T^4 Q^4}{b(K_1^{\ 2} T^2 Q^2 + b\rho\sigma^2)} + K_2K_1TQ(m_2 - m_1) + \theta$$

该收益函数中，收益大小受到知识共享过程中的知识发送方的非自愿性知识溢出 K_1 以及知识接收方的自愿性知识溢出 m_2 大小的影响。为考察 K_1 和 K_2 对知识共享的收益影响方向和影响能力，对公式中的 K_1 和 K_2 分别求偏导，得到：

$$\frac{\partial Y_2}{\partial k_1} = K_2K_1TQ < 0$$

$$\frac{\partial Y_2}{\partial k_2} = K_2K_1TQ > 0$$

从偏导的结果可以看出，在产业集群知识共享过程中，如果知识发送方的知识转移意愿强、知识接受企业的吸收意愿强，知识接受方的知识投入就越大，继而双方的知识共享能力就越强，通过知识共享进行知识创造的能力就越强。

在考察知识共享过程中的知识转移意愿对知识共享收益的影响后，再来考察知识转移能力（A_1）和知识接受能力（K_2）对知识共享收益的影响方向及其影响能力。对收益函数分别进行知识转移能力（K_1）和知识接受能力（A_2）求偏导函数，可以得到：

$$\frac{\partial Y_2}{\partial K_1}=\frac{2b\,K_1{}^5\,K_2{}^2\,T^6\,Q^5+4b\rho K_1{}^3\,K_2{}^2\,T^4\,Q^4\,\sigma^2}{(b\,(A_1{}^2\,T^2\,Q^2+b\rho\,\sigma^2))^2}+T\,K_2Q(m_2-m_1)>0$$

$$\frac{\partial Y_2}{\partial K_2}=\frac{2\,K_1{}^4\,K_2\,T^4\,Q^4}{b\,(K_1{}^2\,T^2\,Q^2+b\rho\,\sigma^2)}+K_1Q(m_2-m_1)>0$$

从偏导结果中，可以得出这样的结论：集群知识共享过程中，作为知识发送方的知识主体的知识转移能力越强，知识共享的各方知识主体所获得的共享潜力就越大，通过知识共享而实现的知识价值就越大。而对于知识接受方而言，在知识共享过程中的知识投入数量越多，投入的知识质量越高，其知识创造能力就越强，这是因为当知识接收方在知识共享过程中，投入的知识数量越多，质量越高，与接收到的知识匹配广度和深度就会大大增加，企业知识在产业集群中的知识匹配效率得到提升，有利于企业知识在更广泛的范围内实现价值创造，创造更大的价值，也有利于新知识的生产和创造。对于知识发送方而言，同样存在知识匹配效率提升的效果。知识匹配效率提升是双向的，知识接受方在知识共享过程中投入的知识状况，也会影响知识共享收益水平以及自身的知识创造能力，这种影响是正向的。影响知识共享收益的因素还包括知识本身的可转移特性（T），对知识共享收益函数进行知识可转移性变量（T）求偏导，可得到：

$$\frac{\partial Y_2}{\partial\ T}=\frac{2\,b^2\,K_1{}^6\,K_2{}^2\,T^3\,Q^6+4b\rho K_1{}^4\,K_2{}^2\,T^4\,Q^3\,\sigma^2}{b^2\,(K_1{}^2\,T^2\,Q^2+b\rho\,\sigma^2)^2}+K_1\,K_2Q(m_2-m_1)>0$$

偏导结果表明，集群知识共享过程中，共享知识的可转移性对知识共享的收益产生影响，知识可转移程度越高，接受知识的企业一方接受知识速度、对知识理解的准确性以及对知识的融合能力就越高，有利于知识运用和创造。另外，知识共享过程中的知识转移成本就越低，无形中就会增加知识转移收益。总结来讲就是，在企业集群知识共享过程中，共享的知识可转移性越强，越容易被知识接受方吸收，带来的收益就会越大，知识创造能力就会越强。

二、产业集群中的知识共享路径及其共享模型分析

产业集群中的企业，在集群中进行知识共享的动力主要来自两个方面：一是通过知识共享能够提高企业生产经营效率，提升市场竞争能力；二是集群企业与其他企业形成产业协作依赖，包括技术、制度、商业模式以及资源等，形成共生共荣的利益协同关系。如果在产业集群中，既不能有助于企业竞争力的提升，也无益于生产经营效率的改善，那么集群企业就会失去知识共享的意愿。在产业集群中形成的产业链协作中企业的创新，容易引发现有产业链的变化，导致产业链的重组，实现围绕产业链的分工协作体系调整，形成新的产业价值分配格局。集群企业的创新来自知识的新运用和新知识的采用，企业要想快速取得知识新运用或者新知识的采用，知识共享是成本低、效率快、效果明显的选择。通过产业集群的知识共享，尽快获得知识更新，快速掌握产业链中所需要的技术，对产业资源进行更有效率的运用，提升企业的市场竞争能力。产业集群是产业相同或者相近的多家企业以及相关组织的集合体，作为理性决策主体，集群企业决策原则就是收益大于成本，知识共享作为多企业参与的商业活动，在本质上是多企业的利益博弈过程，是对知识共享所带来的利益进行分配。随着知识共享的增加，参与知识共享的企业知识拥有量也会增加，知识增加带来经营效率和市场竞争能力的提升，促进企业价值增加，这意味着企业价值是关于知识共享的增函数。在知识共享活动中，无论是一次性博弈，还是多回合知识共享博弈，只有知识共享收益大于知识共享成本，企业才有知识共享的意愿。只有企业产生参与意愿、具有知识共享的能力、做出参与知识共享的决策，知识共享活动才能得以真正实现。

（一）知识共享是产业集群知识管理的必然选择

知识是有价值的资源，其价值发挥主要附着在人力资本、物质资本以及组织结构资本之中，知识价值随着知识的发展而发生改变，知识创新速

度越快，既有的知识价值降低得越快。要使得知识价值得到充分发挥，不仅取决于知识本身，更取决于知识的管理。有效的知识管理，不仅能提升知识运用效果，更大程度地发挥现有知识的价值，也能在知识运用过程中实现知识创新和创造。知识管理是以把控知识活动为核心的综合管理，知识管理是动态的过程，在外部动态环境条件下，知识主体利用信息技术，对从内外环境中获得的知识加以甄别、筛选、整理、汇总，在组织运营过程中，最大效率地发挥知识资源的价值，并在知识资源价值发挥过程中，实现知识再创造，确保知识生产、共享、应用和创新得以周而复始地循环推进，使得组织在市场竞争中，形成市场竞争优势，提高组织创造价值能力这一目的的过程。美国德尔福集团创始人之一卡尔·费拉保罗（Carl Frappaop）认为知识管理就是利用集体的智慧，提高应变能力和创新能力，在实践中表现为以企业现有知识为基础，通过内部运用与提炼、外部交流与沟通，将内外部环境变化状况及其趋势转化为信息性质的知识，并在熟悉和掌控内外环境的基础上，实现对外部市场的应变能力以及对内部的知识创造能力。要达到这个目的，知识管理要遵循三个基本原则：一是积累原则。新知识是在既有知识上的突破，没有对既有知识的熟练把握和运用，新知识就无从谈起，对于知识的创新和运用，必然是建立在以往知识积累和运用基础上的，知识生产和创造都是在既有知识基础上产生的，既有基础的数量多寡、质量高低，对知识创造的数量和质量产生至关重要的影响，可以说，没有积累就没有创新。二是共享原则。既有知识的数量和质量对知识创造产生重要影响，对既有知识的管理及其管理效率，也是影响知识创造的至关重要的因素。对既有知识的管理效率高，管理效能好，能够将提升既有知识的利用效率，提升既有知识相互之间的匹配效率，能够更好地激发知识创造的潜能和机会。在企业内部进行知识共享，是知识管理的一个方面，通过知识共享措施，企业内部的信息和知识得以在更大范围内公开和扩散传播，企业员工能够便捷快速地接触和使用公司的知识和信息，使得知识在企业内部的配置效率达到最优。在企业外部，知识共享同样重要，通过共享，把握市场发展动态，把握前沿的产业技术，找准企业技术发展的方向，明确企业知识创新的目标，提升企业市场竞争能力。三是交流原则。知识管理的目的在于提升知识运用和创造效率，优化企业的市场经营效率，提升企业的市场竞争优势。企业知识资产与一般性资产的最大区别在于，不同类型的知识相互接触和碰撞，能够产生新的知识，不同类型的知识相互之间的接触、使用和碰撞，不仅不会造成知识磨损，反而会使知识价值得到提升。要使得不同类型的知识得到交流、接触和碰撞，就要使得知识的载体有交流和接触的机会与空间。在企业内部建立有利于交流的组织结构和文化氛围，使作为知识载体的企业员工之间、部门之间的交流接触、信息沟通毫无障碍。知识共享是这样的一种机制和氛围，企业知识能够在企业范围内全方位的辐射扩散，居于其间的企业员工、组织部门在最大范围内接触到和使用企业的知识和信息，相互之间充分交流，知识交流是实现知识价值的有效手段。

产业集群是相同或者相近产业的企业在地理空间上的聚集，将这些企业凝聚在一起，恰恰就是产业知识和产业信息。从产业知识视角来看，产业集群是介于产业市场与企业之间的一种产业组织类型，它以产业知识和产业信息为纽带，将相同或者相近的产业中的企业凝聚在一起，形成产业知识的整合体。把知识管理由企业层面上升为集群层面，知识管理的重要性仍然如此。可以把集群知识看成集群内所有企业、其他组织和个体的知识系统整合，在这个系统中，产业员工、以企业为主的产业组织、产业链以及以产业为中心而形成的分工协作网络等产业组织形态和产业网络组织，均属于产业集群的子系统，相应地，产业员工的个体产业知识、企业等产业组织的产业知识、产业价值链知识、产业供应链知识以及各种网络组织形成的知识，都是产业集群知识系统的子系统，是产业集群知识的重要构成部分。从知识流动角度来看，知识在不同主体之间的流动、吸收、使用和创新，实际是知识在产业集群中社会化的过程，是不同知识主体拥有的知识相互融合的过程。在产业集群知识社会化过程和相互融合过程，是产业知识在不同知识主体之间的传播、扩散、运用和在创造的过程，是产业知识在产业集群中共享的过程。反之亦然，知识共享过程本质上也是产业集群知识社会过程和相互融合过程。在知识共享机制的作用下，产业集群内各个子系统的知识和能力，被整合成集群知识，形成产业集群的市场竞争能力，并以此市场竞争力来获取市场竞争优势。

产业集群的知识共享，既体现在产业集群内部知识的共享，也体现在产业集群对外部知识的吸收和内化，这是因为产业集群根植于某一地理空间，基于区域地理根植的产业知识，尤其是产业集群的隐性知识，是集群获取市场竞争优势，乃至在全球竞争环境中，获取持续竞争力的关键要素。因此，提升产业集群对外部知识的吸收能力，有效吸收外部知识，将之与本地文化联系起来，形成根植性的产业集群知识，具有重要意义。集群对外部知识的吸收能力主要是指产业集群对外部知识的识别、吸收、内化和运用的能力。集群知识吸收能力取决于产业集群内每个子系统对外部知识的吸收能力以及它们相互之间的交互作用。但是，产业集群内各个子系统、企业、个体等都属于产业集群中的知识主体，它们对外部知识的吸收能力又大不相同，各具优势和不足，具有很强的差异性。产业集群中的知识主体外部知识吸收能力是建立在现有知识和技术能力基础上的，技术能力和现有知识水平又是各个知识主体的规模、经历、产业特征和经营水平共同作用的结果。对于特定的知识主体而言，它的技术能力和知识水平的积累是一个路径依赖的演变过程，不同的演变过程和发展轨迹，会使得知识主体的知识水平累积和技术能力产生很大的差异，即使处于同一经营环境、同一地理区域的知识主体，在实践发展过程中，由于经验、实践意识、经营水平等方面的差异，使得它们各自的发展方向和演变趋势也有所差异，随着时间的推移，这些差异就会逐步扩大，既表现为知识质量和知识类型上的差异，也表现为知识数量规模上的差异。这种差异的形成，又为相互之间进行知识共享奠定了基础。产业集群中存在这样的一种知识主体，它们对产业知识的识别、吸收和创造能力较强，对其他知识主体具有引领作用，这类知识主体被称为技术或知识守护者（Technological or Knowledge Gate－keepers，TGs）。外部知识被产业集群中的知识守护者获取，形成产业集群内能够辨识和理解的编码知识或者共同语言，通过产业集群内的知识网络传播路径，迅速在产业集群内得以流动、扩散和共享。产业集群中的知识守护者在很大程度上影响产业集群整体的知识吸收、传播和创新能力，特别是对于运用和创造先进产业知识的高新技术产业集群而言，产业集群中的知识守护者往往会随着产业集群的发展而自发产生，继而在知识共享机制的推动下，带动和引领产业集群的发展。对于非高新技术产业集群以及中小企业集群而言，集群企业之间不存在有明显的知识比较优势者，缺乏引领产业集群发展的承担知识守护者角色的企业，此时，如果通过外部力量，进行人为的培育知识守护者，往往能够有效带动整个产业集群的发展速度，提升产业集群的发展水平。在培育产业集群知识守护者方面，最有效的手段是通过政策扶持、政策倾斜的方法，如税收减免、地租优惠、融资支持等政策，让产业集群中的知识领先者获取高于产业平均收益的利润，要让承担知识守护者角色的企业，主动愿意在产业集群中发挥知识共享的关键作用，则必须使之在产业集群知识共享活动所获得收益大于成本，获得净收益是知识主体主动愿意进行知识共享的前提。通过发挥知识资源的价值，促进知识在产业集群更大范围内的流通和使用，提升产业集群持续竞争力。除了密切关注、培育集群中知识守护者角色的企业外，还需要重视提升产业集群知识共享能力和知识创新能力，可以从产业知识性质、知识共享的参与者特征、产业知识传播机制、产业集群情境等因素着手，因为它们都是影响产业集群知识共享能力和知识创新能力的重要因素。产业集群作为典型的中间产业组织形式，是以产业知识的运用和创造而凝聚在一起的聚合体，在知识共享与创新方面，具有很强的优势，如空间毗邻性、集群内完善的产业公共基础设施、活跃的知识网络体系、产业分工协作形成的商业信任关系等，都能促进知识流动，提升知识共享的效率和效果。

（二）产业集群知识共享：基于模型的分析

假设在产业集群中有 n 家企业，每家企业都按照自身利益最大化的理性原则做出相应的经营决策，所有集群企业的决策原则是一致的，作为商业活动的知识共享决策也按照这一原则进行。在知识共享过程中，每家企业所共享的知识是独特的，是其他企业所不具备的，并且这些共享的知识是有利的，能够提升企业生产经营效率，能够提升企业市场经营效率。基于模型构建和分析的需要，将参与知识共享的企业看作一个完整不可分割的整体，在知识共享过程中，可以吸收、储存、运用和创造知识，假设 $Q_i(i=1,2,\cdots,n)$ 是第 i 家企业所拥有的独特的、可供知识共享的知识量，$q_i(i=1,2,3,\cdots,n)$ 是集群中企业 i 实际用于知识共享的知识数量，产业集群从知识共享中获得的收益是各个企业所实际发生的知识共享数量 q 的函数，表示为 $F(q)$ 。产业集群中知识共享能够带来收益，在整个产业集群中，单个企业为集群贡献的收益是收益函数的偏导，可以表示为 $\frac{\partial F(q)}{\partial q_i}$ 。产业集群能够从知识贡献中获得收益，同样也需要支付成本，但产业集群在知识共享成本中的付出，是固定的、长期的，属于沉没成本，在函数分析中可以忽略不计。集群企业在参与知识共享活动中，既能获取收益，也需要支付成本，并且获得的收益要大于支出成本。企业为知识共享所支付的成本有两种形式：一种属于有形成本，在知识共享过程中，参与者要支付因时间、精力、物质资源等要素投入带来的成本，可以综合表示为 $C(q_i)$ 。另一种是无形成本，是指企业参与知识共享后，自身拥有的独特知识减少，凭借拥有独特的产业知识所产生的市场竞争优势被削弱。在集群企业进行知识共享之前，集群企业 i 用于知识共享的知识数量为 q_i ，企业拥有的市场竞争优势为 $Y(q_i)$ 。知识分享后，该知识不再具备独特性，导致该知识所导致的市场竞争优势削弱，企业的市场竞争优势演变为 $Y(Q_i-q_i)$ ，优势削弱程度为 $Y(Q_i)-Y(Q_i-q_i)$ 。结合起来看，集群企业参与知识共享的总成本为 $Y(Q_i) - Y(Q_i - q_i) + C(q)$ ，该成本越大，集群企业参与知识共享的意愿就越弱。

产业集群中第 i 家企业参与知识共享活动的收益可以表示为 $\pi_i(i = 1, 2, 3, \cdots, n)$ ，企业参与知识共享活动的理性决策，其共享知识量的收益函数表示为：

$$\pi_i = Y(Q_i - q_i) + L(q_i) - C(q_i) \tag{5-1}$$

其中，$L(q_i)$ 为第 i 家企业将自身拥有的独特知识 q_i 后，获得的额外收益，如产业集群管理者、政府部门等组织为鼓励集群企业贡献自身知识而给予一定的奖励。企业参与商业活动，其目标是收益最大化，知识共享活动也是如此，集群企业在自身独特知识量中，究竟选择多少知识量参与共享，取决于收益最大化的考虑。求出这个共享知识量，可以对企业的知识共享收益函数式（5-1）求偏导：

$$\frac{\partial \pi_i}{\partial q_i} = \frac{\partial Y(Q_i - q_i)}{\partial q_i} + \frac{\partial L(q_i)}{\partial q_i} - \frac{\partial C(q_i)}{\partial q_i} \tag{5-2}$$

当 $\frac{\partial \pi_i}{\partial q_i} = 0$ 时，所计算出的 q_i 值，就是企业参与知识共享决策时，用于知识共享的最佳决策数量选择。同样，集群企业通过知识共享，集群企业的产业知识水平和数量得到提升，产业集群的整体知识水平和知识数量相应地得到提升，最终表现在产业集群的市场竞争力得到加强。产业集群的市场竞争力高低可以用获得的收益水平来表示。收益水平越高，表明产业集群的市场竞争能力越强。通过产业集群的知识共享，所产生的产业集群收益 L 可以表示为：

$$R = \sum_{i=1}^{n} F(q_i) - \sum_{i=1}^{n} \pi_i \tag{5-3}$$

产业集群作为介于企业与市场之间的中间组织，其决策依据也是经济利益最大化，对于产业集群，知识共享量的选择也是基于成本收益考虑，为产业集群带来最大收益的知识共享数量，就是最佳的决策数量，集群知识共享的最佳数量，可以对收益函数求导得出，求导结果如下：

$$\frac{\partial R}{\partial q_i}=\frac{\partial \sum_{i=1}^{n}F(q_i)}{\partial q_i}-\frac{\partial \sum_{i=1}^{n}\pi_i}{\partial q_i} \tag{5-4}$$

当式（5-4）等于零时的 q_i，即是产业集群知识共享量的最佳选择。产业集群知识共享量的决策选择，是建立在集群企业知识共享决策基础之上的，因此，构成产业集群知识共享量的最佳决策，取决于三个条件，即：

$$\begin{cases} Y(Q_i-q_i)+R(q_i)\geqslant C(q_i) & (5-5)\\ \dfrac{\partial \pi_i}{\partial q_i}=\dfrac{\partial Y(Q_i-q_i)}{\partial q_i}+\dfrac{\partial L(q_i)}{\partial q_i}-\dfrac{\partial C(q_i)}{\partial q_i}=0 & (5-6)\\ \dfrac{\partial R}{\partial q_i}=\dfrac{\partial \sum_{i=1}^{n}F(q_i)}{\partial q_i}-\dfrac{\partial \sum_{i=1}^{n}\pi_i}{\partial q_i}=0 & (5-7)\end{cases}$$

这三个约束条件中第一个约束条件为集群企业参与知识共享的收益必须大于支付的成本，这是参与知识共享的前提；一旦满足第二个条件，企业就面临决策抉择，即决定拿出多少知识进行知识共享活动，也就是说，第二个约束条件的决策标准为使得自身收益最大化；在满足第二个约束条件后，在产业集群层面，面临相同的决策，即产业集群应该拿出多少知识进行知识共享，其决策标准同样是收益最大化，集群收益最大化可表示为：

$$\frac{\partial F(q_i)}{\partial q_i}-\frac{\partial R(q_i)}{\partial q_i}=0$$

将此条件式代入式（5-6）中，得到：

$$\frac{\partial \pi_i}{\partial q_i}=\frac{\partial Y(Q_i-q_i)}{\partial q_i}+\frac{\partial R(q_i)}{\partial q_i}-\frac{\partial C(q_i)}{\partial q_i}=0 \tag{5-8}$$

式（5-8）是对产业集群在知识共享决策时的成本与收益比较分析，合理的集群知识共享水平，应该满足这样的条件：集群获得知识共享边际收益 $\frac{\partial F(q_i)}{\partial q_i}$ 应该足够可以弥补企业在知识共享过程中，因为知识共享而失去的市场竞争优势 $[\frac{\partial\ Y(Q_i - q_i)}{\partial\ q_i} - \frac{\partial\ C(q_i)}{\partial\ q_i}]$ 而带来的损失，也就是企业知识共享的第二类成本损失。如果 $\frac{\partial\ F(q_i)}{\partial\ q_i} < \frac{\partial\ Y(Q_i - q_i)}{\partial\ q_i} - \frac{\partial\ C(q_i)}{\partial\ q_i}$ 小，说明知识共享的价值贡献度小，知识贡献度小，既可能是知识价值小所导致，也可能是知识不易流动和知识传播效果差所引起，而企业的隐性知识是不易流动和传播效果差的典型表现。

在上述约束条件下，假设产业集群的知识共享收益函数的均衡解为：$q^* = (q_1^*, q_2^*, q_3^*, \cdots, q_n^*)$，若有企业 i 和企业 j，在知识共享中的知识贡献量分别为 q_i^*、q_j^*，分别满足约束条件下的均衡解：

$$\frac{\partial\ Y(Q_i - q_i^*)}{\partial\ q_i^*} + \frac{\partial\ L(q_i^*)}{q_i^*} - \frac{\partial\ C(q_i^*)}{q_i^*} = 0$$

$$\frac{\partial\ Y(Q_j - q_i^*)}{\partial\ q_j^*} + \frac{\partial\ L(q_j^*)}{q_j^*} - \frac{\partial\ C(q_j^*)}{q_j^*} = 0$$

将两式相减，得到：

$$(\frac{\partial\ Y(Q_i - q_i^*)}{\partial\ q_i^*} - \frac{\partial\ Y(Q_j - q_i^*)}{\partial\ q_j^*}) + (\frac{\partial\ L(q_i^*)}{q_i^*} - \frac{\partial\ L(q_j^*)}{q_j^*}) + (\frac{\partial\ C(q_j^*)}{q_j^*} - \frac{\partial\ C(q_i^*)}{q_i^*}) = 0$$

假定在产业集群知识共享带来的收益中，企业 i 比企业 j 的价值贡献大，表示为：

$$\frac{\partial\ Y(Q_i - q_i^*)}{\partial\ q_i^*} - \frac{\partial\ Y(Q_j - q_i^*)}{\partial\ q_j^*} > 0$$

由此可以推导出：

$$\frac{\partial\ C(q_j^*)}{q_j^*} - \frac{\partial\ L(q_j^*)}{q_j^*} > \frac{\partial\ C(q_i^*)}{q_i^*} - \frac{\partial\ L(q_i^*)}{q_i^*}$$

若 $Q_i = Q_j$，$q_i^* > q_j^*$，意味着企业 i 比企业 j 拥有的隐性知识多，这说明在产业集群中，如果企业的知识共享水平高，知识隐性程度强，企业往往能从知识共享中获得更大收益，激励企业积极参与知识共享活动，并在共享过程中，将获得的共享知识，根据各自的需要，进行汇总整合，由此挖掘既有产业知识的新价值，生产创造出新的产业知识，从而增加产业集群的知识质量和数量，提升产业集群的市场竞争力。

（三）产业集群知识共享成熟度评价

集群企业知识共享状况及其效果，直接影响产业集群的知识规模和质量状况，影响产业集群的知识运用和创造状况，这些又对产业集群的市场竞争能力和市场竞争优势产生至关重要的影响。因此，对产业集群的知识共享状况进行评估，把握集群企业知识共享的成熟度，据此采取有效措施，提升产业集群的知识共享效果和效率，充分发挥集群产业知识的市场价值，对于产业集群的生存和发展，具有重要的意义。

1. 产业集群知识共享成熟度的内涵

测评集群企业知识共享水平和效果，是在产业集群现象以及知识共享现象相对比较普及的状况后才形成的。对于集群企业知识共享效果和效率的评估研究，大致有如下几种研究思路：①提出产业集群知识共享成熟度概念，并提出知识共享成熟度测量的指标，在这些指标中，有三个关键性指标：业务流程、非正式学习、人力资源培训，在这三个关键指标下，又设置若干个分项指标，构建出较为完整的知识共享成熟度评价体系；②将专家主管评估纳入知识共享成熟度评价体系，从知识特性、客户能力、供应商能力以及战略等诸多因素出发，测算和评估知识共享带来的效果；③在因子分析的基础上，利用模糊层次分析方法，构建知识共享关键干系人的知识共享水平的评价指标体系，综合专家决策不确定性等方面情况，计算出知识共享活动中的关键参与人的评价指标权重，最后通过加权求和得出知识共享效果和效率状况；④知识共享状况的混合评价法。构建数据网络，采用蒙特卡洛方法，处理分析知识共享过程中的随机数据，再借助蚁群计算法来提升数据分析的精准度，构建测评知识共享水平状况的评价模型。这种评估体系的特点在于利用多种方法，不同方法之间各有特色，各有偏重，可以相互补充，提升评价体系的合理性和科学性。对知识共享状况进行评价，其目的在于测评出集群企业知识共享的能力、流程合理性、知识共享效果，将这些因素的测评结果总结归纳出更为抽象的结论，就是集群企业知识共享的成熟度，换言之，就是集群企业所具备的知识共享条件完备程度。

2. 集群企业知识共享成熟度评价指标

测量和评估集群企业知识共享的成熟度，可以从产业集群企业知识共享的影响因素入手，从众多的影响因素中，探索出关键影响因素，对影响知识共享的关键因素进行分析，提炼出可以测量评估的指标，将这些指标进行不同程度的细分，形成完整的指标体系。从既有的研究成果来看，可以发现影响产业集群企业知识共享的关键因素包括知识共享的参与者、知识共享的内容、产业集群知识共享氛围。由此可以设立四大关键指标，分别为知识共享的主体评价指标、知识共享的客体评价指标、知识共享活动的环境指标和知识共享的技术评价指标。

在产业集群企业知识共享主体指标方面，主要包括直接参与知识共享活动的知识发送方、知识接受方、知识共享活动的组织者和辅助者，它们是知识共享的主要组织者、承担者和参与者。从前面分析可以看出，集群企业知识接受方的知识需求欲望和知识接受能力、知识发送方的知识转移意向以及转移能力等因素，对知识共享的效果产生很大的影响，有学者在研究企业内部员工之间知识转移影响因素时，通过实证分析，证实了知识发送方与接受方的知识需求动机和意愿，以及双方的知识转移能力，对知识转移过程的影响（Szulanski，1996）。还有学者将知识共享动机、知识共享风险引入分析模型后，研究结果表明获得收益是知识共享的最大诱因（Cupa & Covindarajian，2000）。从这些研究的结论，可以提炼出归属于知识共享主体方面的知识共享成熟度的测评指标，包括五个，分别是：①知识共享过程中的知识发送方的知识传递能力；②知识共享过程中的知识接收方的知识接受能力；③集群企业知识共享各方的共享意愿；④知识共享为知识共享各方可能带来的预期风险，如知识外泄风险、知识贬值风险、市场竞争优势降低风险等；⑤知识共享给知识共享各方带来的预期收益。

知识共享客体指标主要是指集群企业有价值的知识，特别是有潜在需求和潜在转移意愿的产业知识。知识的性质对知识共享的效果和效率产生非常大的影响，如隐性知识可表达性差，会加大知识共享的难度。产业知识虽然是有价值的，获取知识需要支付代价，而分享知识不一定能获得相应的回报，并且随着知识共享的深入进行，本来属于稀缺性、独特性的产业知识被越来越多的企业所掌握拥有，并投入到生产经营过程中，使得这些产业知识稀缺性降低，知识相对价值降低，导致知识劣化，使得知识原来拥有者相对的市场竞争能力受损。另外，由于企业知识具有一定根植性和嵌入性特征，知识形成的氛围发生改变，会导致知识的使用产生水土不服的现象，知识转移之后，离开原有企业的人际氛围、技术环境等时空背景因素，预期的知识价值和创新价值得不到实现。据此，综合上述分析，可以将知识共享的客体评价指标分解为四个，分别是：①知识壁垒。Nonaka 曾经在组织学习和知识创新研究过程中，发现企业间或企业内部结构之间，由于同处在相同的产业氛围和产业集群之中，在产业合作和功能协作过程中，相互之间在解决相同问题时，会采取类似的解决方法、模式和手段，在工作流程设置上也自发形成相似性。在集群企业之间的知识共享过程中，如果知识共享各方的问题解决思维、流程设置、结构设置等方面，具有较高的相似度，那么知识共享就会以低成本、高效率的方式完成。如果知识共享各方的相似度比较低，存在的差距过大，双方进行知识共享活动时，知识共享的难度和障碍明显增强，具体表现为知识共享的成本增加，共享效率下降，形成知识共享的知识壁垒，最终影响知识共享的收益，降低知识共享的激励。由于知识壁垒的存在，使得知识共享的发送方和接收方在知识传递过程中，所花费的时间增加。在双方都有知识传递意愿的情况下，完成知识传递的时间越长，需要更多的时间进行吸收和消化，往往越能说明知识壁垒越大，因而可以将通过知识共享来达到预期效果所花费的时间，作为知识共享所遭遇的知识壁垒的量化方法。②知识的隐性程度。知识共享的对象是产业知识，如果知识共享的产业知识是显性知识，则可以通过书面、非人际接触就能够达到传播扩散、吸收利用的目的。显性知识的共享可以通过提升知识共享意愿、改善基础设施等手段，就可以达到良好的知识共享效果。对知识共享效果产生关键影响的，不是显性知识，而是隐性知识。无论是知识发送方，还是知识接收方，知识共享的速度、效果都会受到知识的隐性程度的影响，知识隐性程度越高，知识共享难度就越大，反之则越小。据此，可以将知识共享过程中用于共享的知识中显性知识与隐性知识的比率，作为知识隐性程度的测评指标。③知识规模与价值。从知识使用角度来看，知识是能够带来收益的一种资源，其本身是有价值的，对知识的使用，能够创造价值，获得收益。从知识获得角度来看，无论是自身创造知识还是从外部引进知识，获取知识需要支付成本和代价，这些成本包括研发投入、购买知识产权支出、知识共享所支付的成本等。企业采取知识共享的渠道来获取知识，其自身必须具有与共享知识相称的知识水平和知识规模，缺乏足够的知识水平和知识存量，就会使得知识共享难以实现。

在知识共享成熟度衡量的共享环境指标方面，企业的任何商业活动都离不开所处的特定环境，知识共享活动属于商业活动的范畴，自然也会受到环境的影响。如果环境合适，商业氛围良好，则会促进知识共享；反之则会阻碍知识共享。有学者研究发现，在知识转移过程中，容易产生“黏滞性”，使得知识转移速度慢、知识转移效果差，其很大的原因在于知识共享的各方缺乏良好的共享环境，这里的环境，包含了商业氛围、产业文化和组织间的商业关系等。根据集群企业知识共享对环境氛围的需求以及环境对知识共享的影响，可以将影响知识共享的环境测评指标划分为三个：①产业集群诚信度。产业集群企业间的相互信任水平，直接影响知识共享的效果和效率。集群企业间信任水平高，能够有效降低沟通成本，有效避免合作中的短期投机行为，规避道德风险和逆向选择，诚信水平高的企业之间，在合作过程中，偏向于采用非正式的默契方式进行，可以避免正式契约方式所带来的额外成本支出。因此对于集群企业间的诚信水平的测量，可以选取非正式契约或者非正式渠道进行的相互合作所涉及的金额，通过非正式契约合作渠道而进行合作所牵涉的金额规模越大，表示诚信水平越高，越有利于知识共享的效果和效率，反之则会阻碍知识共享。②产业链文化。影响知识共享的环境因素指标是产业链文化，开放的产业链文化鼓励知识交流，倡导具有产业横向关系的集群企业之间相互学习，取长补短，倡导具有产业纵向协作关系的企业在合作过程中，相互渗透，强化产业上下游之间的衔接和配合，鼓励协同创新，这种产业链文化氛围有助于知识共享，促进知识共享效率提升。而保守型、封闭型的产业文化，会对外部事物产生本能的抵制，尤其是新事物的抵制和抗拒更为明显。因此，在与具有保守型、封闭型文化氛围的集群企业进行知识共享时，必然会遭遇更多的障碍和壁垒，抑制知识传播、扩散、吸收和利用，阻碍知识共享活动的有效开展，增加知识共享的难度。将产业链文化作为知识共享成熟度的评价指标，主要考察集群企业间文化协同程度。③产业政策。产业政策对集群企业的经营战略、经营方针、经营决策等重大事项都会产生至关重要的影响，自然也会影响在集群中的知识共享决策。例如，政府或者产业集群管理部门出台激励知识共享的政策，包括税收减免、财政补贴等手段，改善知识共享的公共基础设施，则会明显增加集群企业知识共享的收益，有助于提升集群企业知识共享的意愿，与之相对应，知识共享的产业知识规模就会增加，有助于知识共享的有效开展。④共享知识的技术状况。共享知识的技术水平状况直接决定知识共享的可操作性。例如，大学生与幼儿园学生所拥有的知识水平，根本不在一个等级上，知识水平不均衡、不对等，让二者进行知识共享，几乎难以完成。

集群企业的已有的技术和自身的 R&D 能力，决定了企业对外来知识的吸收能力，吸收能力大小影响知识共享的效果。综合来看，影响知识共享效果的技术评价指标方面，可以划分三个二级指标：一是共享知识的技术先进程度。知识共享的前提是知识所蕴含的技术是先进的，至少对于知识接受方而言，是前沿的，是先进的，否则，知识共享就失去了意义和作用。共享知识的技术先进程度，影响知识共享的成本投入和产出效应，也会对知识共享活动的实行难度产生影响。如果共享的知识，远远超出知识接受企业的技术水平时，企业在知识共享过程中，就得投入更大的成本，遇到更多的知识共享障碍，知识共享的效果自然就会受到影响。在指标具体运用和实践中，共享知识的技术先进程度可以用技术发明实践、引入企业的实践作为衡量标准。二是技术普及程度和技术成熟度。集群企业共享知识的普及程度和在产业中运用的成熟度直接影响集群企业知识共享的效果，可以用集群企业员工所掌握的共享技术水平和实践操作水平来衡量，或者以熟练操作员工的数量所占比重来衡量共享知识的技术先进程度。

通过上述分析，可以将产业集群知识共享成熟程度的测评指标体系汇总，见表 5－1。

表 5－1　知识共享成熟度评价指标体系

一级指标	二级指标
主体评价指标（C_1）	知识共享意愿（c_{11}）
	共享知识的传递能力（c_{12}）
	共享知识的接受能力（c_{13}）
	共享知识的预期风险（c_{14}）
	共享知识的预期收益（c_{15}）
客体评价指标（C_2）	知识共享壁垒（c_{21}）
	共享知识的隐性程度（c_{22}）
	共享知识的预期价值（c_{23}）
	知识共享企业的知识状况（c_{24}）

续表

一级指标	二级指标
环境评价指标（C_3）	产业集群诚信状况（c_{31}）
	集群企业沟通成本（c_{32}）
	产业链文化氛围（c_{33}）
	产业政策（c_{34}）
技术评价指标（C_4）	知识先进程度（c_{41}）
	知识普及程度（c_{42}）
	知识熟练程度（c_{43}）

3. 集群企业知识共享成熟度评价指标体系运用的一个案例

广东省中山市 LED 产业发展快速，当地 LED 产值规模年增长率超过 35%。中山小榄、古镇、板芙、东升等镇区曾经是照明灯具生产的产业集群，后来经过技术更新和产业集群升级，逐渐由传统的照明灯具产业转向 LED 产业，形成具有较大产业影响力的产业集群。据不完全统计，2011 年至今，新增 LED 照明成品企业超过 1000 家。2017 年中山市 LED 产业总产值为 687.9 亿元，同比增长 12.44%，2018 年实现 LED 产值 827.5 亿元。在技术发明方面，根据 LED 产业专利联盟专利数据库检索结果，2018 年第二季度，中山市 LED 专利申请数量（包括灯饰照明和配件类）累计 3133 件，占同期广东 LED 专利申请总量的 32.86%，占同期全国 LED 专利申请总量的 18.45%。其中，发明专利 191 件，实用新型专利 350 件，外观设计专利 2602 件。中山市拥有 LED 授权专利累计 2245 件，占广东 LED 授权专利总数的 28.82%，占同期全国 LED 专利授权总量的 15.43%，其中发明专利仅为 67 件，实用新型专利 253 件，外观设计专利 1925 件。中山市是广东封装应用规模较大、投资较为活跃的地区，产业链覆盖 LED 封装、LED 新材料、高端应用、现代服务等领域。中山市 LED 产业发展，离不开产业集群的带动和引领，产业集群的形成和发展，离不开产业集群内部的知识共享带来的知识资源效应。选取该产业集群为案例，分析产业集群知识共享成熟度指标评价体系的运用，将分析结果与产业集群的实际状况，对照分析，验证该评价指标体系的准确性和适用性。分析采用模糊综合评价法—层次分析法（Fuzzy - AHP）对该集群的知识共享成熟度进行评估。

首先确定指标体系中各个指标的权重，以1～9标度法，制作相关问卷并发放给相关专家，邀请专家对指标体系中的各个指标进行评估打分，构造判断矩阵，分别为T - C_i（$i=1$，2，3，4）、C_i - C_{ij}（$j=1$，2，3，4）。根据有效问卷，计算并提取平均值，以T - C_i 为例，运用SPSS统计软件，计算权重向量，见表5－2。其他权重向量的计算，以此类推。

表5－2　T - C_i 判断矩阵

T	C_1	C_2	C_3	C_4
C_1	—	3	5	3
C_2	1/3	—	5	3
C_3	1/5	1/5	—	2
C_4	1/3	1/3	1/2	—

注：权重要素确定采用两两比较法，数值越大，二者权重比较的差距就越大。

上表是影响知识共享效果的四个关键因素的权重比较矩阵A，其最大特征根λ_{max}的特征向量ω，对应于判断矩阵而言，也是其权向量，根据层次单排序及一致性检验，先对矩阵进行归一化处理，得到处理化之后的权向量为：$\omega=(0.491,0.292,0.115,0.102)^T$。用$CR=CI/RI$进行一致性检验，检测矩阵是否满足一致性，当$CR<0.10$时，则判断矩阵满足一致性，反之，则不能满足一致性，如果不能满足一致性，则重新判断，对判断权重矩阵进行调整，直至满足一致性为止。

为评估一致性指标CI的大小，引入随机一致性指标RI，见表5－3。

表5－3　随机一致性指标 RI

n	1	2	3	4	5	6	7	8	9	10	…
RI	0.01	0.01	0.61	0.89	0.99	1.19	1.32	1.39	1.45	1.51	…

根据一致性指标$CI=(\lambda_{max}-n)/(n-1)$，一致性比率为$CR=CI/RI$，

根据一致性的性质 $A\omega=\omega\lambda_{max}$ 可以计算出最大特征根 $\lambda_{max}=4.298$，将 λ_{max} 代入一致性检测指标计算公式 $CI=(\lambda_{max}-n)/(n-1)$，可以得到 $CI=0.118$，$CR=0.095<0.1$，通过一致性检验，计算得出的权向量是可接受的，由此而得出的最终权重系数见表5-4。

表5-4　知识共享成熟度评价指标权重分布表

一级指标		二级指标			Σ
指标名称	指标权重	指标名称	指标权重	Σ	
主体评价指标（C_1）	0.478	知识的传递能力（+）	0.0781	1	0.0377
		知识的接受能力（+）	0.0816		0.0266
		知识认知程度（+）	0.2287		0.0670
		共享意愿 $(p)_1$（+）	0.2102		0.1064
		知识共享预期风险（-）	-0.2014		-0.0977
		知识共享预期收益（+）	0.2110		0.1605
客体评价指标（C_2）	0.291	知识共享壁垒（-）	-0.119	1	-0.0365
		共享知识的隐性程度（±）	±0.270		0.0727
		共享知识的预期价值（+）	0.515		0.1606
		企业的知识水平（+）	0.096		0.0232
环境评价指标（C_3）	0.126	产业集群诚信度（+）	0.466	1	0.0516
		集群企业沟通能力（+）	0.294		0.0342
		产业链文化氛围（+）	0.160		0.0198
		产业政策（±）	±0.080		0.0102
技术评价指标（C_4）	0.105	知识先进程度（+）	0.561	1	0.0668
		知识普及程度（+）	0.248		0.0164
		知识熟练程度（+）	0.191		0.0188

注：（+）表示与指标值与知识共享成熟度呈同向变化；（-）表示反向指标，（±）表示根据实际情况来决定指标权重的正向或者反向影响。

模糊综合评价方法是模糊数学中应用得比较广泛的一种方法，由于集群企业知识共享成熟度由多因素所决定，在对每一个因素进行评价之后，获得每一个因素的影响权重，在此基础上，综合考虑所有因素的影响能力、作用方向的考虑，做出一个综合评价，这是一个综合评价的问题。根据上述各个因素对知识共享的影响分析，构建评价因素集：

$U=(C_1, C_2, C_3, C_4)=$（知识共享主体、知识共享客体、知识共享环境、知识共享技术）

针对知识共享因素的评价结论，形成评价结论集：

$E=(V_1, V_2, V_3, V_4)=$（成熟,比较成熟,不太成熟,不成熟）$=(4,3,2,1)$

根据指标得分状况，对影响知识共享因素进行评价，假设指标评价得分为 x_i，当 x_i 分别位于 $0<x_i<1.5, 1.5<x_i<2.5, 2.5<x_i<3.5, x_i>3.5$ 时，对应的评价结论分别为不成熟、不太成熟、比较成熟、成熟四个等级。通过专家的测评打分，得到综合评价矩阵 R，进而得到中山市 LED 产业集群知识共享成熟度的综合评价向量矩阵 S，综合评价矩阵 R 和向量矩阵 S：

$$R=\begin{bmatrix}0.30 & 0.40 & 0.30 & 0.00\\ 0.00 & 0.80 & 0.20 & 0.00\\ 0.00 & 0.25 & 0.55 & 0.2\\ 0.00 & 0.00 & 0.55 & 0.45\end{bmatrix}$$

$$\mathrm{S}=\omega^T R=(0.478, 0.291, 0.126, 0.105)\times$$

$$\begin{bmatrix}0.30 & 0.40 & 0.30 & 0.00\\ 0.00 & 0.80 & 0.20 & 0.00\\ 0.00 & 0.25 & 0.55 & 0.2\\ 0.00 & 0.00 & 0.55 & 0.45\end{bmatrix}$$

$$=(0.143,\ 0.303,\ 0.570,\ 0.091)$$

进一步计算，得到总体模糊综合评价分值：

$V=0.143\times 4+0.303\times 3+0.570\times 2+0.061\times 1=2.628$

各影响因素的模糊综合评价分值为：$E=(V_1, V_2, V_3, V_4)=(2.813, 2.670, 2.276, 1.980)$。从综合评价得分来看，中山市 LED 产业集群的知识共享成熟度处于比较成熟的水平，其中知识共享主体（企业）、知识共享客体（知识内容）状况，有利于知识共享，对于企业而言，具有参与知识共享的主动意识和积极性，对于知识共享的内容而言，所共享的知识能够为各方带来满意的收益。但在知识共享环境和共享技术方面，有待于进一步改善和提升。可以着力于产业集群内部的产业信任水平提升、强化产业集群内的沟通、促进产业集群内的产业文化建设，从产业集群外部引进和吸收更为先进的产业技术，做好产业技术的普及和推广，这样能够进一步有效提升产业知识共享水平，提升产业集群的知识共享成熟度，促进产业集群更好地发展。

第六章　知识产权与产业集群创新

世界经济发展进入全球化时代，知识经济在经济增长中的作用日渐提升，知识产权已经成为各国促进经济增长、提升科技实力和强化国家竞争力的重要战略资源，发达国家的发展历程和实践经验表明，知识产权对国家和地区的经济增长具有极其重要的影响。当一个国家或者地区由低水平阶段逐渐发展到高水平阶段时，知识产权对经济增长和知识创新的推动作用就会越发显著，相应地就应该采取较高水平的知识产权公共政策。当前中国已经初步达到中等发达国家水平，社会主义市场经济体制逐渐完善，科技创新能力不断增强，初步具备了知识产权制度全面发挥作用的基础。2014 年国务院发布《深入实施国家知识产权战略行动计划（2014—2020)》，2017 年党的十八大报告提出实施创新驱动发展战略，加快区域创新体系建设。实施知识产权战略，加强知识产权保护，促进创新资源高效配置和综合集成，把全社会智慧和力量凝聚到创新发展上来。2015 年 5 月，国务院颁布了《中国制造 2025》，其中明确提出了到 2025 年，要形成一批具有较强国际竞争力的跨国公司和产业集群，要显著提升中国在全球产业分工和价值链中的地位。要培养更多的世界级产业集群，加强集群知识产权管理，关键是要提高集群的知识产权能力。产业集群作为企业和产业发展的重要载体，应该成为国家知识产权战略实施的先行者和示范者，在产业集群发展已经取得明显成效的基础上，如何进一步实施知识驱动战略，强化产业知识创新在产业集群发展中的引领作用，迎接战略使命的新挑战，尤其是科学制定和实施知识产权战略，促进产业集群转型升级，并将知识产权与特色产业发展相融合，着力打造产业集群自主创新能力，全面提升产业集群的市场竞争能力，这是产业集群发展面临的重要课题。

一、知识产权的相关理论

（一）知识产权内涵

知识产权属于外来词汇，来源于英文“Intellectual Property”，其原意为“知识（财产）所有权”或者“智慧（财产）所有权”，也称为智力成果权。在中国台湾和香港地区，称之为智慧财产权或智力财产权。1967 年 7 月 14 日召开的斯德哥尔摩会议上，拥有 51 个国家和地区成员的保护工业产权巴黎同盟的国际局与保护文学艺术作品伯尔尼同盟国际局这两个国际机构合并，成立世界知识产权组织（World Intellectual Property Organization，WIPO），总部设在日内瓦。该组织成立之初就签订了《成立世界知识产权组织公约》，该公约对知识产权的界定包括以下几个方面：关于文学、艺术和科学作品的权利；关于表演家的演出、录音和广播的权利；关于人们在一切领域的发明的权利；关于科学发现的权利；关于工业设计的权利；关于商标、服务商标、厂商名称和标记的权利；关于制止不正当竞争的权利；以及在工业、科学、文学或艺术领域里的一切来自知识活动的权利。公约的实质性条款规定了建立世界知识产权组织的各项问题，包括该组织的宗旨、职权、组织机构、总部及财务问题。此后，知识产权这一概念逐步得到世界上大多数国家和众多国际组织的承认。于 1970 年 4 月 26 日正式生效。2018 年 12 月 5 日，世界知识产权组织在日内瓦发布《世界知识产权指标》（WIPI）年度报告称，2017 年中国在专利、商标和工业品外观设计等方面的知识产权申请数量位居世界第一，中国在知识产权领域的强劲表现带动了全球知识产权申请数量创新高。2019 年 5 月 14 日，世界知识产权组织发布《2019 年马德里体系年鉴》（英文版），年鉴指出，截至 2018 年 12 月 31 日，马德里体系共有 103 个联盟成员，覆盖 119 个国家或地区。2018 年马德里体系中的商标国际注册创下新的纪录，商标注册年度综合申请量超过 6 万件，同比增长 6.4%，连续 9 年维持增长势头。2018 年，美国在马德里体系中知识产权申请量达到 8825 件，在马德里体系联盟成员中，连续 5 年位居第一，德国以 7495 件、中国以 6900 件分别列第二位、第三位。从增长率来看，日本、中国和美国分别以 22.8%、11.9% 和 7.9% 的速率，位居增速前三名，增长势头强劲，是推动马德里申请整体增长的重要力量。其中，美国申请人的申请量占整体增量的 25%，日本占 16%，中国占 14%。在申请量前 20 名的成员中，只有中国、俄罗斯和土耳其三个中等收入国家，后两者的申请量分别为 1502 件和 1437 件。2018 年提交马德里申请 20 件以上的 98 家企业中，有 5 家是来自中国的企业。这些资料表明，知识已经成为推动经济增长的最关键的生产要素，世界各国日益重视知识生产以及将知识转化为推动经济增长力量。与此相对应，各国更加重视通过知识研发来推动经济增长，企业更加重视通过知识创新和知识运用来提升市场竞争能力，与此同时，为了保证自身的市场竞争优势不被削弱，合理有效地使用自身研发的知识产权，每个国家和企业更加重视和保护自身研发的知识产权，越来越多的国家自发加入世界知识产权组织公约，我国于 1980 年 6 月 3 日加入该组织，成为世界知识产权组织公约的成员国，是较早加入该组织的国家之一。在 1986 年，我国在《民法通则》中提出知识产权的概念，此后，知识产权的称谓在我国得到正式和广泛地运用，并在实践中大力开展知识产权保护工作。

1. 知识产权的概念

知识能够成为资源，在于其能够带来收益，明确知识的归属，实际就是明确知识的收益属性归属，从法律上明确知识的归属，是知识产权的核心所在，所以对知识产权的理解和认识，应该回归到经济学视角。从经济学视角考察知识产权的性质，容易发现知识产权的根本特征是其能够创造价值，能够带来经济回报和经济收益，正是这个原因，使得知识具备资产或者财产属性。知识产权是对知识资产或者财产进行配置安排，以及对知识资产或财产所带来的收益，包括预期收益，进行配置。从知识产权构成内容来看，它是以专利权、著作权、商标权为主要内容，以某种科学技术、生产经营知识、人文社科知识或者特殊方式存在并发挥作用的经济资源，属于无形资源，而非以有形实体的方式出现或者存在。

从法学视角来看，从权利归属的界定，将知识产权界定为自然人或者法人依据法律的规定，对其在文化艺术、科学技术、生产经营等领域从事智力活动过程中所创造的知识产品所拥有的权利，这些权利通过法律的形式加以确定，包括知识产品的人身权利与财产权利，分别对应人的精神方面的权利和物质方面的权利，所以有时也称为精神权利和经济权利，前者是指权利同创造生产知识产品之人的人身不可分离，是法律对知识产品背后的人身关系加以界定，是明确界定知识产品的人身依附关系，如明确知识产品的署名权利，以及对知识产品的发表权、修改权等。后者是物质方面的权属确定，以法律的形式，界定知识产品的受益人以及收益范围，包括获得报酬、奖励的权利。是知识产品生产者凭借智力劳动取得的成果，依法获取相应的经济权利。从表现形态来看，知识产权属于无形财产权，其内容是不具备物质形态的精神财富，是人们创造性的智力劳动形成的劳动成果。知识产品本身不具备物质性或者经济性，但利用知识产品能够带来收益，包括物质上的经济收益和精神上的享受收益，所以又被称为“治理成果权”“无形财产权”，主要是由专利发明、外观设计、商标商誉等内容组成的工业产权和自然科学、人文社会科学等方面的作品组成的版权著作权两部分。知识产权也表现为专有权利和名誉权利，按照国家知识产权局的界定，专有权利主要是指民事主体对特定有用信息的法定支配权和名誉权。其中，支配权是指对有用信息的经济意义上的排他性使用权、复制传播权、凝结该信息使用效果的产品销售和许诺销售权、修改权、使用知情同意权、收益分享权以及对上述权利及支配权本身的处分权，如转让、许可、赠与、继承等名誉权则是指署名权和标识原始知识来源权等自然人和人群的人身权利，是不可转让、剥夺和放弃且永久存续的。它们与土地、房屋、设备等有形财产一样，都具有价值和使用价值双重属性，受到国家法律的同等保护。有些比较重要的专利发明、外观设计、商标商誉或文学艺术作品的价值要远高于一般的房产、设备等有形财产，其影响范围和影响力在时空上衍生，远非有形的物质财产可比的。

2. 知识产权的内容

知识产权以制定法律的方式，对创造性、原发性的智力成果和经营性标识、声誉等进行界定归属权和收益权，对知识产权概念的界定以及知识产权所包含的内容，既有抽象的概括方法，也有通过列举案例方法。在国内，对知识产权的概念和内容范畴进行界定，主要采取事例列举法和归纳法，以此对知识产权进行分类，划定知识产权保护范畴和保护对象，旨在从受保护对象以及范围的大小来进行划分，为相关法案的建立和实施提供必要的依据。世界贸易组织（WTO）在《与贸易有关的知识产权协议》（TRIPS）中对知识产权的范围主要概括为著作权及其相关权利、商标权、地理标志权、工业品外观设计权、专利权、集成电路布图设计拓扑图、对未公开信息的保护权，对许可合同中限制竞争行为的控制、对许可合同中限制竞争行为的控制……知识产权是智力劳动形成的成果所有权，在其发生地，按照当地的法律赋予符合条件的智力劳动成果的生产者、受益者或者持有者享有的独占权利，在一定时期内，法律规定以外的人，不得侵犯该独占的权利，一旦侵犯，就构成违法事实。

通过事例列举法和归纳法界定知识产权的内容，知识产权可以划分为两大类，一类是著作权，在不同语境下，等同于版权、文学产权。它是人们（包括自然人、法人或者其他组织团体）对科学技术成果和文化艺术作品，依法享有的财产权利和精神权利的总称，是以法律的方式，规定著作的印刷出版和销售权利归属，其他人或者组织未经法律程序上的许可，不得私自复制、翻译、改编或者演出，否则就是侵权，由此可以看出，文学、艺术、科学技术作品的原创作者，依法获得其作品的知识产权，受到法律保护，是人们依法享有的一种民事权利。工业产权是知识产权的另一种表现形式，是产业经济中具有经济意义的无形财产权，因此，有时也被称为产业产权，主要包括专利权和商标权。专利权是指向国家知识产权行政管理部门申请知识产品的专有权利申请，经过依法审查批准后，向申请人授予该知识产品的专有权利，该专有权利具有一定的时间限制。根据中国专利法规定，用于申请专利权限的知识产品，包括发明、实用新型专利和外观设计专利三种类型。工业产权除了专利权外，还包括商标权，商标权既包括商品标识权，是为了区别其他商品和经济主体的标志，也包括商号权，是经济主体对依法登记的商号（厂商名称）不受他人妨害的一种使用权。

3. 知识产权的特征

知识产权的名称源于英文“Intellectual Property”，该名称包含多种含义，既有财产的意思，也有财产权利的意思。作为财产的知识产权，已经与其他财产，如房屋、土地等不动产以及商品、物质产品等动产一起，成为财产的主要类型之一。从广义的物（财产）的概念考察，知识产权是一种无形物，是无形财产，在许多国家的法律以至国际公约中都有所反映。作为财产的知识产权具有以下特征：①知识产权在资本形态上具有无形资产的基本特点。知识产权是以知识形态存在的独占性经济资源，为特定主体所控制，且具有非实物资产特征。我国财政部《企业会计准则应用指南》（2006）规定：“无形资产主要包括专利权、非专利技术、商标权、著作权、土地使用权、特许权等。”在上述文件所规定的无形资产构成要素中，知识产权（即专利权、商标权、著作权、特许权等）是以知识形态存在的，但土地使用权并非是知识形态资源。此外，国际上有关规则还提出诸多无形资产要素，如智力资本、员工群体、劳动力组合、优惠融资、优惠合同、生产和销售系统、失业评价、电磁频率使用权等，这些并非都具有知识形态。②知识产权的专有性特征。知识产权一旦被法律认可或者依法取得，就具备了知识产权的独占性和垄断性的法律意义，除了权利人同意或法律另有规定之外，他人不得使用该项权利，不得享有该项权利产生的收益。这说明知识产权的专有性是法律授予并受到法律保护的。变更或者打破知识产权的独占性和垄断性的方式，只有两个合法途径：一是以法律的方式，进行“强制许可”或者“强行征用”；二是当事人自愿许可。③知识产权具有地域性特征。知识产权是法律意义上专用术语，是经由法律程序来获得或者认可的，在不同地区或国家，法律体系各自独立，管辖范围具有严格的区域限制，因此，经由法律程序认可或者获得的知识产权，自然就具有了地域性特征，这就意味着知识产权的确认和保护是与法律管辖范围相一致，只在所确认和保护的行政区域内有效。虽然某一国家或者地区所确立的知识产权，只在该国的法律管辖范围内才得以有效，但随着国家之间的交往联系越来越紧密，国与国之间的司法也会进行密切合作，相互之间会签订法律协助或者法律互助条约等形式来规范国别之间的法律事件，甚至会出现多国之间，乃至全球范围内的国际公约。随着双边、多边以及国际条约的形成和执行，一国的法律管辖范围也突破国界的限制，具备了国际性的特征，作为法律体系的组成部分，知识产权的认可和保护，也就具备了国际性特征。从这个意义上说，知识产权既具有地域性，在一定条件下又具有国际性。④知识产权具有时效性特征。知识产权是经由法律程序而获得，法律对知识产权的承认，具有有效时间限制，这意味着知识产权具有时效性特征，也就是知识产权只在规定期限内受到保护。各国法律对保护期限的长短可能一致，也可能不完全相同，只有参加国际协定或进行国际申请时，才对某项权利有统一的保护期限。

（二）知识产权对经济增长的影响

知识产权与经济增长之间的关系，存在四种代表性的观点：第一种观点认为知识产权与经济增长之间是正相关关系，当知识产权保护体系比较健全时，知识产权的规模数量就会增加，能够显著地促进经济增长。这种观点认为，知识产权保护能够为知识生产者获得相应的回报提供保障，不仅能够支付知识生产所支付的成本，还能够获得相应的利润，刺激知识生产的积极性和创造性，使得更多的新技术、新知识不断被创造出来，不断促进产业技术升级，不断推动产业发展，为经济增长提供不竭的科技动力。持有这种观点的学者，通过对美国1840—1920年知识产权市场的实证分析，发现知识产权市场与经济增长具有较强的正相关性（Lamoreaux & Sokoloff，1999），证实了这种观点。第二种观点认为知识产权与经济增长呈负相关，这种观点认为知识产权保护限制了获取新技术、新知识的便捷性，抑制了新知识新技术的流动传播速度和运用推广，不利于新知识新技术在经济产业中的运用。特别是在经济内生增长理论模型中，把技术和知识的生产看作是生产实践中的演化产物，知识和技术在生产实践中传播越广泛、运用越深入，知识与技术的创造效率就越高，知识和技术的更新频率就越快，对知识产权的保护往往会抑制无成本模仿的效率，反而会抑制创新和知识创造的效率。有学者研究显示，知识产权在无成本模仿的内生增长模型中不会促进经济增长，相反，强化知识产权保护，是增加垄断部门的权益，扩大垄断部门在经济增长中的所得份额，降低市场竞争的效率，制约经济增长，对经济增长产生负向影响（Furukawa，2007）。第三种观点则认为知识产权与经济增长之间的关系不确定。从理论分析来看，知识产权的界定和保护，对于技术创新和知识生产具有重要影响，技术创新和知识生产对经济增长的推动作用不言而喻。但是，知识产权会制约新知识和新技术的推广与使用效率。技术创新带来的经济增长效率和知识产权低保护导致技术运用效率高继而带来经济增长的高效率相比较，难以确定哪一个影响力更大。此外，还有学者研究认为，虽然理论上知识产权对于世界经济中的创新和增长具有潜在的重要性，但二者关系并不是一成不变的，存在国别之间的差异，更强的知识产权保护，在某些国家能够促进经济增长，二者呈现正相关关系；而在另一些国家，则可能会制约经济增长，呈现出负相关关系，二者关系因为国家的经济发展水平不同而呈现出不同的影响关系（Falvey，Foster & Greenaway，2005）。第四种观点认为知识产权与经济增长之间存在非线性的相关关系，随着经济水平不断提高，知识产权对经济增长的影响力也会不断提升，经济发展水平提高，较高的知识产权保护会促进经济增长，在经济发展水平比较低的地区，较高的知识产权保护对经济增长的促进作用比较小，甚至是负面的。概言之，知识产权对经济增长的影响，随着国家或者地区的技术水平的提高而增强（Chen & Puttitanum，2005）。

知识产权对经济增长的影响，主要是通过知识产权积累和知识产权市场两种路径实现的。知识生产和技术创新所带来的知识产权，其形成路径本身是知识产权不断创新、不断累积的过程，这一过程在生产经营过程中的作用，一方面，表现为提升产品的性能，增加产品的技术含量，丰富产品的种类，进而激发市场的需求欲望，扩大市场规模，促进经济增长；另一方面，知识产权的形成界定了权益范畴，使得知识产权具备可交易性，形成知识产权市场，知识产权市场的发展，能够激励创新，促进经济增长。由此可见，知识产权促进经济增长，存在两种路径：一种路径是知识产权→技术含量→提升产品性能→增加产品种类→刺激消费→扩大市场规模→促进经济增长。另一种路径是知识产权市场交易→知识产权的广泛运用→扩大投资→促进经济增长。虽然同属于知识产权的范畴，但知识产权的类型不一，不同的知识产权对经济增长的影响路径和影响机制存在一定的差别。例如，占到知识产权50%以上的专利权，对经济增长的作用是直接的、全方位的，对经济增长的三个构成要素（消费、投资、出口）均能产生影响。就影响投资而言，一项发明，特别是重大发明，可以催生一个新兴产业，从而极大地刺激投资；就影响消费来讲，发明创造可以推动产品性能提升、提升产品技术含量、增加产品种量类、提高产品生产效率，从而使得产品价格下降等，刺激消费需求，增加消费和出口，拉动经济增长。

（三）知识产权对产业集群创新的影响

产业在地理空间上聚集，从企业聚集中获得规模经济效应和范围经济效应，这是产业集群的形成基础，产业集群的发展动力则是创新，通过创新，不断增强产业集群的产业竞争优势，提升市场竞争力。可以说，产业集群形成于产业分工，发展壮大则取决于创新。作为特殊创新系统的产业集群中，具有产业关联的企业聚集在特定区域内，具备了知识互联互通的便捷性，具备了创新需要的基础和环境。在产业集群中，企业可以从产业集群的氛围中获得创新的灵感，感知到创新的方向，获取创新的动力。而当企业从创新中获得市场竞争优势，会反过来提升产业集群的凝聚能力和创新能力。在集群企业创新中，知识产权是不可忽视的重要影响因素，甚至是集群创新的关键性构成要素，从知识角度来看，集群知识网络将集群企业聚合在一起，实现知识的传递、接受、运用和创新，在此过程中，不同企业的知识和不同类型的知识，相互碰撞，相互糅合，产生新知识，实现知识和技术的创新。

随着网络信息时代的发展，市场变化的速度越来越快，市场需求复杂多变，产品集成度、复杂度不断提升，迫使产业集群中的不同专业、不同流程、不同领域的集群企业在创新问题上密切合作，协同创新。协同创新过程是不同经济主体的知识资源投入、运用的过程，如何科学合理地界定知识资源的价值，以及如何评价和分配创新得来的新知识资源，会直接影响协同创新的效率。对投入的知识资源的界定和评价以及对创新成果的界定与分配，本质就是知识产权的界定。产业集群的多企业协同创新模式，所涉及的知识产权包括企业拥有的私有知识产权和产业集群拥有的共有知识产权，产业集群共有知识产权是集群企业彼此投入知识资源、物质资源和人力资源，在协同合作过程中形成的无形资产，以协议形式所共同拥有的知识产权。从企业知识理论来看，集群知识网络是形成知识流动的创新组织，集群企业之间的知识异质性和协同关联性是创新的关键。在集群创新过程中，集群企业不断相互获取、相互吸收对方的知识，在运用和整合过程中，实现技术创新，形成新知识。集群创新成果属于共有知识产权，既可以是形式化、明文化、法律化的知识产权，也可以是难以标准化或者不便公开的隐性知识产权，由于专业性、法律成本、商业秘密等原因，一部分共有知识产权以非正式的隐性模式存在，形成惯例或者合作各方共同认可的隐性契约。对于单个集群企业来讲，其拥有的共有知识产权是不完整的，对于共有的知识产权的权利享有，通过法律界定或者共同约定进行分配。

产业集群的产业分工协作的特征，注定要求处于产业链不同环节的集群企业必须在知识生产和技术创新上相互合作，相互投入具有互补性的私有知识产权，这些具有异质性的知识产权，经过相互整合运用，形成新的知识和新的技术，构成共有知识产权的内容。对知识产权进行界定，明确知识产权的使用权限和收益权限，并将之契约化、规则化，联结各个协同创新集群企业纽带，分享知识产权，提升生产经营效率，获得市场竞争优势，是集群企业参与协同创新的收益所在，是集群企业参与创新的内在动力。但是，集群中的协同创新存在一定的知识产权风险，这些风险会制约协同创新活动的有效进行。这些风险首先表现在知识产权在协同创新中被侵犯的风险。虽然在法律层面上以规定知识产权的专有性和排他性的方式即契约的方式明确知识产权的使用权限和收益权限，保护知识生产者和创新者的知识收益权利，但由于知识产权的核心是知识资产，而知识资产具有公共物品的特性，使得集群企业在协同创新过程中，容易超越协议的范畴和知识产权的边界进行扩散，产生很强的外部性，激发产业集群中的机会主义滋生蔓延。部分集群企业信用缺失，不履行合作创新约定规定的义务，甚至窃取合作方的合作范畴以外的知识产权，使其他企业在协同合作伙伴选择上，陷入逆向选择的困境，使得自身独有的知识资源遭到侵犯。其次，知识产权价值的信息不对称，容易导致知识产权的权益损失。在产业集群的创新合作过程中，有效的创新活动是建立在合作各方都能贡献出各自独特的、异质性的知识产权基础上的，但各方贡献的知识产权在贡献之前，其价值性、可靠性、先进性和有效性等信息是不对称的，导致其在合作过程中对各自的知识产权的价值评估、权益分配等方面存在不合理的地方，出于追求自身利益最大化的诉求，一些集群企业容易做出逆向选择的决策，使得参与协同创新的集群企业面临知识产权受损的风险，这些风险的存在，严重制约产业集群的创新积极性，导致创新效果不佳，创新效率低下。最后，创新是知识生产的过程，是不断试错的过程，存在大量的不确定性，这种不确定性不仅是知识生产过程的不确定，而且知识生产结果也存在不确定性。在集群企业协同创新过程中，以知识产权作为资源投入而参与创新的合作企业，无论创新是成功还是失败，知识产权一经投入，就会发生效用沉淀，形成沉没成本，形成锁定效应。知识生产的不确定性、沉没成本的锁定效应对集群企业以知识产权投入创新的积极性产生消极影响。

二、知识产权对产业集群创新绩效驱动作用的实证分析

（一）知识产权是产业集群发展的内在动力

在现代市场竞争中，不存在一劳永逸的保持市场竞争优势的模式，要想取得市场竞争优势，必须依靠以知识生产、技术创新为核心，以竞争为导向而构建的持续运营模式。取得市场竞争优势是如此，保持和强化市场竞争优势更是如此。对于企业是如此，对于企业集合体的产业集群也是如此。产业集群维持和强化市场竞争优势，不断提升产业集群的技术水平，有时也被称为产业集群升级，产业集群升级的过程，既是不断提升产业集群技术水平的过程，也包括产业集群由产业价值链的末端环节向高端环节提升的过程。这一过程往往包括四个阶段：①工艺升级，通过对产业要素重组或者采用新技术，提高产业集群生产效率，在保持产品性能不变的情况下，降低成本，提升产品竞争力。②产品升级，产品升级换代是指用质

量更好、效率更高、功能更齐全的新型产品取代原有产品。这既是产品发展的客观规律，又是产业集群在竞争中的重要对策。③功能升级，是产业集群从产业链的低端发展到产业链的中高端，从低利润率环节，如生产制造环节，提升到高利润率环节，如设计、营销等环节。④跨领域升级，是指产业集群从原有产业链向其他产业链发展的过程，即进入新的产业领域。跨产业链的发展，往往是借助产业技术的突破，使得既有的产业技术与其他领域的产业技术相互融合，形成跨领域的技术突破。

产业集群的发展，实际就是产业集群逐步演化、升级的过程，产业集群升级本质上就是产业集群借助知识生产和技术创新，获取独特优势的过程。资源基础观认为，将资源要素转化为竞争优势，资源必须满足有价值、稀缺性、不易模仿、难以替代、资源获得成本低于资源本身的价格五个条件。而知识产权作为价值的知识资源，完全符合这五个特征要求，经由法律程序认可的知识产权，具有独占性和排他性，未经同意和许可，不得使用，具有难以替代和难以模仿的特性。知识产权通过商业化和产业化的运营，实现商业价值，使得企业和产业获得巨大收益。知识产权是知识生产和技术创新的结果，产业集群的发展需要借助知识产权，形成独特的竞争优势和竞争能力。归根结底，产业集群的发展依赖创新，而创新形成的新技术、新知识，能否演变为独特的市场竞争优势，取决于知识产权。

从产业集群发展过程来看，可以容易发现产业集群的发展是与知识产权的形成、保护、运用和管理紧密联系在一起的。产业集群发展过程，实际就是产业集群升级过程，产业集群升级过程包括工艺升级、产品升级、功能升级、跨领域升级四个阶段，也可以说是产业集群升级的四个层次。工艺升级包含工艺创新和产品创新。在这一阶段产品创新容易被识别和模仿，经由市场上购买创新的产品，通过生产流程的反向追溯，能够轻易加以模仿，因此，对于产品创新者来讲，通过申请知识产权来保护创新成果，是非常必要的。与产品创新比较而言，工艺创新具有隐秘性，工艺创新涉及众多的“为什么”“怎么做”的知识，既难以察觉，又难以模仿，因此工艺模仿远比产品模仿困难得多，这也是在产业集群中，集群企业对工艺创新往往采取非法律化的保护机制，如采取技术诀窍、商业秘密等手段来保护自身获得的创新成果。在产品升级阶段，产品性能、使用价值等多方面发生改变，产业集群注重产品的多样性、差异性和功能综合性发展，在集群中出现大量的实用新型和外观设计专利，并以此为基础，衍生出各具特色的品牌。当产业集群内的产业品牌众多，且各具特色时，往往意味着产业集群的市场竞争能力在加强，具有很强的市场竞争优势。在功能升级阶段，基于各自知识产权而打造的产业品牌，逐渐获得市场认可，形成品牌效应，集群企业的市场竞争力，不仅体现在产品功能上，更体现在产品品牌上。台湾宏碁集团创始人施振荣提出的微笑曲线（Smiling Cure，也称为附加值曲线，1996）理论认为，在产业链中，处于中间环节的制造附加值最低，附加值更多体现在两端，即设计和销售，价值最丰厚的区域集中在价值链的研发和市场两端。集群企业可以通过知识产权的转让、许可等方式，如商标授权和专利许可、转让等模式，使生产经营流程由以生产制造环节为主，向以设计、销售等环节为主转变，实现由低利润水平的产业流程环节向高利润水平的产业流程环节转变，产业设计、营销等产业流程能力大幅提升。在跨产业领域升级阶段，产业集群进入新的产业领域，实现跨产业升级。跨产业升级时将一种产业的知识用于另一种产业，以产品功能增加、产品技术含量提升、产品附加值大幅提升为升级的衡量标准。跨产业升级是产业技术融合的结果，它使得资源在更大范围内得以合理配置，大大降低了产品成本和服务成本，处于这一阶段的产业集群，会出现大量的新专利、新工艺、新品牌和新产品。

（二）知识产权对产业集群创新的驱动影响因素分析

关于知识产权对创新的影响，国外不同学者的研究结果也不尽相同。有的是从宏观角度来考察知识产权与创新的关系，观点如前所述，包含三种：知识产权制约创新论（Chin & Grossman，1990）、知识产权促进创新论（Helpman，1993；Yang & Maskus，2001）、知识产权与创新关系取决于经济发展水平（Lai，2003）。在微观层面探讨知识产权与创新关系的，有两种观点：一种观点是将知识产权看成企业保持市场优势地位的根本所在（Reitzig，2004；Andsein，2007）；另一种观点是将知识产权看成企业价值创造和获利的源泉，将市场竞争力和市场竞争优势归因于创新成果，而不是来源于对市场和原材料的控制（Rivette & Kevin，2000）。在国内，学者们对于知识产权与产业集群创新关系的研究，更多地集中在微观领域，主要包括知识产权形成企业竞争力的机制研究、从投入产出角度研究知识产权的效应、知识产权同其他能力整合形成市场竞争力体系的研究等。

1. 调查案例：佛山陶瓷产业集群概况

为考察知识产权与产业集群的关系，在既有的理论研究基础上，选取佛山陶瓷产业集群作为调查对象，探索知识产权对产业集群创新的作用。据记载，佛山制陶有五千年的历史，自1984年从意大利引进了第一条国外建筑陶瓷生产线后，佛山陶瓷产业开始进入规模化、产业化的阶段，发展速度不断加快，技术水平不断提高。据统计，目前佛山陶瓷品牌超过1000个，墙地砖年生产能力约占全国建筑陶瓷的60%，约占世界建筑陶瓷的30%。目前佛山陶瓷已形成庞大的专业市场体系，专业市场总面积超过100万平方米，其中华夏陶瓷博览城60万平方米，中国陶瓷城6万平方米，还有国际陶瓷博览中心、城南市场、置业市场、华艺装饰市场、沙岗市场等陶瓷批发市场和江湾路陶瓷一条街、南庄大道陶瓷一条街等，年销售额逾100亿元。佛山陶瓷产业集群经过多年的发展，形成陶瓷品牌优势，产生和发展了一批如东鹏、蒙娜丽莎、鹰牌、新中源、新明珠、钻石、金舵、箭牌等竞争力强的品牌企业。佛山陶瓷行业由于相对集中，配套服务的企业也很多，原材料及设备配套企业多达300多家，营销机构过千家。同时，相关配套产业如陶机、原料、配件也相应发展壮大。佛山市以力泰、科达等为主的陶瓷机械设备制造业生产的陶瓷压机占全国的80%，抛光砖压机占85%。

建筑陶瓷产业的生产工艺相对简单，产品款式更新快，仿制利润回报高，加之侵权成本低、企业诉讼成本高等因素，使得佛山陶瓷行业的侵权行为时有发生。近年来，在国家对知识产权的持续重视下，关于知识产权保护的法律法规、政策条例不断出台和完善。例如，国家质量监督检验检疫总局和国家标准化管理委员会联合批准颁布，并于2013年3月1日实施的《企业知识产权管理规范》等。在此背景下，佛山陶瓷产业集群企业出于自身发展需要，逐步开展了知识产权管理体系认证（即执行国家标准GB/T 29490—2013《企业知识产权管理规范》），如广东东鹏公司、蒙娜丽莎集团公司、佛山石湾鹰牌集团公司等，分别于2015年、2017年、2018年完成了知识产权贯标认证。与此同时，佛山陶瓷产业集群企业的知识产权规模也在快速扩大，以产业集群中比较有代表性企业的发明和实用新型专利为例，从国家知识产权局和Soopat网站检索，汇集数据，整理为下（见表6－1）。

表6－1　佛山陶瓷产业集群典型企业近年来的知识产权状况表

公司名称	2011年	2012年	2013年	2014年	2015年	2016年	2017年	2018年
金意陶瓷	14	3	3	2	2	18	16	40
新明珠陶瓷	25	33	34	36	5	37	9	6
蒙娜丽莎公司	0	8	16	4	59	33	27	5
东鹏公司	9	25	46	67	55	53	59	33

注：根据国家知识产权局统计资料以及调研资料汇总得出。

综合调查发现，佛山陶瓷产业集群的知识产权管理体系较为成熟，知识产权管理人员、机构、组织体系较为完善，在产业集群中，已经普遍形成了知识产权意识，并注重通过知识产权来促进企业发展，选取佛山陶瓷产业集群作为调查对象，考察知识产权对产业集群创新的影响，是合适的，也是合理的。

2. 问卷调查与因子设定过程

采用 Likert 五点量表法，编制产业集群知识产权对创新的影响因素量表，量表中数据形态的答案为 1～5 的数据，1～5 分别表示不同意、不太同意、基本同意、大部分同意、完全同意。在佛山陶瓷行业，共向陶瓷产业集群企业发放问卷 400 份，回收 321 份，回收率为 80.25%；回收的问卷中有效问卷为 297 份，有效率为 92.52%。首先对统计数据进行 KMO（Kaiser－Meyer－Olkin，KMO 统计量取值在 0～1）检验，测度量表的结构效度，考察知识产权与创新之间的关系，只有二者具有很强的关联性，才具备其他相关分析的基础。同时采用巴特利特（Bartlett's）球体检验，用来检验相关矩阵中各变量的相关性和独立性。运用统计软件 SPSS21 检测，得出 KMO 值为 0.801，表明变量之间，具有很强的相关性；Bartlett's 球体检验值小于 0.01，结果表明各个变量之间相互独立，拒绝相关系数为单位矩阵的零假设，符合因子分析的条件。按照特征根大于 1 的要求，采用极大相等法正交旋转抽取因素，统计分析结果表明，问卷总变异的 81.216% 可以通过四个因子来解释，换言之，就是四个因子的解释能力达到八成以上。同时，各因子项目构成比较清晰，据此可以判定因素的构成符合统计分析要求，见表 6－2。

表 6－2　探索性因子分析和信度检验结果

要素与指标	因子载荷
一、企业创新绩效（$\alpha=0.890$，$N=297$）	0.788
1. 专利申请不断增加	0.756
2. 企业技术进步快速	0.821
3. 企业的新产品推出速度很快	0.786
4. 企业产品质量改善速度快	0.812
5. 企业技术范围明显扩大	0.741
二、知识产权战略（$\alpha=0.813$，$N=297$）	
1. 企业有明确的专利和发明目标与战略	0.763
2. 企业有明确的专利和发明奖励政策	0.699

续表

要素与指标	因子载荷
3. 企业有明确的专利和发明流程	0.732
三、知识产权管理（α =0.791，N =297）	
1. 企业有专门的知识产权管理机构和人员	0.800
2. 企业对专利和发明进行有效档案管理	0.781
3. 企业有明确的专利和发明目标与战略	0.692
四、知识产权 R&D（α =0.778，N =297）	
1. 企业对学习方面进行足够的投资，包括人力、物力和资金	0.793
2. 企业经常对员工进行内外部培训，以提高员工的专业技能	0.771
3. 企业经常购买知识产权	0.821
4. 企业队员鼓励员工的试错态度并能够提供充分的资源	0.833
5. 企业奖励获得新技术、新经验的员工	0.807
五、知识产权运用（α =0.762，N =297）	
1. 企业经常对员工进行内外部培训，以提高员工的专业技能	0.729
2. 工作中能采用新方法和新技术手段降低成本，提高效率和增加产出	0.817
3. 工作中开发改进的新产品、新技术或新方法等能带来较高的创新绩效并促进服务质量的提高	0.801
4. 开发改进的新产品、新技术、新方法或新服务等被广泛运用	0.811
5. 工作中能提出独创可行的解决问题的方案	0.765
六、知识产权保护（α =0.703，N =297）	
1. 与外单位合作研发时，在合同中明确知识产权的归属和保护	0.853
2. 对技术创新成果进行知识产权分析和评价，以确定保护措施	0.786
七、知识产权风险（α =0.685，N =297）	
1. 经常会提起反知识产权侵权的申诉	0.698
2. 经常发生被冒牌、模仿和盗用的现象	0.711

对上述的调查问卷资料进行汇总整理，用以探索因子分析，事先编制的调查条目中“项目预期的专利申请计划状况”“知识产权开发目标和战略”，这两项在第一个因子和第二个因子上负荷都比较高，分别达到0.763和0.692，可以将这二者合并，归纳到同一个因子，本研究将之合并在第一个因子，二者合并为“知识产权开发与申请”。调查条目“知识产权管

理机构设置”，在第一和第二个因子也都具有较高的负荷，并且与调查条目“知识产权工作人员状况”具有相似的意义表达，可以删除，加以精简化处理。通过调整，重新对统计数据进行和KMO和Bartlett's球体检验，KMO检验值为0.832，SPSS检验结果显示Bartlett's球体检验检验值Sig. <0.01（即p值<0.01）。分别将提取的四个因子命名为：知识产权战略、知识产权开发、知识产权运用和知识产权管理，这四个因子分别由不同调查条目释意组成。本研究问卷设计是从积极效应来探索知识产权与创新的关系，探寻知识产权对集群企业创新的推动因素和推动作用，没有将知识产权对创新的消极影响因素纳入问卷调查。但不可否认的是，知识产权的开发、运用和管理都存在一定的不确定性，如开发失败的风险、开发中知识产权外泄风险以及运用中被侵权的风险，这些风险的存在，可能导致集群企业的损失，会给集群企业创新带来一定的负面影响。但是，知识产权的风险可以通过知识产权保护措施来防范。在研究中，虽然没有在调查量表中设计这些负面影响的调查选项，但可以通过知识产权保护这个因子来考察知识产权对集群企业创新影响的负面作用。

3. 知识产权对创新驱动影响的研究设计

知识产权的创新驱动，包括两个层面：一个是宏观层面，提高国家和地区的创新能力，最终表现在促进经济增长方面；另一个层面是微观层面，知识产权促进企业创新，提升企业的生产经营效率，强化市场竞争优势，提升市场竞争能力。对于产业集群而言，集群企业的市场竞争能力提升，市场竞争优势扩大，实际就是产业集群的市场竞争力的提升和市场竞争优势的扩大。本研究着重于微观层面，考察集群企业知识产权对创新驱动的影响。从上面的调研和因子探索，得出推动集群企业创新的知识产权因素分布状况，提取知识产权战略、知识产权开发、知识产权运用和知识产权管理四个影响因子。根据研究设计，提出以下假设：

H1：知识产权战略能够促进集群企业创新效率；

H2：知识产权开发力度与集群企业创新效率呈正向关系；

H3：知识产权运用能力和范围与集群企业创新效率呈正向关系；

H4：规范化的知识产权保护体系有利于提升集群企业创新效率；

H5：知识产权损失风险与集群企业创新呈负向关系。

研究中的因变量（被解释变量）是集群企业创新效率（*R*）。集群企业的知识产权主要体现为专利权、商标权、版权以技术诀窍、商业秘密等内容。既往的相关研究中，在考察知识产权所导致的创新绩效时，较多采用企业新增利润中的知识产权贡献率、知识产权成果市场转化率、专利产业化产值、知识产权产品化率等指标来测评。当下更多的学者倾向使用获得相关法律法规认可的专利、发明数量，作为企业创新绩效的衡量指标。这些测量指标的设定，都有其相应的合理性和科学性，但并未反映出创新的本质要义：提升企业经营绩效、市场竞争能力和市场竞争优势。本研究在上述研究的基础上，采用专利产品的年销售增长率作为企业创新绩效的衡量指标，理由有以下几个：一是对于佛山陶瓷产业集群而言，陶瓷生产制造和工艺流程相对简单，其创新所带来的企业经营业绩比较容易衡量。二是专利申请在高新技术产业或者注重创新企业中，是比较普遍的现象，但对于佛山陶瓷产业集群而言，集群企业总体规模不大，多数企业的专利申请量不大，在生产中运用专利生产的产品，区分度比较高。用专利产品的年销售增长率，既能反映专利申请量增加的结果，也能体现以往年度知识产权对销售的影响。三是专利运用生产经营过程中，所带来的损益计算具有较长的滞后期，并且很难区分专利因素对损益影响的程度，而利用专利产品年销售增长率，可以有效避免这些不足。

研究中的自变量（解释变量）之一为知识产权战略（*Trategy*，简写成 *Str*）。随着国家的经济发展和科技水平的提升，截至 2018 年底，国内（不含港澳台）发明专利拥有量达到 160.2 万件，同比增长 18.1%，每万人口发明专利拥有量达到 11.5 件。根据世界知识产权组织发布的《2018 年全球创新指数报告》，中国排名升至全球第17 位，成为唯一进入前20 强的中等收入经济体。在国家层面上，越来越重视知识产权战略规划，2008年制定了第一部《国家知识产权战略纲要》，2017 年国家知识产权局对纲要实施 10 年的效果做了全面评估，评估结果显示，执行效果比较良好，达到预期目标，该文件确立的在 2020 年前要达到的各项任务和目标，基本能够按期完成，实现既定目标，有些任务和指标，已经提前完成和实现。随着国家对知识产权的规划和战略部署，产业集群和企业层面的知识产权战略随之受到重视和推广。随着知识产权战略的实施，市场竞争水平高、自主创新能力强的佛山陶瓷产业集群企业，大多数制定了知识产权战略，并形成实施和反馈监督等一系列机制。例如，广东东鹏控股股份有限公司 2015 年 12 月通过知识产权管理体系认证，陆续在企业内部编制了系列知识产权管理制度，包括《专利管理制度》《知识产权保护管理办法》《知识产权管理手册》等。再如，蒙娜丽莎集团股份有限公司，制定了《知识产权管理制度》《专利申请及评审管理制度》等系列知识产权制度。反之，自主研发能力弱，没有形成独立自主的企业知识产权战略和管理体系的企业，尚停留在国家和地方政府、政府管理部门为主导的法律法规、政策条例层面。在研究中，企业自身有明确的知识产权战略，取值为 1；反之，没有明确的知识产权战略，取值为 0，以此来考察知识产权战略对创新绩效的影响。

研究中的自变量（解释变量）之二为知识产权管理（*Management*，简写成 *Mana*）。在佛山陶瓷产业集群中，相当一部分企业在近些年设立了专门知识产权组织机构，如蒙娜丽莎集团股份有限公司的知识产权管理体系比较健全，从事知识产权管理的管理机构比较专业，该公司专门配备了知识产权管理人员，包括专职和兼职人员，这些人员分别来自研发中心、技术部、项目部、行政部、企业财务和法律顾问等部门机构，形成业务娴熟、联系紧密、协作统一的知识产权管理体系。广东东鹏控股股份有限公司在知识资产权管理方面，也走在了前列，该公司早在 2001 年就着手推行知识产权管理工作，最初在涉及专利事务比较多的下属华盛基地技术科专门设置专利管理部，在公司总部的法务部门设立商标管理部，专门负责公司的商标商誉事项。后来随着公司的发展，专利管理和商标管理的情况越来越呈现出新特征、新趋势，公司出于强化知识产权管理的需要，提升知识产权管理工作的重要性，重新调整了知识产权管理体系，在2008年，该公司将专利管理部门划归公司总部管辖，并由集团总经理直接管理。本研究对知识产权管理这一解释变量的衡量，主要从知识产权管理部门设置、从事知识产权管理人员占比等方面来进行。

研究中的自变量（解释变量）之三为知识产权开发（*R&D*）。知识产权研发投入越多，知识产权投入就会越多，知识产权研发投入与知识产权产出呈正向关系。知识产权研发投入既包括企业投入的研发费用，也包括产业集群、政府部门等机构给予的研发投入补助，还包括为鼓励知识创新而对创新机构、人员的奖励。本研究用知识产权申请数量、知识产权研发投入占营业收入的比重等指标衡量知识产权的研发水平。

研究中的变量还包括知识产权运用（*Use*，简写成 *U*）、知识产权保护（*Protect*，简写成 *Pro*）和知识产权风险（*risk*）等。知识产权运用通过知识产权运用于生产经营流程中而新增加的利润指标来衡量；知识产权保护解释变量一般用“年平均侵权纠纷案发生数”“产品出售前侵权调查的实施”等指标来衡量，但在本研究中，这类指标的多与少，对企业创新绩效的影响比较弱，不宜作为影响企业创新绩效的单独解释变量来处理，适宜将此变量纳入知识产权环境因素，在回归分析中当成调节变量，用来验证该指标的影响作用以及影响力度。知识产权风险解释变量，是指知识产权投入和流失风险，在产业集群中，集群企业的研发能力强，集群企业的知识产权保护体系健全，知识产权投入的风险就小，反之，知识产权的流失风险就会增加。

在研究中，除了被解释变量和解释变量外，还设计了两个控制变量，即企业规模（*Scale*）、技术以及研发人员比率（*Tech*）。正常来讲，集群企业规模越大，越注重创新和知识产权开发，越能够开发出更多的知识产权，也就更加重视知识产权保护，从佛山陶瓷产业集群的表现来看，基本能验证这个逻辑推断。技术人员占员工总数的比重越大，说明企业对研发工作的重视程度越高，在研发过程中投入的人力资源规模也就越大，相应地，可以推测出，企业的研发成果就越多，获得的知识产权就越多，最终影响企业研发绩效。

通过以上调研分析和变量设计，构建下列回归模型：

$$R = a_0 + a_1 scale + a_2 tech + a_3 Str + a_4 Mana + a_5 R\&D + a_6 U + a_7 Pro + a_8 risk + e$$

其中，a_0 为截距项，e 为残差项，a_1 到 a_8 为回归系数。

4. 实证分析与检验

（1）变量界定和模型设计。

根据上述对佛山陶瓷产业集群的调查，获取对产业集群创新绩效产生影响的知识产权各因子。为验证这些因子提取的可靠性，以及验证假设检验，通过查询《广东工业统计年鉴》（2018）以及《佛山统计年鉴》（2018）等统计资料，在佛山产业集群中选取200家企业作为样本，样本企业，必须满足一定的条件，即为规模以上企业（陶瓷产品的年销售额达到2000万元以上）、企业设有专门的研发机构。对这些样本企业进行整理汇总，在初步分析基础上，得到描述性的统计结果，具体见表6－3。

表6－3　自变量与控制变量的描述性统计结果

变量	样本数	最小值	最大值	均值	标准差
R	200	1.2	6.1	2.568	1.57
Scale	200	19.68	27.462	22.336	0.989
Tech	200	0.0281	0.498	0.216	0.168
Strategy	200	0	2	0.787	0.201
Management	200	21.972	56.891	34.172	0.918
R&D	200	3.687	8.012	5.018	0.713
Use	200	1.072	5.378	4.683	0.501
Protect	200	0	3	1.381	0.292
Risk	200	0.332	2.567	1.980	0.1

(2) 相关分析及多重共线性检验。

从描述性统计结果中，容易观察到知识产权保护比较好的企业，所遭遇的知识产权风险也较小，企业从事研发人员多的企业，营业收入高，相应地，创新绩效水平也会比较高。而且，样本整体的波动性小。在观察描述性统计结果基础上，进行相关分析和多重共线性检验。首先进行 Person 相关分析，相关分析结果见表 6 -4。

表 6 -4　Person 相关分析结果

变量	*R*	*Scale*	*Tech*	*S*	*M*	*R&D*	*U*	*p*	*risk*
R	1								
Scale	0. 193	1							
Tech	0. 208	-0. 199	1						
Strategy	0. 271	0. 131	0. 202	1					
Management	0. 402 * *	0. 062	0. 149	-0. 561 *	1				
R&D	0. 598 * *	-0. 141 * *	0. 265	0. 278	0. 226	1			
Use	0. 571 * *	0. 271	0. 025	0. 089	0. 189	0. 1221	1		
Protect	0. 361 * *	0. 112	0. 197	0. 297	0. 121 *	0. 407	0. 202	1	
Risk	-0. 112	0. 210	0. 198	-0. 329	0. 190	-0. 289	-0. 134	0. 098	1

对相关结果进行分析，可以发现：①知识产权研发、知识产权运用、知识产权保护与企业创新绩效具有很强的正相关关系，统计分析上分别表现为在 0. 01 和 0. 05 的水平下显著，证实研究假设 H2：知识产权开发力度与集群企业创新效率呈正向关系，证实了研究假设 H3：知识产权运用能力和范围与集群企业创新效率呈正向关系。②知识产权保护和知识产权管理两个因子，均在 0. 01 的统计显著水平下，与集群企业在创新绩效存在显著相关关系，这意味着企业内部的知识产权管理体系对发挥知识产权作用具有显著影响，如果知识产权保护体系不健全，保护措施不得力，一方面会导致知识产权所蕴含的核心知识、独特知识被外泄，会削弱企业的市场竞争力和市场竞争优势。企业对知识产权的合理使用，能够提升企业的经营水平和经营效率，也能够惠及整个行业，有助于行业发展水平的提升，使

得产业技术、产业经营水平得以提升。在行业经营水平与企业经营水平同步提升的情况下，企业在市场上的竞争地位和竞争优势并没有得到实质性的改变，研究分析表明，企业知识产权保护和管理可以避免知识产权外泄，使得经由知识产权而提升的生产经营效率能够体现在市场竞争优势上。③从统计数据的分析结果来看，在解释变量之间存在显著的相关关系，并且相关系数比较高，如解释变量知识产权研发投入与企业规模、知识产权管理和知识产权战略之间的统计检验为显著相关，并且有的相关系数比较高，需要进一步验证检验这些变量之间是否存在多重共线性关系。

严重的多重共线性会增大回归系数的方差，使它们变得不稳定，由此会导致研究偏差，主要表现在三个方面：一是通过计算测得的被解释变量和解释变量之间存在的显著关系，可能是虚假的，不真实的，因为进一步检测会发现相关系数的统计检验可能会显示不显著；二是高度相关的预测变量的系数在样本间的差异会很大；三是从模型中去除任何高度相关的变量项都会大幅影响其他高度相关的估计系数，甚至会出现正相关与负相关的逆转。为了提升研究的精确性，对解释变量之间进行多重共线性检验，检验结果见表6－5。

表6－5　解释变量之间的多重共线性检验

	Scale	*Tech*	*S*	*M*	*R&D*	*U*	*p*	*risk*
容差	0.399	0.568	0.876	0.329	0.732	0.302	0.821	0.561
VIF	1.321	1.009	1.316	1.201	1.118	1.102	1.723	1.901

多重共线性检验的方差膨胀因子（Variance Inflation Factor，VIF）值越大，说明共线性越强。从解释变量之间多重共线性检验结果来看，各个解释变量的VIF值都小于SPSS22判别多重共线性判别的临界点2，而且，各解释变量与控制变量的容忍度均大于多重共线性的临界点，由此，有理由推测研究设计中的多元回归模型存在多重共线性的可能性非常低，可以忽略不计。

（3）模型的多元回归分析。

通过相关分析探索出各自变量、控制变量与结果变量之间的相关性，并通过显著性检验，结果表明各自变量、控制变量与结果变量之间存在高度的相关关系，具备了回归分析的基础。通过多重线性检验，排除自变量、控制变量之间存在线性相关关系的可能，使得自变量与结果变量之间的回归分析具备了可靠性。在此基础上，首先进行拟合度检验和方差分析，经检验，模型的线性相关关系显著，模型的拟合度达到0.702，拟合水平较高，换言之，各自变量和控制变量对结果变量的解释能力达到70.2%。

根据研究设计的回归方程模型，计算回归方程的回归系数，结果见下表6－6。

表6－6　回归方程的四归系数

	回归系数	*t* 值	显著性
截距	－1180.79	－3.149	0.000
R	0.138***	3.989	0.000
Scale		控制变量	
Tech		控制变量	
S	0.011	－1.207	0.078
M	0.231	0.610	0.005
R&D	0.297	－0.227	0.001
U	0.010	0.137	0.000
p	0.791	0.142	0.019
Risk	－1.629		

注：***表示在1%水平下显著。

从回归系数来看，知识产权战略（*Str*）的系数为0.011，表明对集群企业的创新绩效具有促进作用，H1（知识产权战略能够促进集群企业创新效率）得到证实。同样，解释变量知识产权管理（*Mana*）、知识产权研发（*R&D*）、知识产权运用（*Use*）等变量的回归系数分别为0.231、0.297、0.010，均为正值，表明这三个变量对企业创新具有正向的影响作用，H2

（知识产权开发力度与集群企业创新效率呈正向关系）、H3（知识产权运用能力和范围与集群企业创新效率呈正向关系）、H4（规范化的知识产权保护体系有利于提升集群企业创新效率）分别得以验证。变量知识产权风险的回归系数为负数，说明知识产权风险对企业创新绩效呈现负面影响，风险越大，越会抑制企业创新的热情，最终影响企业创新的绩效。

（三）基于集群创新激励的知识产权因素管理策略

从知识产权对集群企业创新绩效影响的实证分析中可以看出，对集群企业创新产生影响的知识产权因素主要包括知识产权战略、知识产权运用、知识产权保护、知识产权风险、知识产权研发、知识产权管理等方面。换言之，要促进产业集群的创新，提升产业集群的创新效果和创新效率，应该从知识产权的战略、管理、研发、运用、保护和风险等几个方面着手，寻求应对策略。

1. 借鉴发达国家经验，构建集群企业知识产权战略

知识生产和技术创新与知识产权战略具有密切的互动关系，知识产权战略实施是集群企业实现技术创新的重要保障，二者关系在前面的实证分析中得到验证。从发达国家的发展经验来看，也基本验证了知识产权战略对集群企业知识发展的引领作用，主要体现在对知识生产和技术创新方向的引领。知识产权战略明确了企业知识生产和技术创新的重点、难点和目标，企业围绕这些重点、难点和目标开展知识生产和技术创新工作。知识产权在确立知识生产和技术创新方向时，主要是根据产业发展方向、市场变化趋势以及产业技术发展状况来确定，确保知识生产和技术创新符合市场发展规律，生产的新知识和新技术得到足够的市场回报。知识产权战略在本质上是企业根据自身生产经营和技术水平，充分评估自身拥有的知识产权和其他企业所拥有的知识产权状况，结合知识产权本身的特点、知识产权法律特征和企业经营管理特征，灵活运用知识产权法律制度，出于提升自身经营效率和市场竞争能力、获取持续的市场竞争优势考虑，从最佳

经济效益诉求角度出发，对知识生产和技术创新进行整体性筹划，有目的地采取一系列企业策略和手段的汇总。而知识生产和技术创新在企业经营中的表现，是一种新产品或者新工艺的产生，经过研究开发和生产制造形成商品并投放市场，获得经济回报。

企业知识产权战略是建立在国家和地区知识产权战略基础上的，没有健全完善的国家知识产权法律法规和政策条例，集群企业的知识产权战略就是无源之水，就是一句空话。在这方面，发达国家的知识产权管理体系值得借鉴。例如，美国在立国之初，1787 年颁布实施的联邦宪法中，就已经明确规定保护作品和发明的条款，虽然没有直接提出知识产权的概念，但基本具备了知识产权的基本内涵。1790 年，美国专门颁布了专利法，鼓励、倡导人们进行知识生产和技术发明，并对人们的知识生产和技术发明所取得的成果予以法律上的认可和保护。1979 年在国家层面提出并实施知识产权战略，此后，知识产权战略与国防战略、外交战略等成为美国最重要的长期发展战略之一。经过多年的战略导向和发展，美国拥有世界半数以上的发明专利，尤其在信息、生物和制药领域取得的成绩更是令人瞩目，美国在这三个领域取得的发明总数分别占世界的 67.4%、57.1% 和 59.8%。美国国家层面的知识产权战略，既注重本国知识产权保护，也要求目标市场国家和地区同样按照美国知识产权战略要求，尊重知识生产者和创新者，加强知识产权保护。如果不能按照美国的要求和标准，实施知识产权保护，则在知识生产和运用领域，美国与之不予合作，甚至采取制裁，以达到保护本国知识产权的目的。再如日本，日本的知识产权战略根据国家的科技实力和发展需要，不断地进行调整。二战后的日本，百业俱废，万物待兴，科技和经济发展更多的是依靠外力，这段时期的知识产权战略重点是获取欧美等西方发达国家产业技术情报，引进并吸收外来技术，加以运用，不断提升自身的产业技术水平。经过 40 多年的努力，到 20 世纪 90 年代初，日本的科技水平得到显著提升，跃居世界前列，日本的科学技术由追随者演变为领先者，提出“科技创新立国”战略，以“技术自立”替代“技术模仿”。2003 年，日本成立由首相亲自负责的知识产权战略委员会，标志着日本又由“技术立国”向“知识产权立国”战略的转变。在知识产权战略适时调整下，有效地激励日本技术发展和科技研发，取得了良好的成效，当前，日本在国际上的发明专利和实用新型专利申请数占比超过四成，申请的数量已经超过美国，成为名副其实的知识产权大国。

经过改革开放 40 多年的发展，我国经济发展已经达到了较高水平，已经完成了从依靠资源投入的粗放式增长模式向依靠科技水平提升的内涵型增长模式的转变，在促进经济增长方面，越来越注重科技创新的作用。要想取得科技创新对经济增长的支撑和促进作用，在国家层面实施知识产权战略，规范市场和企业的知识产权管理，倡导企业实施知识产权战略是必然趋势。实施企业知识产权战略的前提是能够形成企业独立自主的产业知识和技术创新体系，如果没有独立的、自主的产业知识和技术创新，知识产权就失去了意义，知识生产和技术创新的氛围就难以构建，就难以成为推动企业生存与发展的重要因素。

企业实施知识产权战略，提升市场竞争力，构建可持续的市场竞争优势，实现利益最大化，就要充分发挥企业创新主体的作用。政府部门可以通过制定激励技术创新的法律法规及政策，积极引导企业从事知识生产和运用，协助培养企业的技术创新能力，提升企业知识产权战略意识，注重培育知识产权运用能力和保护能力，营造出企业以知识产权战略指导生产经营决策的环境。在人力、物力、财力允许的情况下，大幅增加研发资金的公共投入，支持企业进行大规模技术改造，加强知识创新杰出人才的引进与培养，在社会上营造出有利于知识创新的文化氛围，加强对知识产品和创新成果的管理与保护，强化产学研一体化协同发展，明确知识产权战略，制订切实可行的知识产权战略执行计划，快速将科技创新成果有效转化为生产经营技术，以技术研发促进产品研发，以创新引领企业发展，促进企业实施可持续发展战略，增强企业的市场竞争力。

2. 明晰知识产权利益分配机制，激发知识创新动力

诱导企业从事创新活动的根本动力在于获得创新收益，如果企业能够从创新中获得非常大的收益回报，企业创新的积极性就会提高。反之，如果不能从创新中获得预期收益，那么企业创新的热情就会下降，不愿意从事创新活动。同样，在产业集群中，集群企业从事创新活动的重要目的是尽可能地从创新中获得经济利益。与单个企业创新不同，集群企业的创新往往是在合作中进行，采取协同创新模式，对知识创新的成果具有共同的拥有权。构建创新成果的利益分配机制，直接影响各参与企业的创新收益，其实质是对知识共有产权归属、分配比例的确定。产业集群中现有的创新收益分配模式主要有两种：一种是创新收益平均分配模式；另一种是按照投资成本比例来分配的模式。平均分配模式容易导致“搭便车”等投机行为，基于投资成本的权益分配，难以体现出处于产业价值链不同环节各企业的重要性以及各参与企业的知识投入的重要性。因此，以合理收益为出发点，提升集群企业从事创新活动的积极性，需要构建公平合理的创新收益分配模式。一个合理的、公平的产业集群创新收益分配机制，不仅能有效促进集群企业知识创新的积极性，而且可以有效抑制产业集群中协同创新的道德风险。公平合理的创新收益分配机制中，对创新收益分配的比例确定，应该考虑参与企业的投入资本数量、投入知识资产的价值和重要性、在创新过程中所承担的风险等，充分考虑创新活动参与企业的权力关系和重要程度。此外，在公平合理划分创新收益比例的基础上，从产业集群创新的稳定、持续角度来看，综合考虑产业集群的战略发展，以集群管理者的身份，给予创新企业适当的创新补贴、创新赞助、创新扶持，是必要的，也是可操作的举措。

3. 强化产业集群创新契约机制，规范创新活动流程

没有规矩不成方圆，产业集群中的知识创新活动，涉及多家企业、多个部门，为协调多家企业、多个部门在创新活动中投入的人力、物力、财

力，确保创新目标一致、创新行动一致，以取得良好的创新成效，必须构建良好的创新契约机制。创新契约机制包括两个组成部分，一是以正式文件方式存在的正式契约机制，如创新合作协议等。通过缔结正式契约，可以明确各方分工，明确各方的权利责任，可以有效防止相互扯皮和推诿现象，是保证创新合作有效性、控制风险的重要举措。在订立正式契约时，首先，要确保契约各方合作意愿的真实表达，要确保签约各方的知识产权的真实可靠。尤其要对创新合作各方投入的私有知识产权真实性和有效性加以鉴定，防止投入的知识产权无效或者不真实，避免落入“知识产权陷阱”。其次，要考察投入的私有知识产权的先进性，准确鉴定创新参与企业投入的私有知识产权的价值，评估投入的私有产权对合作创新的作用和贡献。最后，需要细化契约条款，设立奖惩措施，以保证参与主体按照契约规定投入私有产权的完整性。

相对完备的正式契约可以规避创新活动不确定性带来的风险，有效规避机会主义等诱发的道德风险。但无论如何细化和完备，囿于有限理性和对未来的不确定因素，正式契约总会存在不完备的地方，要确保集群企业有效合作，除了正式契约以外，还需要订立以信任关系为基础的非正式契约。诚信机制是产业集群中一种重要的关系治理方式，在产业集群分工协作过程中，塑造良好的信任关系，可以有效降低集群企业的投机行为，促进集群创新稳定发展。

4. 发挥政府对集群创新的治理功能，塑造良好产业集群创新秩序

产业集群是介于企业和产业之间的中间组织，既不像企业那样有着严格的科层等级关系，也不像市场化下的完全竞争关系，它是介于市场平等竞争和企业科层导向之间的一种特殊关系。另外，产业集群是政府落实产业政策所采取或者倚重的重要产业组织形式，在落实政府产业政策方面发挥着重要的影响作用。无论是市场主导型的产业集群创新，还是市场主导

型的产业集群创新，都离不开政府治理机制的参与，以解决市场机制无法解决的知识产权治理问题，应对市场失灵现象。政府对产业集群创新的作用主要体现在对创新过程的引导、支持、服务和监管。引导作用表现在政府根据区域经济发展和相关产业发展需要，制定产业科技创新战略，引导产业集群创新发展方向。支持作用是指政府在制定区域经济发展战略的基础上，对符合区域经济发展方向的创新活动、创新主体给予政策性的支持，如在土地、税收、R&D补贴等方面给予适当的支持，这些政策有利于提高集群企业的创新收益，能够有效激发集群企业的创新动机。政府对创新活动的服务功能主要表现在两个方面：一是政府主导建立产业集群创新管理机构，主导或者协助产业集群中核心企业组建集群创新网络组织体系，并在组建过程中，在集群企业之间倡导和创设良好的营商氛围，构建良好的信任关系；二是政府主导建立创新体系信息平台，将政府部门、集群企业、创新中介机构、科研院所等主体无缝链接，确保创新主体及时、准确、低成本地获取相关信息，使得有关信息明晰化、公开化、透明化，减少信息不对称导致的机会主义危害。监管作用表现在政府主导构建知识产权制度建设体系，制定并严格执行相关的知识产权法律法规，界定集群企业创新合法、合规的边界，明确知识产权的所有权边界，界定知识产权的归属，做到有法可依、有法必依，保护集群企业创新活动的合法权益，从而提升产业集群企业的创新效率。

第七章　集群企业知识产权保护与优化配置

产业集群是介于市场和等级制之间的一种新的空间经济组织形式，是众多具有交互关联性的企业，在选址上的区域集中所呈现的一种产业布局。这些企业具有竞争和合作关系，包括同质性的行业企业、专业化供应商、服务供应商、金融机构以及其他相关机构等群体。在集群情境下，企业具有地理区位上的高度毗邻性特征，使得产业知识容易产生正外部经济性和产业知识获得的低成本性，加之地理区域邻近性上的知识交流和人员流动，产业知识的创新和使用上的“搭便车”行为以及被模仿的侵权行为，便会容易产生。集群企业通过自身投入和努力，获得具有市场价值的知识创新，将之产业化，刚推出市场，就可能面临被模仿、复制，创新企业的创新成本远远高于模仿复制成本，不但难以获得相应的知识创新回报，连投入的创新成本都难以收回，危及企业生存和发展，难免出现“创新就是自寻死路”的产业悲剧，产生“与其创新，不如模仿”的集群产业发展理念，打击集群企业的创新热情，影响产业集群的长远发展。因此，界定产业知识的收益界限，打击产业知识侵权行为，探索保护集群企业创新收益机制，激发集群企业创新热情，促进产业集群的良性发展，是非常重要而又亟待解决的课题。

一、知识产权制度对产业集群知识资源配置影响分析

（一）知识产权独特价值性是构建产业知识治理体系的前提

知识产权的内容是有价值的知识和技术，知识和技术能够以产权的方

式存在，是因为其所蕴含的内容有着独特的价值性。如果仅仅有知识含量，而不具备独特性，则不具备稀缺的特征。任何资源，之所以能够有市场价值，在于其稀缺性，知识也是如此。知识已经成为社会生产的重要组成因素，其在生产经营中的作用，表现为优化生产要素组合、形成更有效率的生产方向、提升生产要素品质，可以在相同的要素投入下获得更高的效率和更大的价值产出，因此，知识要素有资格参与收益分配。知识作为生产要素，参与收益分配，是知识生产的动力所在。知识产权的本质目的是将知识收益权配置给知识生产者，将具有公共品特征的知识变成私人品，运用排他性来避免投入不足和消耗过度，让知识生产者通过知识收益来弥补知识生产过程中的投入成本，这样的制度安排在本质上是一种策略，目的在于激励人们增加对知识生产的投入。

当知识具有独特的价值时，就具备了形成知识产权的基础，经由法律程序认可，便形成知识产权的表现形式和知识产权的知识内容。与其他生产要素不同，知识是以思想、智力、思维等形式存在的社会生产要素，一旦被人脑识别和记忆，就完成了知识资产的转移，有易传播的特性。更重要的是，知识这种生产要素，多一人或者少一人使用并不影响知识的使用价值，不会增加知识的损耗，这是知识无消耗性和无排他性特征所决定的，存在知识使用的无约束性特征。知识的广泛使用，特别是有独特价值的知识的广泛使用，从社会角度来看，能提升社会的知识水平，提升知识普及程度，但是，当知识由稀有演变为普遍时，不影响知识的使用价值，市场价值却受到影响，是知识劣化的过程，是知识市场价值的贬值过程，这对于知识生产者而言，并非是一件好事。如果知识能够被无成本地使用，会使得知识生产者的知识生产投入成本和预期回报消失殆尽，继而使得知识生产的投入不足，引发知识来源的枯萎。为了解决这个问题，知识产权制度应运而生，知识产权制度以及知识产权的独占性并非由其天然特征决定，而是因为这一产权的内容具有公共产品属性，为了避免公共品灾难而人为给定的一种权利。知识产权法规对知识产权的独占性予以认可和保护，认为知识只能归属于生产者或者特定的关系人，享有独自收益的权限，他人未经许可不得使用知识。知识产权制度安排在本质上是一种策略，目的在于将知识生产的收益与知识生产结合起来，强调知识生产者对知识收益权限的合法性和唯一性，激励人们增加知识生产的投入。知识产权激励是以稳定的制度安排，从外部环境角度确定人们知识生产的收益预期，以此为依据，决定在知识生产过程中的成本投入、投入方式和投入强度。知识产权对知识生产能够形成有效激励，必须具备相应的前提条件，这些条件包括：①知识产权制度采取法律法规、政策规则等具有权威性的约束力，以强制给定方式为产权人提供利益保护。②产权获得的过程透明化和公平化，使得知识生产者清晰了解知识产权的获得方式和获得成本，不允许存在程序性的不公正。③降低知识产权的获得成本。如果履行法定程序获得知识产权的过程，所需要支付的申请成本过高，则会影响知识产权申请人进行知识生产的积极性。确保知识产权建立的成本足以让产权申请者接受。知识产权制度保证了知识生产及其特定关系人的知识收益的独占权，通过垄断获取预期利益。

对于企业而言，企业所拥有的知识产权越多，说明企业拥有的独特性质越多，由独特性知识转为产业技术和生产经营能力的独特性就越强，其他企业模仿和获得的难度就越大。普拉哈拉德和哈默尔在 1990 年发表的《企业核心竞争力》一文中，将企业核心竞争力定义为企业中的积累性学识，特别是如何协调不同的生产技能和有机结合多种技术流派的学识，将企业拥有的产业知识动态化地看成企业有效使用生产要素的能力，并将企业竞争优势看成企业特有的经营化了的知识体系。企业核心竞争力的产业知识化总结，重新定义了企业的核心竞争力的本质，也引领了企业竞争优势从物质资产演变为由一系列技术、规则、文化等所组成的知识体系等非物质资产。彼得·德鲁克也认为，企业独特的核心竞争力来源于企业所掌握的产业知识，产业知识则是企业运用各种知识的能力总和。在知识经济时代，产业知识对企业核心竞争力的塑造和形成具有决定性的作用，企业所拥有的产业知识的数量和质量，决定了企业资源配置、资源创新活动的能力，从而最终形成企业的市场竞争优势。当企业所拥有的产业知识构成企业市场竞争优势时，产业知识对企业的重要性不言而喻。一旦拥有的产业知识，尤其是构成核心竞争力要素的产业知识被外泄、被侵犯、被模仿，那么在产业知识外泄过程中，企业的市场竞争优势就会消失。

由上述分析可以看出，随着知识经济时代的到来，知识产权已经成为企业最具价值的战略性资源，企业所具有的金融资本、自然资源、人力资源等各种生产要素，能否发挥出资源的最大效率和资源组合的最大效率，在根本上取决于产业知识，产业知识已经成为企业最重要的资产。当产业知识成为企业资产组成部分时，其价值高低，既取决于企业的产业知识对其他生产要素的价值开发和组合能力，也取决于其创造、使用和保护那些难以被别人模仿的知识资产的能力，越是只能在本企业组织内自由地转移和使用，难以被其他企业模仿和获取，产业知识的价值性就越大。然而，产业知识价值性越高，越能引发其他企业对产业知识的青睐和关注，越是能激发其他企业通过合法或者不合法渠道获取产业知识的激励，如何界定产业知识这一资产在企业之间配置的边界，构成产业知识治理体系的前提。

（二）知识产权制度对知识生产资源优化配置的影响

制定和推行知识产权制度，从合法性角度规定知识生产者权利，提供知识生产带来的收益保障，根本目的在于促进知识生产。按照交易成本理论，当交易成本为零时，只要从法律上明确规定知识产权归属和收益权限，在市场机制作用下，知识资源配置就会实现合理化和最大效率化。基于交易成本理论的知识产权交易的解释，是把知识等同于一般的商品，认为知识一旦产生，就如同一般商品，会产生大量的市场需求，商品生产者不需要外部激励，就能够通过市场交易行为获得相应的回报，继而形成大量生产的激励。同时，只要商品生产者拥有足够的权利和利润空间，就不会影响商品生产所需要的资源配置效率。然而，知识不是普通商品，而是具有公共物品性质的商品，不像普通商品的购买及使用那样具有高度的排他性和共享性。对知识使用者来讲，知识使用的结果具有高度的不确定性，这种不确定性使得预期收益水平下降，使用者不愿意支付成本。如果以知识产权为前提，明确知识产权的归属，使知识变成有偿使用，无疑会在知识使用与知识生产之间形成一道屏障，使知识使用者运用知识的动力下降。当新知识的使用者数量少，使用者为新知识使用所支付的成本低时，试图以知识产权来保护知识生产者权益，试图通过获利补偿的方式促进知识生产，将成为“无水之源”，陷入尴尬境地。运用交易成本理论分析知识产权对知识资源配置优化分析范式，暗含着这样一个前提：交易双方有着几乎相同的知识背景，对知识的功能、使用方式和价值存在大致相同的判断和识别，在知识使用能力和知识价值判断上，知识产权供给者和需求者不存在较大差异，知识需求者会因为知识使用的预期收益而愿意支付知识产权费用。但这个暗含的假设与事实不符，对知识资源尤其是新知识而言，交易双方不仅存在认知差异，而且认知差异非常显著，越是新知识，认知差异往往越大，知识需求者对知识的价值评估和重要性认知会明显低于知识生产者和知识供应者，这种对知识的价值评估和重要性认知的不对称性会造成交易动力的缺失。此时，如果知识产权制度偏向于保护知识生产者和知识供应者，使知识使用者的知识使用成本叠加，将阻断知识产权交易，交易成本理论在一般产品中所描述的通过交易实现资源配置优化的情景将不会在知识产品中出现。

知识产权的资产属性表明知识产权能够为企业创造价值，带来收益。作为企业资产，知识产权的内容和本质是独特的产业知识，知识的表现形态与其他资产的表现形态存在很大的差异，产业知识不是作为独立的实体或者物质形式存在，而是以其物质形态的生产要素作为载体，在这些生产要素动态化的运作过程中，表现出价值性和资产性。产业知识形态从模糊的想法、大致轮廓的创意到抽象的高度原理性概括，再到具有应用性的技术和方案，这一系列的知识生产环节，存在多种变化和不确定性。另外，产业知识由创意和理论转化为生产经营应用型知识的过程，是一个知识由上游向下游演变和衍生的过程，下游产业知识更具有实用性和操作性，上游产业知识更具有抽象性和理论概括性。产业知识要在生产经营过程中获取更好的收益，就首先必须让下游充分了解和掌握知识上游原理的用途与意义，使得产业知识沿着抽象到具体的纵向方向沟通顺畅，使得具体操作的生产经营知识在实践运用中及时得到高层次的专业知识理论的指导和修正，有助于开发出新的实践型、运用型的产业操作知识。高上游的理论性知识，可以根据经营实践中的运用状况，不断总结完善，形成新的理论知识。这样，知识在运用中得以生产，在生产中加以运用，形成良好的知识生产和运用的循环。知识产权的存在，给知识的纵向之间的演绎运用和横向之间的沟通协作建立了一个障碍，抑制下游参与上游活动，割裂产业链各环节之间的沟通联系。就知识的纵向方面的衍生而言，下游无法顺利地完成对知识的了解和掌握，上游原理性知识就不能顺利地向下游应用转移。就知识在产业链上的运用环节而言，使得各个环节相互独立，形成分工协作的障碍，不利于专业化分工。在经济全球化的背景下，知识生产的协同化和集群化成为不可避免的发展趋势，知识生产的协同化和集群化，是知识在不同部门、不同企业之间的相互交流扩散与使用的过程，在这个过程中，知识流动遇到的障碍越少，流动速度就越快，创新效率就越高。另外，由于知识是归属于不同主体的有价值的资源，要想达到流动速度快、配置效率高的效果，按照交易成本理论来看，事先明晰产权是交易得以实现的前提，是提升知识扩散速度和促进知识资源配置优化的前提，换言之，就是任何交易和合作协议都是以产权边界清晰为前提的。但是，现代知识生产协作是共同创造、共同拥有，无法明晰产权，这决定了知识生产只能是非产权的合作协作，知识生产过程经常不是一个交易过程，而是一个协作管理过程，用给定产权的方式促进知识生产资源配置的意义也因此被淡化。在现实中，现代企业的生产重心和核心竞争力要素正在由产品生产向知识生产转化，企业内部通过科层体制的权力手段，跨部门、跨层级构建创新团队，将不同部门、不同层级的知识融合在一起，推行协作创新，促使企业内部职务发明、团队生产、企业拥有知识产权的情况越来越多。企业采用团队作业方式进行知识生产，强调团队利益，而不采用个人产权作为激励方式，从而避免了对知识连续生产和共同生产过程的干扰。将知识生产的范围由企业扩大到产业集群，知识产权的存在，会对知识资源配置和知识生产效率产生一定的影响。在集群中，企业超越知识产权的边界，协作进行知识生产和创新的现象越来越多，逐渐成为普遍现象。这些实践表明，现代知识生产正在放弃以交易成本理论为基础的知识产权管理，越来越倾向于使用非交易手段来界定、管理知识产权。

（三）产业集群情境下的知识创新面临的困境

产业知识具有消费的非排他性和非竞争性，具备公共物品的特性，使得集群中的企业，在享受地理区域集中的产业信息获取便利和产业知识溢出的正向外部经济时，多样化的产业知识交流和日常的企业间交往接触，加剧了产业知识创新过程中的“搭便车”行为甚至刻意模仿行为，使得产业集群中的创新企业，在推出创新的技术、改良的产品等新知识时，就会面临竞争者的抄袭盗用，在不付出创新成本或者付出极少的仿制成本的前提下，通过盗用、仿制等不法手段，推出新产品，抢占市场。原始创新的企业却因为付出了高昂的创新成本，提供新产品的成本要远远高于仿制侵权企业的生产成本，市场竞争能力因为创新产品的成本高昂而弱化，不但难以获得相应的创新收益，反而会出现因为创新，利于他人和整个产业，却毁了自己的尴尬局面。由此而出现集群中的企业创新活动的激励不足，继而放弃创新走向模仿、山寨之路，产业集群的产业知识出现低水平循环的局面。

1. 产业知识的独占性与收益性悖论在产业集群情境下更加突出

企业从事产业知识创造和利用产业知识的动机在于能从中获取竞争优

势，从竞争优势中获利，但从创造的产业知识中获得竞争优势和市场收益的前提是，创造和利用的产业知识是其他企业难以获得的，一旦被其他企业获得，成为产业共有的知识，原始创新企业凭借这些产业知识获取的市场优势和利润的基础就消失了。如果不能从产业知识的创新和利用中获取竞争优势和市场收益，企业从事产业知识的创造和利用的激励就会消失。由此可以推论出促进和激发企业从事产业知识创新，必须具备两个条件：一是新创造的产业知识能够提升经营效率，这是企业创新的原动力；二是保持对创新的产业知识私有控制，保证新创的产业知识带来的利益为研发企业所拥有。前者是企业自主决策的结果，后者则不仅要求企业自身做好产业知识保护，更要求外部环境对企业知识进行保护，将企业自身创造的产业知识，通过法律、规则、制度等因素，配置给研发企业，配置形成企业的知识产权独占性地位，其他企业未经许可，不得使用。产业知识能够带来经营收益，使得产业知识资产化，形成知识资产。而用法律、规则和制度等形式，确定资产的归属、使用和收益，属于产权界定。知识资产是知识产权的客体，是知识类财产的权利形态，将知识产权化，并将该产权以法律形式予以配置，目的在于以稳定的结果预期来激励人们安排自身的知识创新活动，根据知识带来的预期收益及其收益保护，决定在产业知识创新上的投入程度。产业知识一旦被创造出来，其使用和消费没有排他性和竞争性，使得知识资产具备了公共物品的特性。为了保护知识创新者在知识创新过程中的投入和相应的收益回报，以激励人们加大投入，从事知识创造活动，促进知识增长，就得借助后天的人为制度安排来实现，人为地将新知识的产权配置于最先创造和发现新知识的人，其他人或者组织利用新资产，必须经过产权人的许可，获得许可的最常用方法就是按照市场原则，予以相应的价值补偿，于是，知识产权制度就应运而生了。

为保持产业集群的创新活力，制定并推行知识产权的相关规则和制度，保护创新知识的企业获得必要的创新收益，成为产业集群促进创新活动的必然选择。知识产权的本质在于将知识的所有权配置给知识创新者，其他人未经许可不得使用。由于知识产权保护约束，原来可以免费获得的作为“公共物品”的知识，演变为支付成本购买获得的“私人物品”，知识产权的这种配置方式，目的在于激励集群企业对知识创造的投入。但是，一方面，对于知识使用者来说，创新知识的有偿使用，相当于在知识使用与知识生产之间形成一道屏障，使知识使用者运用知识的动力下降，而当缺少知识使用者时，知识使用者市场将会萎缩，产业知识因为缺乏足够的市场需求，很难实现自身价值，最终的结果往往会适得其反：本来以激励产业集群知识创造的知识产权治理制度，却抑制了产业集群创造知识的热情，对知识创新的知识产权激励将会因为缺少知识使用的市场而成为一句空话。

产业知识创新因为知识资产配置权限而受到抑制，以促进产业知识创造和创新为目的的知识产权保护机制，可能不仅没有激励产业知识的创造，反而可能起了阻碍作用。于是出现了这样的悖论：当缺少知识资产保护机制时，知识创新企业因为其他企业的模仿复制，创新成本得不到市场回报而失去创新的动力，使得产业集群失去持续发展的根基。但一旦设立了知识产权保护机制，对知识资产进行“谁创新谁拥有”的垄断性配置，却又因为创新知识使用受限，缺少知识使用市场的支撑，企业仍然难以获得相应知识创新回报，从而使得企业的知识创新动力不足。在产业集群情境下，集群中的关联企业具有地理上的接近性、产业组织制度上的认同性、产业流程上的协同性以及销售市场上的趋同性等特征，相互之间的业务往来、员工在产业集群内的流动等因素，造成相互之间的产业知识比以往更加容易传播、交流和溢出，在产业集群情境下，如何进行合理的知识产权配置，使得知识创造收益公平地配置于产业集群中的知识创造者、知识使用者和知识管理者，以有利于产业集群的知识创造，促进产业集群可持续发展，成为亟待解决的课题。

2. 产业集群情境下，以知识产权法为核心的产业知识治理制度效率不足

当下产业知识治理制度的主要特点，是以知识产权保护为核心，制定

成文的法律法规，在法律上明确产业知识的隔离机制和独占性机制，保护产业知识创造者和所有者的收益。产业知识的这些明文规定的法律制度，在早期，确实有效保护了知识产权人的收益，促进产业知识的创造。但相关研究发现，随着产业集群的出现，以往取得治理效率的既有知识治理体系，在产业集群中的产业知识运用和生产过程中，治理效率不足。根本原因在于，在产业集群中，因为地理区位接近、产业组织制度关联、人员流动等多种因素，产业知识在产业集群中的流动范围广，传播速度快，人员流动频繁、知识外泄渠道多，单纯通过法律法规来构建产业知识的隔离机制，越发显得困难和无效，技术模仿、知识产权侵犯等现象时有发生，以知识产权为核心的产业知识治理制度效率不足。具体表现在以下几个方面：一是产业知识的收益性，尤其是具有很高市场价值的、为某一企业所独占的产业知识，能够激励其他企业争相获取，在产业集群背景下，通过"搭便车"、仿制、窃取等机会主义行为来获取高价值的、专属性质的产业知识有更大的空间，以知识产权专有为核心的产业知识治理制度，防范诸如此类的机会主义行为的成本高，治理效率低下。二是产业知识治理制度过多地依赖法律制度约束，过多地依赖知识产权法对产业知识的治理。作为法律制度，在实践运用上，具有普适性的特征，这一特征决定了对于产业集群内的产业知识治理无差异，没有考虑到不同类型、不同表现形式的产业知识对治理制度异质性的需求，用统一的、无差异的知识产权法律制度来治理不同类型的产业知识，既难以保护企业对产业知识的专有性，也难以发挥产业知识的最大化价值。三是通过知识产权法律来维权，立案难、取证难、费用高、周期长（Fauchart & Von Hippel，2008），难以在法律维权的期限内，有效应对知识产权被侵害所造成的市场损失，更难以有效应对快速变化的市场需求和日渐缩短的产品生命周期等（Levin，1986）。

3. 知识的特殊表现形态和转移方式是产业集群知识治理的难题

产业知识的资产属性表明产业知识能够为企业创造价值，带来收益。

作为企业资产，产业知识的表现形态与其他资产的表现形态存在很大的差异，产业知识往往不是作为独立的实体或者物质形式存在，而是以其物质形态的生产要素作为载体，在这些生产要素动态化的运作过程中，表现出其价值性和资产性。Stewart（1991）根据产业知识的载体不同，对产业知识进行划分，产业知识的载体可以是员工、组织结构和外部客户等，由此形成人力（Human）资本、结构（Structure）资产和客户关系（Custom）资产。附着在员工载体上的产业知识，形成人力（Human）资本，是企业中的员工知识存量，包括员工的价值观、工作态度和工作能力，也包括员工在工作过程中形成的经验、技术诀窍和工作才能。附着在组织结构这一载体上的产业知识，形成结构（Structure）资产，主要表现为企业专利、商标、商誉，也表现为企业文化、管理架构、经营规则、运营流程等。附着在外部客户这一载体上的产业知识，形成客户关系资产，是企业在经营过程中，与诸如顾客、供应商、政府、竞争对手、社群等外部关系者建立起来的关系，以及由此而形成的企业形象、品牌声誉和客户满意度等，是企业的外部关系资源，是企业获取价值创造和价值增值的外部保障。企业知识存在于三种载体上，形成不同形态的产业知识，由此形成产业知识的“H－S－C”分类模型（Stewart，1997）。国内有学者从产业知识的结构、表现形式等角度，对产业知识进行分类，如饶勇（2003）把产业知识划分为技术资产、人力资产、文化资产和信息资产四大类，余绪缨（2004）把知识资产分为可书面化、可计量的显性知识资产和难以物化和书面表达的隐性知识。也有学者借鉴“平衡计分卡”和“无形资产负债表”的资产衡量理念，结合 Skandia 公司的产业知识评估模型，将产业知识划分为人力资产和结构资产，前者是以人为载体，附着于人的难以明晰的管理技能、技术诀窍和学习能力等，后者包括以组织结构为载体的专利版权、数据库、组织架构、企业形象、声誉等资源（Edvinsson & Malone，1997）。综合比较来看，产业知识形成过程和表现形态的“H－S－C”分类模型，已经成为当下国内外产业知识分类的主流观点。产业知识必须借助某种载体，才可以实现其价值。作为资产的产业知识，在流动性方面与其他企业的最大区别在于，产业知识的流动往往是无形的，是随着载体的流动而流动的。需要特别注意的是，产业知识的流动还可以通过学习、模仿等路径实现，在本来的载体不发生流动的情况下，产业知识会随着新载体的产生而流动，产业知识的这种流动性特征，是产业知识治理的难题。

产业集群知识是以从数据中提取的信息为基础建立起来的一种能力，更通俗地讲，产业集群知识是具有可操作性的信息，当把这些信息运用于生产运营过程中，把生产要素的价值以及生产要素匹配性价值发挥出来时，产业集群知识的价值就会显示出来，如果不将产业集群知识于生产运营过程中，产业集群知识的价值就是潜在的。此外，和其他资产的转移不同，作为企业资产的企业知识，具有很强的复制性，在分享的同时保存自己，即使别人获得了产业知识并运用于生产经营，也不降低它对原占有者的效用和运营效率，但产业知识的分享却降低了知识资产自身的（经济）价值，因为知识分享而丧失了稀缺性，使得产业知识原有企业的市场竞争优势受到影响，甚至消失，这既是集群知识资产的一个悖论，也是集群知识治理体系所面临的难题。

二、集群知识资产治理思维模式的演变

（一）知识资产治理研究的演变

产业集群中具有价值性的产业知识，成为集群企业获取竞争优势的特殊价值资源，已经引起经济学界和管理学界的广泛关注。与知识表现形态分为显性知识和隐性知识相一致，知识资产的表现形态也分为可编码化的知识资产和不可编码化的知识资产，前者如专利权、商标权和版权等，后者包括个体和组织之中的技术诀窍、组织文化和客户关系等。因为知识资源能够带来收益，而且是具有丰厚回报收益的生产要素，为企业所竞相追逐，既努力获取外部的知识，也愿意自主生产和创造新知识。但由于知识

使用的非排他性和非竞争性，导致知识具备公共物品的特征，很多企业会放弃自主生产而寻求无成本的知识获得，在这种情况下，知识生产者在知识生产过程中投入的成本难以回收，难以获得知识带来的收益。为了使得知识生产者获取应有的回报，促进知识生产和创新，产生了知识产权制度。早期的知识产权制度主要着重于界定和识别知识资产的独特性和创新性，在此基础上保护知识资产的独占性。到了20世纪80年代中期，企业资源理论、创新收益理论等理论流派的兴起和发展，进一步促进了知识产权保护的独占性理论研究不断丰富和完善。当前对知识生产者的知识创新独占性研究，主要包括三个研究方向：一是探讨知识产权制度对知识生产的影响。一方面，知识产权制度对知识资产的保护，维护了知识生产者的知识权益，能够有效激励知识生产者生产和创新知识的积极性，有利于知识生产和技术创新。另一方面，知识产权制度的存在，无形中成了知识流动的障碍，降低了知识扩散速度，增加了知识接受者的获得成本，影响新知识和新技术的运用广度和深度，不利于知识资产的效益最大化发展，这两方面的影响呈现对立状态。二是基于隔离机制的研究，从资源性质角度出发，探讨阻止模仿的经济力量。构成独特性资产的知识资产最具有市场竞争的潜在优势，而独特性的知识资产，有的经过简单模仿就可以获得，如商标、版权、商业秘密、外观设计等，一经暴露，就可以简单模仿，知识产权制度对这类知识资产的产权专有性保护是最有效果的。但还有一部分，深深嵌入于组织结构、企业员工理念、运营流程以及与客户关系中，这类知识资产难以在短时间内形成，如企业文化、工作流程的协调模式、组织结构之间的分工协调以及与客户关系的构建模式等，这些知识产权形成时间长，一旦形成，其他企业即使想获得，也难以在短期内通过模仿、抄袭而拥有，只有身居其中，经过长时间的相互默契配合才能形成。知识产权的隔离机制研究，目的是探索知识生产在形成过程中，如何与组织、流程和员工个体的高度嵌入，使得知识资产深深根植于企业。这些知识资产既有别于他人，形成独特的市场竞争能力，持续维持市场竞争优势；又能天然地形成自我保护屏障，使得他人模仿不了，模仿不得。三是创新收益方向研究（Profiting from Innovation）。这个方向的研究，与前两个研究方向的着眼点不同，前两个方向着眼于知识的保护，使得知识为自己独有，从而享有独有知识可能带来的收益。而创新收益研究方向则是着眼于创新带来的实际收益，注重考察知识生产者是否在知识生产之时就已经考虑知识收益的能力和速度，着眼于创新收益的能力和速度。该研究视角不强调知识是否为知识生产者所独占，而强调知识所带来的收益是否为知识生产者所有，更强调知识生产者保护和独占创新回报的行为与能力，研究企业规模、知识性质和产业技术特征对知识独占性所带来的收益效果影响，有些技术、知识和产业技术，无须独占性保护，也能获得知识生产和技术创新的收益；反之，有些知识和产业技术，即使拥有独占性保护，也可能难以获得预期的创新收益。因此，应该从创新的收益是否得到满足来权衡知识资产的保护决策和保护措施。

（二）知识资产治理传统思维模式在产业集群中的运用与效果

产业集群是相同或者相似的企业或者其他组织机构在地理空间聚集而形成的，集群企业之间在生产技术、产业知识、生产经营流程、经营体系等方面具有很强的关联性，这种强关联性既因为产业相同或者相似而造成，也因为在地理空间上的毗邻密切接触而导致。产业集群内的企业，特别是相互之间具有关联性的企业在空间位置、管理制度、组织结构、经营流程和商业认知上具有高度相似性和临近性，使得集群企业对知识价值的识别、判断和运用具有高度一致性。由于产业集群内的人员流动和企业间交流接触的高频率性，传统的知识产权保护的独占性机制难以达到预期的效果，难以避免集群情境下出现技术模仿、侵犯知识产权等行为。产业集群情境下，以保护独占性为目的的知识产权制度难以达到预期的制度效果，主要原因包括以下几个方面：①在产业集群情境下，集群企业在地理区域上的高度集中，集群企业之间的各种交流、商业往来、产业合作必然成为日常经营的常态行为，在这些交流、合作、接触过程中，由于有限理性的局限，容易滋生机会主义。在模仿侵权和借鉴创新二者之间的模糊空间比较大，通过知识产权法律法规来防范、制止侵权行为，维护知识独占性权益，难度大、成本高。甚至防范成本要远远高于所获得收益，使得采取知识产权法律法规路径来维护独占性权益，并非是理性的决策选择。②正式的知识产权制度具有法律法规政策性，具有普遍适用性，但没有考虑不同产业的知识结构、特征和性质，也不考虑产业知识的表现形式。而产业知识的结构、特征、性质、表现形式等方面存在很大差异，这种差异要求知识资产治理的模式也应该有所不同，也只有采取与产业知识匹配的治理方式，才能使得产业知识在独占性和收益性之间保持较好的平衡。运用普适性的知识产权制度来规范各不相同的产业知识生产和创新的权益，保护效果会产生很大的差异，有的创新和知识生产的权益能够得到有效保护，而有的创新和知识生产的权益却难以得到有效保障。③通过在产业集群中，运用知识产权法律法规来调整知识生产的权属与收益关系，其维护成本比较高，效果不太理想。因为通过法律法规来解决问题，面临着立案、调查、审判和执行等一系列的工作流程，解决周期长，可能面临着这样的尴尬：在知识产权案件开始时，所涉及的智力成果在产业市场是领先的、前沿的，伴随着案件处理过程，智力成果被外泄、被侵权和被扩散，等到案件处理结束时，该项智力成果的领先性、前沿性可能全部丧失，换言之，获得维权结果时，维权的知识内容已经失去维权的意义，这与知识生产和创新的强时效性要求不匹配，难以有效应对快速变化的市场需求和不断缩短的产品生命周期等情况，也难以保证知识资产的专有性以及相应的权益。④在产业集群中，集群企业之间、企业员工之间交流接触频繁，非正式学习现象普遍存在，导致企业知识和技术创新外溢的概率增加，可以通过管理制度和行为规范，防止正式的、显性知识的外溢，但很难规范非编码性的、隐性知识的外溢和扩散。一次对话、一种行为、一场行业交流演讲等，就可能完成了隐性知识的传递和外泄，进而导致集群企业内部知识资产治理问题在集群层面与企业内部层面表现出很大不同。在企业内部，出于知识创新运用、融合和创新的需要，会积极鼓励员工相互之间进行沟通，交流工作经验和体会、切磋工作中遇到的难题和解决思路、探讨工作改进和提升的方式方法等，知识在交流中得以有效运用，在运用中得以融合创新，形成新的工作心得和工作经验。这是独属于独特性资产的一面，但又难以形成正式的知识产权，企业在内部也无须运用知识产权来保护，因为对于企业而言，不是希望知识在企业内被个人独占，而是期望知识在企业范围内更大程度地扩散、运用和融合。而在产业集群层面，乃至整个产业层面，集群企业都是各自独立的市场主体，相互之间既有竞争，又有合作，形成竞合关系，竞争需要各个企业各自保护自身独特性，合作又需要各个企业之间强化普适性和共同性，相互合作形成的协同关系又需要各自彼此减少独特性，唯有如此才能提升合作的效率和效果。相互减少独特性，强化合作性，需要知识分享，甚至需要共同生产新知识和新技术，形成共有共享的智力成果，在这种情况下，传统的以保护独占性为核心的知识产权制度，在产业集群知识管理方面就显得捉襟见肘。

（三）以合理性取代独占性成为集群知识资产治理思维的必然趋势

以独占知识生产和技术创新成果为核心的传统知识产权治理制度，以构建知识所有和收益隔离机制为手段，对于分散式的单个企业知识生产和封闭式知识生产，具有良好的促进作用。但在产业集群情境下，知识资产治理的主体也悄然发生变化，已经由单个企业转向企业群体，不仅包括企业本身，还可能包括与企业具有产业关联的上下游企业、联盟或者社群、第三方机构等，知识生产和技术创新已经不是由单个企业独立完成，更不是在封闭系统中完成知识生产和技术创新，传统的知识产权制度对知识生产的促进作用已经被削弱。当传统的知识产权制度在产业集群中不能发挥足够的预期作用，难以有效保护产权时，就会在正式制度和现有制度之外，衍生出非正式的治理手段和模式，以满足现实需要。非正式的治理模式包括两种：一种是集群企业之间私下签订协约，如签订竞业禁止协议、保密协议、不竞争协议等，以解决知识资产归属的专有性和收益的排他性问题。另一种是可能从知识资产中获得收益的相关各方，同处于一个体系中，如同处于一个产业集群中或同处于一个行业之中等，可以通过信任机制、第三方约束、行业规范、声誉机制等方式协调和管控活动，抑制相关各方在知识资产获取和收益方面的投机行为。以个体间的协议以及非正式的制度约束弥补正式的知识产权制度对知识收益的保护方面的不足，实际上是将正式的知识产权制度在运用中的衍生和发展，印证了制度经济学理论的一种观点：合法性是联结组织行为和环境的桥梁（Suddaby & Greenwood, 2005），内嵌于特定制度场域，企业追求短期收益的“效率型驱动”行为，要受到合法性压力的制约和影响（Kostova & Zaheer, 1999）。如果企业不顾及特定场域的惯例、约定成俗的规矩去追求自身利益，必然会受到该场域内其他主体的排斥，企业违反该场域的规矩和惯例的情况越严重，受到的排斥就越强烈，直至被排挤出该场域。只有遵从来自管制机构的约束，适应而非对抗专业化过程的规范压力以及来自不确定环境的模仿压力，推行与制度场域相容的组织行为和结构特征，才能获得生存，在此基础上得到良好的发展（Cao et al.，2014），产业集群就是符合这种特征的制度场域，因此可以从合法性视角来寻找相应的治理模式，提升集群企业知识资产治理效率。

产业集群由众多企业聚集而形成，众多的企业在空间和产业上的聚集，形成具有共同约束力的制度场域。居于其间的集群企业一旦有违制度场域，就会形成产业集群的“合法性压力”，所谓合法性压力，就是集群企业能够感知到外部环境及其他组织对自身行为的预期，一旦违背这个预期，就会受到相应的惩罚，为了避免惩罚，企业对外部环境及其他组织预期做出妥协，改变自身的行为和战略，促使企业的形态、结构或者行为符合外部环境及其他组织的预期，这种促使企业的战略和经营行为变得合理、可接受和易获得支持的规则、规范、社会伦理或者文化的作用力，就是合法性压力。合法性压力的来源，既包括关键利益者，如监管机构、专业组织、顾客、同行企业，等等，也包括更宽泛的、难以准确表述的市场和非市场因素，如市场声誉、舆论导向、文化习俗、社会伦理等。另外，产业集群的共同制度场域是集群企业的共同作用所形成的，企业在面对制度场域带来的合法性压力的同时，反过来会影响制度环境，推动制度变迁。集群企业从追求自身利益的角度出发，尽管面临倾向于保持不变和趋同的合法性压力，仍然会存在操纵、改变或者创造新制度的激励，甚至主动建立并推广使得自身行为获得场域认同所需要的价值观、规则理念和行为模式等，从而营造出有利可图的机会和环境。在当下的产业集群知识资产治理模式中，知识资产的治理规则仍然多数依赖于以独占性为核心理念的知识产权制度，导致产业集群中的“搭便车”、边缘性的侵权模仿等机会主义行为时有发生，在促进知识生产、维护知识资产及其收益独占性方面，既有的知识产权管理模式有点力不从心，知识产权管理制度失灵，难以达到预期的效果，迫切需要新的理论和新的管理范式来弥补、替代当下的管理制度，而以合法性为理念的集群知识资产治理模式，成为必然选择。

三、产业集群知识资产合法性治理机制：基于扎根理论的案例分析

虽然基于合法性理念的知识资产治理模式成为产业集群知识资产治理的发展趋势，而在当下，集群企业知识资产治理机制和模式仍然处于形成和演变过程之中，而且产业集群之间存在很大的差异，使得不同产业集群基于合法性而自发形成的知识资产治理方式存在区别和差异，难以一概而论。因此，选择扎根理论研究方法，进行探索性的案例分析，通过收集整理案例的纷繁复杂的素材，提炼出根植于产业集群的知识资产治理机制，

探究集群企业知识资产治理机制的运作方式和效果。

（一）案例选择与案例状况

1. 扎根理论研究方法

扎根理论（Ground Theory）也译为“草根理论”，从“Ground”一词而来，意为“接地的”，故被形象地称之为“扎根”，最早是由两位社会学者格拉斯和斯特劳斯（Barney Glaser & Anselm Strauss，1967）在其著作《扎根理论之发现：质化研究的策略》中首先提出，该理论是通过系统地收集资料，加以整理分析，从中挖掘出理论的研究方法，本质是在经验资料的基础上建立理论。该质性研究方法的形成，主要受到来自哲学和社会学等两个理论思想的影响：一是美国的实用主义，强调行动的重要性，强调事件发展过程中的情境性影响，既注重通过情境改变来解决问题，也注重在问题解决中产生办法，把握事件演变趋势和逻辑，提炼出一般性的规律。二是芝加哥社会学派，该学派偏好广泛使用实地观察和深度访谈的方法收集资料，强调从行动者的角度理解社会互动、社会过程和社会变化。

在利用扎根理论进行质性研究中，其基本思路主要包括以下几个方面内容：①理论产生。扎根理论的主要特色是遵循事件发展的演变顺序和逻辑，以此为依据，从事件资料中挖掘理论、提升理论，而不是以往地从研究者角度进行理论推演，探索理论演变逻辑。该理论认为，只有从资料中产生的理论才有生命力，只有与实践相吻合的理论，才具有实践指导意义。②首要任务。扎根理论的首要任务是从资料中构建实质性理论，实质性理论既不同于宏观抽象的理论，也不同于实践中流水化的操作规则，而是对实践工作具有指导意义的客观规律和经验总结，但也不完全排除对具有普遍性的抽象理论的建构。然而，高度抽象的理论也必须有实践经验总结和实践操作规律的支撑，如果从实践资料和事件中，直接提炼形成高度抽象的理论，跳跃性太大，容易产生偏差，出现漏洞。由此扎根理论认为，知识是积累而成的，是一个不断地从事实到经验和规律总结，然后到高度抽象理论演进的过程，在建构高度抽象理论过程中，需要大量的资料、实践经验、运行规律的支撑。③保持敏感。扎根理论的本质是通过大量的实践调研，获取信息资料，在此基础上构建理论，因此该理论特别强调研究者对理论保持高度的敏锐意识。无论是在研究设计阶段，还是在信息资料收集和整理分析阶段，研究者都应该熟练把握理论的发展轨迹和发展趋势，注意捕捉实践调研中所呈现出的新理论构建的线索，对研究中所呈现出的规律性和经验性的东西保持高度的敏感性。保持敏感性，不仅可以使得研究进展具有明确的方向性，而且有利于在分析资料时注意寻找那些可以比较集中、浓缩地表达资料内容的概念。④不断比较。扎根理论的主要分析思路是在资料和资料之间、理论和理论之间不断进行对比，在比较基础上，找到资料与理论之间的相关关系，提炼出有关的类属及其属性。⑤理论抽样。通过对资料的收集整理、比较分析，初步提炼出相关的理论雏形，根据初步形成的理论，指导下一步的资料收集和整理分析工作。在扎根理论运用过程中，每一步的资料收集和整理分析，都应该抽象出一定的规律总结和理论归纳，并成为下一步的研究方向。⑥理论生成与评价。在适当借鉴已有理论的基础上，通过对研究资料的深层挖掘和提炼，形成相应的理论。从研究中提炼出的理论，要进行核查和评估，主要包括四个方面：一是提炼的概念和理论，必须有原始资料支撑，要有明确的调研资料印证；二是新建理论中的概念应该具有高度的概括性和代表性；三是新建理论中的概念之间应该具有系统的联系，“理论是在概念之间的合理的联系”（Strauss & amp；Corbin，1994），各个概念应该紧密地交织在一起，形成一个统一的、具有内在联系的整体。四是由调研资料抽象出的一系列的概念，经过一定的逻辑整理，形成一定的理论逻辑和理论体系，这些理论来源于实践，而又必须高于实践，对实践必须具有指导和引领作用，必须具有较强的解释力，能够适用于比较广阔的范围。

作为质性研究的代表性方法，是从实践中进行经验总结，提炼理论。经验总结和理论提炼是通过对资料进行逐级编码来完成的，这是扎根理论中最重要的一个特色。逐级编码主要包括三个层级的编码：首先是一级编码，研究者以开放的心态，以客观中立的态度，按照资料本身所呈现的状态进行开放式登录，登录目的是从资料中发现概念类属，对类属加以命名，确定类属的属性和维度，然后对研究的现象加以命名及类属化。其次是二级编码，又称为关联式登录或者轴心登录，主要目的是在一级编码的基础上，从资料的类属中探究和建立各种联系，包括因果联系、时间序列联系、情境关系、功能关系等，每一次只对一个类属进行深度分析，围绕这个类属寻找相关关系，因此又称之为"轴心"，每一组类属之间的关系建立之后，从中辨析出主要类属和次要类属。最后是三级编码，又称核心式登录或选择式登录（Selective Coding），对二级编码发现的概念类属进行进一步的提炼总结，形成一个对所有概念具有提纲挈领作用的"核心类属"，能够将大多数的研究结果囊括在一个比较宽泛的理论范围之内。核心类属具备以下几个特征：一是核心类属居于研究中的所有类属的中心位置，比其他类属更具有抽象性和归纳性；二是核心类属的形成与构建是在统括所有调查研究资料基础上形成的，它所反映的是具体情境下比较稳定的现象，与其他类属相比，它在研究中出现的频率应该是最高的；三是核心类属是对其他类属再次总结归纳的结果，因此它与其他所有的类属都存在一定的相关关系，而且相互之间的关联内容非常丰富；四是核心类属向具体表象衍生，就是一般类属和具体的调研资料，向抽象方向衍生，可以发展演变为更具有概括性的理论。因此，随着核心类属的形成和发展，理论也就自然而然地呈现出来。

2. 案例选择

在探究集群企业知识资产治理模式过程中，为了遵从研究要求和案例研究的规律，规避其他相关理论逻辑的影响，且能够深化和扩展现有理论，确立案例选择的三个原则：①案例选择的典型性原则。基于该原则要求，选择佛山石湾陶瓷产业集群、佛山环城童装产业集群、佛山盐步内衣产业集群进行案例研究。这些产业集群同质化竞争比较严重，都曾经遭遇过产业知识流失的问题，给产业集群的发展带来较大的冲击，但在多方努力下，在整个产业集群层面上，成功有效地应对了知识流失带来的冲击，逐渐形成稳定成熟的知识资产治理模式，取得了良好的效果。②案例选择的聚焦性原则。研究的目的在于探索产业集群情境下的知识资产治理机制，探究出产业集群知识资产的一般性、共通性的治理方式和路径。由于产业集群之间存在行业、地理区位等多方面的差异，在外在表现方面，集群知识资产的治理方式也会各有不同，从这些存在表面差异性的集群中，探究出知识资产治理的一般性和共通性的模式，为构建集群企业知识资产治理机制提供一般性和通用性的经验。基于这方面的考虑，选择佛山石湾陶瓷产业集群、佛山环城童装产业集群和佛山顺德乐从家具产业集群作为案例研究的对象。③案例选择的饱和性原则。选择佛山石湾陶瓷产业集群和顺德乐从家具产业集群进行理论饱和度检验。

3. 案例数据采集与效度分析

能够有效解决质性研究效度问题的方法是三角互证法，可用来检验不同来源或不同搜集方法获得的资料的真实性程度。其特点是在研究同一经验性单位时，采用两种或两种以上的研究策略，通过比较不同来源的信息，以确定它们能否相互证实，其目的是评价资料的真实性。在本案例研究中，采用三角互证法来处理收集得到的信息数据、访谈资料和研究证据的效度问题。在产业集群资料方面，通过观察、访谈和其他文件资料构成证据来源的三角验证。在研究对象方面，通过三个途径获取调研资料：一是实地调研，通过与产业集群相关人士接触和交流，包括集群企业知识型员工、知识管理者和经营者，获取集群企业知识资产侵权状况及其应对策略，产业集群内部的咨询报告，以及相关的新闻报道资料等，获得相应的调研资料；二是专家访谈，包括知识产权专家、产业专家和相关研究者等，获得来自专家的案例和观点；三是通过网络电子通信手段，包括微信

(群)、邮件等，对与产业集群相关的、不特定的人士进行访谈，补充证据，共同构成研究者的三角验证。

对于获得的信息资料、访谈资料，根据研究目的，按照合理的数据资料分析方法，进行加工处理。在信息资料处理过程中，难免会出现偏见、极端的观点，对于这类资料的处理，主要采取以下集中方法：①拟定结构化访谈提纲，以知识生产、运用和扩散等关键事件为脉络，还原关键事件的演进过程，厘清访谈者阐述中的事实逻辑，淡化访谈过程中的观点表达，提升质化信息资料的准确性；②从时间纵向和事件波及范围横向两个方向，扩大受访者的范围，追踪事件的多方当事人和知情者，扩充信息源头，尽可能地客观还原事件本原，交叉验证；③ 查阅集群企业内部发行刊物、网站和文件档案数据，梳理二手质性数据材料，对访谈获得的信息资料进行补充和验证。

（二）案例分析

按照扎根理论的研究要求，对调查研究资料进行分析。调查资料分析过程遵循扎根理论研究的三个步骤，分别为一级编码、二级编码和三级编码。

1. 一级编码

一级编码过程，是对原始资料进行初步汇总与整理，采取开放的态度，无论优劣好坏，但凡与研究主题相关的资料全部纳入编码过程。在此过程中，为了尽量规避研究者的个人偏见，减少既有理论和思维意识导向对研究的影响，必须紧紧围绕初始研究目的进行访谈和资料收集，按照“什么都相信，又什么都不相信”的客观中立原则进行资料登录整理，尽最大可能保持资料的原汁原味，重视被访谈者的原始表达，在标签和类属设定上，尽量采用被访谈者的原话表达。通过对资料汇总整理分析，从中挖掘出98个本土概念，对这些本土概念进行进一步分析汇总，提炼形成56个概念类属。因为本土概念表达比较通俗化、地方化和口语化，语句表达的内涵层次低，数量多，语义庞杂，并且相互之间存在一定的交叉，需要再次提炼，将相关的概念进一步抽象化，形成更加浓缩性的聚类范畴，对访谈和调研中出现频率超过三次的概念，加以范畴化，限于篇幅，开放式的编码不一一列举，仅仅挑选出部分有代表意义的开放式编码，见表7－1。

表7－1

资料搜集整理中的代表性描述	一级编码（初始范畴）
陶瓷可复制性强，公司以前出了不少新花样，但上市不久，就遍地都是，现在公司专门成立了专利申请部门，花了不少钱，打了几场官司，现在好多了	知识产权保护
公司的专利申请越来越多，有时候一年申请30多个，在新产品上市之前先申请专利，有时候还跨国申请专利，就是为了防止被人家山寨、被人家仿制	知识产权保护
我们佛山企业的维权更多的是靠企业联合，靠自觉，不需要政府太多干预，政府干预了，反而不太好搞，被侵权的企业找政府，侵权企业也会找政府，找来找去，反而得不到好结果，不如靠企业自己联合起来，一起打击对付那些不守规矩的企业	联合抵制 联合行动
2017年市里发布了《知识产权"海外护航计划"实施方案》，挺好的，我们做内衣服装的公司，在这方面自觉也联合起来，抵制模仿，一旦模仿，在行内就混不开了，口碑就差了，被人看不起。情节严重的，还被人告上法庭吃官司，被罚款赔偿	联合惩罚
那些大企业基本都是市里的骨干企业，都是行业协会成员，要是抄人家的，偷人家的东西，这个负面影响就太大了。一般企业不会去偷偷摸摸地抄人家的设计，模仿人家产品	规范压力
我们公司去年申请了30多项专利，这在陶瓷行业是不多见的	重视知识开发
一家公司说自己从山东采购的标有"东鹏时代"字样的瓷砖商品，又拿不出证据来，被我们公司告上法庭，对方败诉了，赔礼赔钱赔偿损失。这个影响蛮大的，后来还登报了，这种现象很快少了，媒体报道的影响力很大	媒体舆论规范
2018年佛山市成立知识产权保护中心，这个效果明显，市面上的侵权事件少了很多，大企业不敢侵权，负面影响太大。小企业也收敛了很多，一旦被抓住，处罚力度比较大	侵权现象减少
我们协会里会经常交流新产品的设计，相互模仿，相互借鉴，相互聊聊，就能得到很多启发，有时还会互相联合开发新产品，一般来说，大家都有个度，把握抄袭和交流的度，一旦超过这个度，下次就不会跟你来往了	非正式专利认同

2. 二级编码

二级编码，也称为轴心编码，是在一级编码初始范畴中确认的概念、范畴、性质以及对象的基础上，重新整合资料，依据事件发生—应对行为—处理结果这一逻辑来寻找初始范畴之间的关系。例如，通过开放编码形成的联合抵制、限制进入、规范压力、政府规范、媒体舆论规范等初始范畴，进一步整合为更具有抽象性和概括性的概念，整合为“轴心”，纳入主范畴“网络行政组织治理”（Network Administration Organization，NAO）。产业集群是围绕产业而产生的企业在空间上的聚集现象，这些企业具有地理空间上的毗邻性、生产经营上的关联性和市场上的竞合性等特征，很多企业之间相互知根知底，因为人员流动、频繁交流等活动容易导致企业知识被模仿、被侵权、被抄袭。为了应对知识外泄，知识产权被模仿、侵权等问题，从事知识创新的企业除借助法律法规的手段，向政府主管部门申请保护之外，还倾向于自发参与，甚至组建行业协会、知识产权保护联盟等集群企业知识资产治理机构，形成了网络行政组织治理（NAO）模式。按照事件发生—应对行为—处理结果的逻辑，对搜集到的信息资料和访谈资料不断进行结构化处理，直至初始类属全部饱和，经过不断比较、归纳和挖掘，将开放性编码提炼的56个类属归纳为19个次要类属，在次要类属的基础上，再进行概括提炼，进一步抽象概括为7个主要类属，这7个主要类属分别为知识产权保护、NAO治理、创新隔离、主导控制、合法性压力、行业监督、创新激励等。具体的次要类属及其抽象出的7个主要类属，见表7-2。

表7-2　轴心式编码

次要类属	主要类属
申请专利、注册商标、版权保护	知识产权保护
媒体舆论规范、限制进入、	NAO治理
创新保密、人员流动管理	创新隔离
联合惩罚、正式制度规范	主导控制

续表

次要类属	主要类属
规范压力、制裁压力	合法性压力
群体声誉、群体制裁、信任约束	行业监督
提高创新奖励、增加创新投入、倡导创新	创新激励

3. 三级编码

三级编码又称为核心编码，是在结构化处理的类属与类属之间关系的基础上，不断地进行深入分析和提炼，抽象出“核心类属”，在整个调研资料中，核心类属能起到一个提纲挈领的作用，能把所有的类属汇成一个整体。换言之，所有的调研资料的中心意思和核心内涵，都指向核心类属，而核心类属就像一张大网，能把所有的调研资料、研究过程和研究结果囊括在一个比较宽泛的理论范围之内。核心编码提炼的基础是七个主要类属内涵的区分和汇总，七个主要类属的界定和区分，分别如下：

主要类属“知识产权保护”，主要是指产业集群企业获取专利、发明、实用新颖、商标、版权等知识资产的所有权和收益权。我国自 2008 年颁布《国家知识产权战略纲要的通知》之后，相继出台了《商标法》《专利法》《技术合同法》《著作权法》和《反不正当竞争法》等法律法规文件。从宏观层面上讲，国家已经在法律制度层面为企业知识产权权益的保护提供了较强的法律依据。我们这里所讲的知识产权保护，不是指外部的制度环境和法规体系，而是集群企业采取的行动，是企业依据国家颁布实施的知识产权法律法规，对自身拥有的知识资产采取的保护行为和举措，取得了良好的效果。例如，佛山市陶瓷产业集群目前有 50 多个驰名商标，占全佛山市驰名商标数量的 1/3。专利申请量超过 1.7 万件，总体知识产权无形资产价值预计超过千亿元。在调查过程中发现，绝大多数企业对自身的关键技术、关键设计都申请了专利，一些规模比较大、具有外向出口竞争能力的集群企业，还将专利申请衍生到国外，在国外申请注册商标，确保企业的知识产权在海外市场上能够得到当地的法律保护。

主要类属“NAO 治理”，是对产业集群知识资产治理多方参与人联合行动现象的概括与总结，创新企业通过参与或者自主建立维权平台，呼吁遵守知识产权保护，打击侵犯知识产权行为，联合第三方、地方政府以及相关媒体共同构建产业集群知识资产治理的网络组织结构。支撑这个类属的调查资料有很多，其中比较典型的包括：① 2017 年 6 月，由集群企业推动、佛山政府部门主导创建了知识产权保护平台——中国（佛山）知识产权保护中心，围绕智能制造装备和建材产业开展知识产权保护工作，属于社会公益服务机构。②成立于 2001 年的佛山市知识产权协会，在集群企业推动下，牵头成立佛山市知识产权协会服务联盟，并与广东省标准化研究院签订了《知识产权协会服务规范》《企业知识产权工作评价规范》，这两项标准于 2015 年 8 月成功获市质量技术监督局编号，成为佛山市乃至广东省首批服务联盟标准。2015 年又牵头成立佛山市知识产权人才学院，成为全省首个知识产权培训基地。其后，佛山市知识产权人才学院与佛山职业技术学院合作共建佛山市知识产权人才学院三水分院。③佛山 14 家知名陶瓷企业联合发起制定并签署了《佛山市陶瓷行业协会知识产权保护自律公约》，要求参加公约的企业承诺尊重他人的知识产权，自觉抵制各种侵权行为，对于出现侵犯签约成员知识产权的行为，公约组织会协助成员对侵权者采取联合措施或制裁。④ 2017 年 5 月，由佛山市知识产权保护中心、佛山市陶瓷行业协会、广东方图律师事务所、中国陶瓷城联合举办佛山市陶瓷行业知识产权维权大数据报告发布会，评选 10 家知名陶瓷企业主动进行知识产权维权的典型案例，并颁发“佛山市陶瓷行业知识产权维权典型案例示范企业”的牌匾，通过集群企业联盟、政府、社会公益机构、媒体等多方合作，形成了产业集群知识产权治理的网络型组织结构。从这些调查资料可以发现，NAO 治理结构的运行与发挥作用，主要是通过社会曝光、抑制仿冒、多重惩罚、限制进入、激发创新等路径，达到知识产权保护的目的。一方面，通过制定并推行各类本地化的成文条例、准则等正式制度，通过多重惩罚来抑制侵权行为，保护和鼓励集群企业的创新活动。

另一方面，集群企业出于共同利益和商业规范的诉求，形成共同的产业经营准则，通过社会曝光、同业排斥等方式来抑制侵权仿冒现象，倡导和保护集群创新活动。

主要类属“创新隔离”，是指集群企业在创新活动中，将容易受到侵犯的知识资产对外界进行隔离屏蔽。在研究中，这种隔离屏蔽包括两层含义：一是针对不特定对象，包括善意的和恶意的知识获取者，进行创新屏蔽，不让自己的知识生产意图、过程和结果对外公开，防止外泄，避免因外泄导致知识资产贬值。二是针对特定对象，主要是恶意的知识猎取者，通过创新隔离，降低知识的开放性和流动性，限制知识的扩散范围，构建知识资产的保护屏障，形成知识生产和知识结果的外部不可见性，有效设置知识资产的模仿障碍。在创新隔离主要类属之下的两个次要类属，一个是创新保密，另一个是人员流动管理。在调研的集群企业中，所有的企业对自己的技术档案、工艺流程等都采取保密限制，设有明确的访问限制，越是规模大、影响力大的企业，限制程度就越高，技术保密制度就越健全，如仅企业高层或者特定的相关人员拥有权限进行访问查询。通过人员流动管理来保护创新，主要体现在协议约束措施，集群企业与职工签订知识产权保护方面的协议书、聘用合同等，以明文规定的形式来约束员工，保护企业的知识产权。

主要类属“主导控制”，是指产业集群中具有重要影响力的集群企业，主导协调其他集群企业共同参与知识维权行动，产业集群中的龙头企业倡导和带头遵从产业规范及行业秩序。在产业集群中，具有影响力的大企业在生产经营过程中，会沿着产业链的上下游方向构建纵向的产业规范，如分别与供应商、渠道商、代理商签订知识产权方面的约定，这些协议包括保护商业秘密、代理商的排他协议等，如有不少企业在内部制定并实行《供应商采购管理办法》，明确规定供应商应该遵循的规则和条例，保护企业采购型号、技术参数和数量等方面的要求，目的是保护企业的知识产权。通过这些措施，使得企业知识产权保护规则和约束条款随着产业上下游的合作而产生广泛的影响，沿着产业链的纵向延伸，企业的知识产权规则逐渐演变为整个产业链的运行规则。同时，产业集群的龙头企业，还会在产业集群场域内发挥企业的影响力，通过影响力，将自身的知识产权规范和规则告知于众，传播企业的主张，提升企业声誉，明确企业知识产权保护态度、规则，加大对违规企业的打击的显性度，使得企业规则逐渐演变为产业集群的规则，使得违规者在集群内的声誉受到损失，一旦违规，就面临长期合作机会丧失的，以及受到其他企业不信任的后果。

主要类属“合法性压力”，是产业集群存在的一定的规范和秩序，让集群企业感受到对产业集群的规范和秩序遵守与否的后果，出于规避违背产业集群规范和秩序所导致的后果，集群企业使自身在组织形态、经营理念、商业行为等方面符合产业集群规范和秩序要求，变得合理、可接受和容易获得支持，主要类属“合法性压力”就是对集群企业为了遵从产业集群规范和秩序的要求，自身制定的经营规则、经营理念和组织文化等行为的总结和抽象。

主要类属“行业监督”，是对产业集群中同行企业相互监督、防范侵权行为等现象的归纳和抽象总结，是产业集群知识资产的平级化治理机制。其核心是产业集群场域内的企业对本地自发形成的诚信规范、本地声誉和集体惩罚等非正式制度安排的集体遵从，集群企业愿意参与知识产权维护的行动，并以遵从产业集群的明文规则和约定俗成的惯例为荣。在生产销售过程中，主动并乐意强调自身产品的自主开发获得的专利权属，强调对其他同行企业的知识产权的区别和尊重，尤其是在产品展览会、商品推销会、产业交流等活动上，更是如此。一些集群企业会自发组团，建立知识产权保护联盟，通过共同宣言等形式，要求联盟成员做到积极创新不侵权、坚决维权不妥协，对侵犯联盟成员知识产权的行为和现象，共同监督，联名举报，协同维权。例如，在调研中发现，佛山陶瓷产业集群中，建立有大大小小多个同业联盟，在知识产权信息方面互通有无，在知识产权维权上相互协同。联合行动过程，既是维权的过程，也是展示诚信的过程，在行动中构建诚信，以诚信树立良好的产业氛围。集群企业联盟的合作行动，包括但又不限于知识产权保护方面，对于其他方面的共同事务，也会联合行动，例如在2018年4月发生的佛山陶瓷企业抱团应对印度尼西亚陶瓷反倾销事件，充分反映了联盟合作行动对集群企业的引导和影响作用。

主要类属“创新激励”，是从质性数据资料中反映出来的主动进取的自主创新氛围、政策和行动而抽象出来的概括总结。创新激励这一主要类属，包括三个次要类属，分别是增加创新投入、提高创新奖励、倡导创新。创新激励中自主创新氛围影响知识生产的积极性和知识生产的效率，在调研中明显感受到，产业集群自主创新的氛围越来越强烈，从国家到地方政府，从消费者需求到行业竞争，都在促成浓郁的创新氛围，积极倡导创新。“知识产权是公司经营发展总体战略的有机组成部分。实施知识产权战略是建设创新型企业，全面提升公司核心竞争力，推动公司持续、稳定发展的根本动力。”在调研中，某陶瓷企业负责人如是表示。从国家层面来看，专门出台了相关的法律法规来倡导创新、鼓励创新。例如，就调查中的陶瓷产业集群而言，国家知识产权局、工业和信息化部、工商总局和版权局联合发布《关于加强陶瓷产业知识产权保护工作的意见》，鼓励对创新成果依法及时保护，较大幅地提高陶瓷领域知识产权的数量和质量，为陶瓷产业创新发展保驾护航。在创新投入方面，包括引进先进的生产设备，加大产品升级改造，研发具有市场潜在需求的产品。在创新奖励方面，包括对创新过程的鼓励和对创新成果的奖励。例如，东鹏公司早在2012年就修订了《专利管理制度》，强化奖励力度，对专利发明等予以每项5万元的奖励，在当时，这一额度很高，在佛山企业知识产权管理人员的中引起轰动效应。再如，蒙娜丽莎公司在其内部实施的2015年版的《科技奖励办法》中，明确规定给予每个发明专利2万元的奖励外，还对发表科研创新论文给予1000～2000元不等的奖励，同时还对新产品、新技术的鉴定，以及政府科研项目的立项提出了奖励，以此激发研发团队的创新意识和提升其工作动力。最具特色的是提出了职称津贴这一人才激励奖励办法，旗下的科技人员除享受公司评定的级别工资外，对具有中级职称以上的人员，根据职称级别的不同，公司按月给予一定的津贴，津贴与工资一同造表发放。这些政策实施，极大地提升了企业技术创新发展进度。

通过对七个主要类属的归纳和界定，将从调研资料中提炼出来的七个主要类属，回归到既有的相关理论中，并与已有的相关理论进行对接和比较，进一步抽象和挖掘，可以从知识产权保护、创新隔离、行业监督、主导控制和 NAO 治理五个主要类属中，更为概括性和总结性地观察，发现它们内部之间具有理论上的趋同性和解释上的一致性，这五个主要类属的内涵，共同指向具体的产业集群这一背景条件，以及知识资产的治理；将这两个共同指向合并起来，构成一个完整的内涵概述：产业集群的知识资产治理，并将其界定为：在产业集群中，知识资产的治理存在完整的治理结构和治理规则，这些治理结构和治理规则能够有效界定知识资产的归属，明确知识资产的收益权限，形成有效的产业集群知识资产治理体系。该治理体系包括知识产权保护、创新隔离、行业监督、主导控制和 NAO 五个方面，能够有效保护知识资产的归属权限和收益权限，由此而进一步激发产业集群中的知识生产和技术创新。从主要类属之间的关系角度观察，可以将“创新激励”看成产业集群知识治理所引起的结果，是产业集群治理的绩效反映，为了更好地、客观地反映主要类属之间的逻辑关系，在将知识产权保护等五个主要类属抽象提炼为“产业集群知识资产治理”时，可以将主要类属“创新激励”调整为“集群知识治理绩效”，而合法性压力在产业集群治理机制和治理绩效之间起到一个中间调节的作用。由此，可以清晰地提炼出本案例的调研资料中存在的内容和逻辑关系，可表述为：在产业集群中，集群企业的知识资产治理体系既包含明文规定的法律法规、政策规章等正式制度安排，也包含非明文规定的惯例、默契、信任关系等非正式制度安排，这些正式和非正式制度安排，对集群企业构成一定的合法性规范压力，进而能够抑制模仿侵权现象，激励集群企业创新的积极性。基于此，本案例研究的核心主旨可以概括为：集群知识资产治理体系对企业创新的影响。该主旨的提炼和抽象过程如图 7－1 所示。

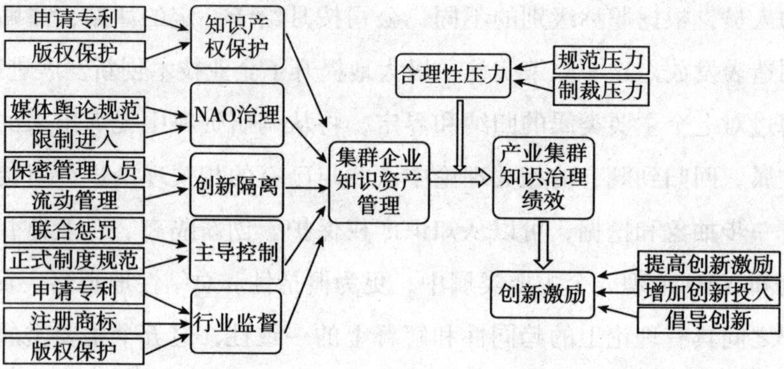

图 7－1　信息资料编码后的数据结构

（三）案例研究结论与讨论

结合产业集群以及知识资产管理等方面的理论基础，上述案例研究可以说明以下几个结论：一是在产业集群背景下，产业集群以及集群企业能够自发形成知识资产的管理模式、机制和路径，每个产业集群的知识资产治理机制既有共性，也各有特色；二是在产业集群情境下，产业集群以及集群企业的知识资产治理机制对产业集群以及集群企业的创新产生影响。三是在产业集群背景下，产业集群的知识治理机制形成过程中，产业集群与集群企业相互影响，形成知识资产管理的正式制度安排和非正式制度安排。这些发现是在调研基础之上，通过扎根理论的研究方法提炼而成的。对这些观点的演绎和阐述，重新回归到资料和分析中，能够得到更好的说明和阐述。

1. 产业集群知识资产治理机制形成及作用

在产业集群中，知识资产治理机制中的行业监督、主导控制和 NAO 治理三个方面，既影响产业集群的知识治理模式的选择，也会对集群企业的知识资产运用与管理产生影响。行业监督是将集群企业置身于同行群体中，使得企业的行为、态度与行业的要求保持一致。而行业的要求，既包括显性的规则要求，也包括隐性的、不言而明的规则要求，使得置身于行业之中的企业，感受到违背行业意愿的压力和损失，迫于压力，且为了避免损失，集群企业从事经营行为和进行经营决策时，会自发地遵从行业要求，由此推动产业集群自下而上的知识资产治理制度的形成和发展。产业集群自下而上建立的知识资产治理制度产生作用的逻辑在于，通过集体行动界定和强化集群企业知识治理的制度边界，号召和联合同行企业，共同构建集群内的创新合法性压力，构建创新利益共同体，这在佛山陶瓷产业集群等历史文化嵌入较深的集群中，表现得尤为明显。在实践调研和访谈中，很多企业都提到会密切注意观察同行的产品以及发展动向，既是为了把握产业的发展态势，也是比较同行的产品设计和生产状况，在比较中有所借鉴，在比较中考察自身的创新和产品是否被侵权，考察哪些企业被侵权，哪些企业会被侵权。有的企业还专门安排工作人员到展会现场、销售现场调查，一旦发现自身被侵权，会迅即采取行动，及时应对；发现产业集群中的同行被侵权，会及时通报。但凡侵权行为，一经发现，就会很快在同行中传播开来，集群中的同行企业共同采取行动，包括媒体曝光、联名声讨、诉诸法律等。例如，佛山陶瓷产业集群中，集群企业多次共同举办知识产权数据报告会，通过发布陶瓷行业知识产权大数据报告的方式，联合陶瓷行业企业，共同探讨佛山陶瓷行业抱团维权，保护并弘扬佛山陶瓷品牌价值的思路。在报告会上，公布维权状况，评选知名维权案例，分享维权经验，在行业内树立侵权可耻、维权有力、鼓励创新、公平竞争的理念。在访谈中，不少企业也表示，现在信息灵通，盗用别人的商标、产品设计等侵权行为，很容易被发现，至于是不是模仿侵权和盗用商标品牌，大家都是行内人，一看心里就有数了，不需要太多的调查和辨识。一般来讲，侵权和盗用品牌商标的，大多数是小企业，在产业集群内有影响力、规模大的企业，不会去做这种事，一次不诚信，引起的后果会很严重。即使小企业也极少铤而走险，在产业集群内，存在这样的共识：“一次不诚信，会受到百次防范”的共识，会大幅提升企业的市场交易成本。

在产业集群制度场域中，产业集群中主导企业、龙头企业对知识治理机制的形成及运行，具有举足轻重的影响。在产业集群的产业分工协作体系中，龙头企业占据中心位置，与之产生商业关系的企业众多，这些企业所经营的业务中，很大一部分是承接龙头企业的分包业务。龙头企业依据自身较高的研发能力、规模实力、市场位势和声誉优势，主导产业集群中的知识治理形成和发展。龙头企业与协作企业签订合作协议时，为了保护自身知识资产的安全，会增加保密条款或者排他条款，甚至直接签署保密协议或者排他协议等正式契约。例如，顺德家具产业集群企业通过保密协议，要求油漆加工企业不得泄露喷漆方案和家具款式等，甚至要求油漆供应企业在规定的期限内不得泄露自己的采购资料，不得向其他同行企业出售自己定制的相关配套油漆，确保该时段内企业在市场上的竞争优势。龙头企业依托自身的集群场域势力，为产业集群场域内的合作企业、联盟企业甚至同行企业提供各种产业资源，其前提就是遵守与龙头企业签订的各种协议，一旦违反协议，相关企业就会受到来自龙头企业施加的压力和惩罚，如终止协作协议、取消技术支持、切断产业信息和产业资源共享渠道等。龙头企业在产业集群中，除了通过正式契约的方式来影响产业集群知识治理机制的形成和发展之外，还可以通过声誉机制这种非正式契约来影响产业集群知识治理机制的形成和发展。在调查中，发现这样一个有趣现象：在产业集群中，一旦企业发觉被侵权了，通过私下的、非正式渠道不能解决，就会采取其他措施，包括与侵权事件无关的事项，来迫使对方停止侵权，做出相应的补偿。例如，某陶瓷企业 A 发觉自己刚刚上市的专利产品被同行比较大的企业 B 仿制了，立即加以干预，但对方不买账，作为产业集群中的同行，相互之间比较知根知底，A 企业觉得动用法律手段的成本高、时间长，便掌握了 B 企业其他的违规事项，并以此胁迫对方。B 企业本来就理亏，认为 A 企业不会采取法律手段，所以才采取对抗的方式，但看到 A 企业以其他方式要挟，妥协了，并做出赔偿。在产业集群，同行企业之间都能互相遵守共同的规章制度，包括明文规则和约定成俗的惯例，甚至对惯例的遵从力度要大于对某些明文规定的规则。这些都比较有力地说明了这样的结论：在产业集群下，行业监督、主导控制、NAO 治理使得集群企业产生显著而又强烈的合法性压力，在强烈的合法性压力下，能够显著提升产业集群的知识资产治理绩效，有效维护知识产权的归属权和收益权，促进产业集群的创新。

通过调研分析，发现创新隔离对产业集群治理绩效也产生一定的影响。集群企业采取创新隔离的措施，目的是建立知识模仿的障碍，提升模仿的成本。从案例调查和分析来看，创新隔离能够达到这一目的，有助于提升产业集群知识资产治理效果，但效果不是太好。很多企业与关键岗位的员工签订了保密协议以及竞业协议，这些岗位上的员工，一旦违背协议，就会受到惩罚，影响他们的职业生涯。企业采取一定的技术方法，对创新的流程进行结构化设计，使得创新人员的创新能力局限于本企业以及创新团队，而不是使企业创新依赖于某一个员工。但这样做也会带来负面影响，创新流程之间有了隔离以及与员工签订竞业和保密协议，无形中会形成创新流程之间各管一段、各自为战的现象，影响员工对外交流和人才流动，对企业创新产生负面影响。概括而言，创新隔离对知识资产保护具有积极的促进作用，但对创新具有一定的负面影响，总体来讲，创新隔离对集群企业知识资产治理的影响是正面的，是促进的，但效果不明显。

调研还证实了知识产权保护能够提升集群企业知识资产治理绩效。知识产权保护可以使得企业产生合法性压力，合法性压力来源于国家关于知识产权保护的相关法律法规。企业如果违背知识产权保护的相关法律法规，会导致遭受法律制裁的后果。知识产权的法律保护机制是企业借助国家知识产权法律法规对知识资产治理制度边界明确，依托司法行政力量对知识产权的侵权行为进行的惩罚，在一定程度上强化了集群企业感知的创新合法性压力。国家关于知识产权保护的法律法规条款越明晰、执行力度越强，企业感受到的合法性压力就越大，越会遵从法律法规，尊重知识产权，有利于提升集群企业知识资产治理绩效。但在调查中发现了以下几种情况：一是知识产权立法以及相关条款要远远落后于实践，对于实践中的新情况、新现象规范和治理表现得有点力不从心，而创新的显著特点恰恰就是不断出现新情况、新现象；二是知识产权法律法规在实施过程中，存在比较明显的软约束力；三是通过知识产权法律法规来维护知识资产的合法权益，成本高，周期长，甚至维权成本远远不止知识产权带来的收益，再加上维权周期超过产品的生命周期，使得企业感觉对产权保护得不偿失，继而放弃通过法律途径来维护知识产权。这些从调查中发现的案例以及现象总结说明：通过法律法规进行知识产权保护，能够强化集群企业的合法性压力，继而促进知识产权保护，使其免受侵犯，提升产业集群知识资产治理绩效，最终达到促进创新的目的，但效果不显著。

合法性压力与产业集群知识资产治理绩效存在正相关关系。产业集群作为介于市场与企业之间的一个中间性组织结构，由众多企业组成，这些企业遵循一定的共同规范，包括显性的制度规则，也包括隐性的制度规则，这些制度规范构成产业集群的制度场域。企业进入产业集群后，来自产业集群的管制压力，来自不确定环境中的认知压力以及来自专业化过程的规范压力，会迫使企业所采取的经营决策行为达到产业集群的基本规则要求，形成与制度环境特征相容的组织特征，以获得合法性。企业面临产业集群场域内知识资产治理的强制压力，受到集群场域内的“创新光荣，侵权可耻”的价值观压力，必然会减弱侵权的动机，强化创新的激励，在创新决策上，自觉与产业集群所认可、倡导的创新理念和规则保持一致，即获得合法性，减轻合法性压力，进而获得更多、更好的机会与利益相关者开展深层次的资源交换，从而给创新企业带来更多的资源，推动集群企业更加积极地投身创新活动。在产业集群中形成的“创新胜，侵权亡”的合法性压力越大，就越会有效抑制企业的侵权行为，促进企业不断从事创新。基于此调研和资料分析得来的逻辑关系，可以清晰地得出这样的结论：创新合法性压力与产业集群知识资产治理绩效之间存在显著的正相关关系。

2. 集群企业知识资产治理理念的演变和趋势

集群企业知识资产治理的目标在于获得创新成果的专有性和收益的垄断性，围绕这一目标的知识资产治理体系的特征在于将知识产品的公共物品性质演变为私人物品性质，实现这个转变，以往采取的是“创新隔离”的方法，通过隔离，达到保护知识产权的目的。知识产权保护这一概念，是对早期“独占性”“独占性体制”以及知识产权制度相关研究与企业创新保护行为的呼应，与知识产权制度有着密切的关系。创新隔离的内涵，与知识隔离、内部隔离等相关表述存在一脉相承的关系，通过构建企业知识库的访问制度，设置企业知识库的访问权限，与员工签订保密协议、竞业禁止协议等，将企业知识资产与流失风险隔离，防止知识溢出，避免被竞争对手获取和模仿。通过创新隔离手段来实现企业知识资产保护的实践和研究，绝大多数是在宏观体制和微观企业层面展开的。换言之，通过宏观层面的制度安排，以法律法规的手段保护企业知识资产的独占性和排他性，在微观层面，采取诸如创新隔离等手段来进一步巩固对知识资产独占性的地位。

随着产业集群创新、网络创新研究的逐步深入，发现企业创新由传统的封闭式技术创新向拥有协同性、合作性、开放性、用户参与性等诸多特性的创新范式转变。随着创新理念的转变，企业知识资产治理理念也随之发生变化。这种变化表现在三个方面：一是集群企业位于产业集群之中，由于地理空间上的邻近性、交往的高频性，使得以隔离为主要手段来实现知识资产保护的效果越来越弱，集群企业不得不寻求更有效的保护手段来弥补或者替代隔离手段。二是随着创新范式的变化，企业意识到创新已经难以在封闭氛围中进行，仅仅依靠自身的力量难以取得良好的创新效果，必须与其他组织共同合作，互通有无，才能达到良好的效果。在协同创新过程中，仍然坚守知识资产的独占性和专有性，已经成为协同创新的障碍，有条件、有限制地适度放开知识资产的共享和共用，成为协同创新的必然选择。在知识资产的共享共用过程中，保护知识产权，已经超越单个组织的管辖范围，需要共同合作、协同创新的各方组织共同参与，包括产业的上下游关系的合作组织、存在竞合关系的竞争对手和战略合作伙伴。三是知识产权法律制度存在不完全性，容易滋生机会主义，诱发模仿侵权行为，集群情境下的机会主义防范成本更高，倚靠单个企业的单打独斗来维护知识产权，既力不从心，也得不偿失。联合不同的知识资产治理主体，通过“集体行动”，如联合同行企业共同监督、在产业链上下游企业间实施“主导控制”、协同第三方开展 NAO 治理等。与企业以单打独斗的方式来维护知识产权不同，同行群体监督、主导控制、NAO 治理等维护知识产权的理念和方式，借鉴和承袭了社会网络理论和制度创新理论的相关研究，不同的创新主体通过游说劝诫、宣传倡导、缔结联盟、权威震慑、惯例裹挟等策略，构建起具有群体特征的非正式和正式的制度安排，依托集体行动形成治理合力，凝聚形成集群企业生存和发展所面临的创新合法性压力，弥补集群企业以单打独斗方式来维护知识产权方面的不足，有效遏制机会主义和“搭便车”现象，提升集群企业创新热情和创新收益。

3. 产业集群企业知识资产治理手段的演变

知识产权保护制度的运行逻辑是通过法律法规的方式，界定知识资产的归属权限和收益权限，企业或者其他组织依据法律法规来维护自身知识资产的权益。在知识产权保护过程中，企业对自身知识资产治理的手段，主要是对知识资产尽可能地采取保密措施，防止知识外泄，切断外部模仿的路径。在知识外泄受到侵权并受损的情况下，企业的知识资产治理手段就由保密、防止泄露等方式，演变为依靠法律法规来维护自身权益。按照知识产权法的逻辑安排，以“谁受损，谁主张，谁维权”模式，采取单打独斗的维权手段进行维权。这些手段可以归纳为两个方面：一方面，在企业内部采取知识屏蔽，防止知识外泄扩散；另一方面，在企业知识资产遭到外泄，被侵权时，采取单打独斗的方式，依法维权。在产业集群情境下，“内靠屏蔽保密防外泄，外靠依法打击争权益”的知识资产治理手段，效果不彰，企业的这种知识资产管理手段已经不能满足产业集群情境要求。产业集群内关联企业具有地理空间上毗邻性、产业治理制度的共同性和产业知识认同的趋近性，“内靠封闭保密促创新，外靠单打独斗争权益”的手段，难以有效避免技术模仿，维护知识创新收益。在调研过程中，有企业表示“我们这里的知识产权概念很淡漠，申请了专利或者外观造型新颖设计等方面的知识产权，在知识产权批复下来之前，可能就已经被模仿、被剽窃了。因为申请的过程中，要填写大量的表格，要有好几道程序，这些都很容易使得申请的内容泄露和扩散，创新再快，申报再快，也不及模仿抄袭来得快”。出现这种现象的原因在于，产业集群存在大量非正式的集体学习，企业知识和技能外泄的可能性大幅提升，而且知识与技能的外泄大多以碎片化的、非编码化的方式进行，被侵权企业难以提供有效的、正式的知识权益受损的依据，难以采用知识产权法律法规等正式制度来保护自身知识资产，实现知识资产的专有性和收益性。

由于既往的“对内屏蔽保护防扩散，对外维权争权益”的知识资产治理手段，在产业集群情境下并不能取得预期的效果，促使产业集群企业思考和探索更好的、更有效的知识资产治理手段。调研中发现，“集体行动”合法性策略的“产业集群内的群体监督”“产业链上的主导控制”和“网络行政组织治理的 NAO”被大多数企业采纳为知识资产治理手段。对于案例整理中得到的数据和信息资料进行分析，发现在产业集群这一现象兴起的很长时间内，在知识产权宏观体系长期不健全，甚至缺位的情况下，产业集群中创新企业在遭遇知识资产流失、模仿、侵权等困境时，会自发采取自下而上的游说政府、凝聚同行共识、联合行动等制度创新，组建行业协会、维权联盟、知识产权保护中心等自治组织，组织开展颇具探索性、尝试性的同行监管活动，悄然改变我国长期以来的以政府治理为主的知识资产治理模式。第三方组织，特别是行业自组织作为一种“隐性”治理主体的作用，在本次案例研究中被挖掘出来，其角色功能更多地体现在：既是集群场域内的国家宏观政策和法规政策执行者的补充，其形成和作用发挥过程又与正式体制相对独立，自发融入产业集群知识治理体系中，发挥重要作用，保护集群企业的知识资产权益，促进产业集群知识创新，在提升产业集群知识资产治理绩效方面，起着重要的，甚至关键性的作用。

参考文献

[1] Czamanski S. Study of Clustering of Industries Halifax Nova Scotia [M]. Canada: Institute of Public Affairs. Dalhousie University, 1994.

[2] Wann, Prevezer M. and Feser E. J. Industrial and Regional Clusters: Concept and Comparative Applications [M]. Web Book in Regional Science. Regional Research Institute, West Virginia University, 1999.

[3] Redman J. Understanding State Economics through Industries Studies [M]. Washington DC: Council of Governor's Policy Advisor, 1994.

[4] Hill E. W. and Brennan J. F. A Methodology for Identifying the Drivers of Regional Competitive Advantage [J]. Economic Development Quarterly, 2000 (14): 67 – 96.

[5] Bechmann M. Economic Models of Knowledge Networks, Networks in Action [M]. *New York Tokyo*, 1995.

[6] Gaining and Sustaining Competitive Advantage, 1st ed. [M]. Reading: Addison – Wesley, 1997.

[7] James S. Coleman, Social Capital in the Creation of Human Capital, American Journal of Sociology, 1988 (1): 95 – 120.

[8] Uzzi, B. Social Structure and Competition in Interfirm Networks: The Paradox of Embeddedness [J]. Administrative Science Quarterly, 1997 (42): 35 – 67.

[9] Sheng – Tun Li, Ming – Hong and Tsai, Adynamic Taxonomy for Man-

aging Knowledge Assets [J], Technovation, 2009: 284 -298.

[10] Thomas H. Davenport, Working Knoweledge [M]. Boston: Havard Business School Press, 1988.

[11] Teece D. J. Profiting from Technological Innovation: Implications for Integration, Collaboration, Licensing and Public Policy [J]. Research Policy, 1986, 15 (28): 285 -305.

[12] Boisot M. and Meyer M. W. Which Way through the Open Door? Reflections on the Internationalization of Chinese Firms [J]. Management & Organization Review, 2008 (3): 349 -365.

[13] Maum Sockijad and Erik Andrjessen. Condition for Knowledge Sharing in Competitive Alliance [J]. European Management Journal, 2003, 21 (5): 578 -587.

[14] Jeffrey L. Cumming and Bing - Sheng Teng. Transferring R&D Knowledge: The Key Factors Affecting Knowledge Transfer Success [J]. Journal of Engineering and Technology Management, 2003, 20 (1 -2).

[15] Davenport T. H., Prusak L. and Prusak L. Working Knowledge: How Organizations Manage What They Know [M]. Harvard Business School Press, 1997.

[16] Dixon N. M. Common Knowledge: How Companies Thrive by Sharing What They Know [M]. Boston: Harvard Business School Press, 2000.

[17] Chieh Hsu. Knowledge Sharing Practices as a Facilitating Factor for Improving Organizational Performance through Human Capital: A Preliminary Test [J]. Expert Systems with Ap plications, 2008, 35 (3): 1316 - 1326.

[18] Szulanski G. Exploring Internal Stickiness: Impediments to the Transfer of Best Practice within the Firm [J]. Strategic Management Journal, 1996, 17 (S2) : 27 -43.

[19] Chen D. and Puttitanum J. Mapping the Two Faces of R&D: Pro-

ductivity Growth in a Panel of Versus non－price Performance Measures in Optimal CEO Compensation Contracts [J]. Accounting Review, 2003 (78): 6.

[20] Barney J. Firms Resource and Sustained Competitive Advantage [J]. Journal of Management, 1991 (17).

[21] Peters C., de la Potterie B. P. Innovation Strategy and the Patenting Behavior of Firms [J]. Journal of Evolutionary Economics, 2006 (16).

[22] Boschma R. Proximity and Innovation: A Critical Assessment [J]. Regional Studies, 2005, 39 (1): 61－74.

[23] Davis L. Intellectual Property Rights, Strategy and Policy [J]. Economics of Innovation and New Technology, 2004, 13 (5): 399－415.

[24] Mazzoleni R. and R. R. Nelson. The Benefit and Costs of Strong Patent protection: A Contribution to the Current Debate [J]. Research Policy, 1998, 27 (3): 273－284.

[25] Dixit A. Governance Institutions and Economic Activity [J]. American Economic Review, 2009, 99 (1): 3－24.

[26] Cao D., H. Li, and G. Wang. Impacts of Isomorphic Pressures on BIM Adoption in Construction Projects [J]. Journal of Construction Engineering and Management, 2014, 140 (12): 401－405.

[27] Bernstein L. Beyond Relational Contracts: Social Capital and Network Governance in Procurement Contracts [J]. Journal of Legal Analysis, 2016. 7 (2): 561－621.

[28] Agarwal, R. M. Ganco, and R. H. Ziedonis. Reputations for Toughness in Patent Enforcement: Implications for Knowledge Spillovers Via Inventor Mobility [J]. Strategic Management Journal, 2009, 30 (13): 1349－1374.

[29] Pllysaho S. and J. Kuusisto. Informal Ways to Protect Intellectual Property (IP) in KIBS Businesses [J]. Innovation, 2011, 13 (1): 62－76.

[30] Varella P., M. Javidan, and D. A. Waldman. A Model of Instrumental Networks: The Roles of Socialized Charismatic Leadership and Group Behavior [J]. Organization Science, 2012, 2 (2): 582 - 595.

[31] 刘世锦, 等. 中国产业集群发展报告 [M]. 机械工业出版社, 2009.

[32] 徐康宁. 产业聚集形成的原因和影响的研究 [D]. 中国知网中国优秀博硕士学位论文全文数据库, 2003: 23 - 24.

[33] 李小建. 经济地理学 [M]. 北京: 高等教育出版社, 2006.

[34] [法] 弗朗索瓦·佩鲁. 略论增长极概念 [J]. 经济学译丛 1988 (9).

[35] 王战营. 自交易费用、网络协同与产业结构优化 [J]. 财政研究, 2012 (10).

[36] 陈柳钦. 基于交易费用视角的产业集群理论 [J]. 阴山学刊, 2007 (4).

[37] 王坤, 张建华. 产业集群相关概念辨析及研究进展 [J], 科学管理研究, 2012 (2).

[38] 霍苗, 李凯, 李世杰. 根植性、路径依赖性与产业集群发展 [J]. 科学学与科学技术管理, 2011 (11).

[39] 仇保兴, 小企业集群研究 [M]. 上海: 复旦大学出版社, 1999.

[40] 尤振来, 李春娟. 产业集群的分类研究综述及评价 [J]. 统计与决策, 2008 (3).

[41] 刘昱. 中国产业集群类型的研究进展及思考 [J], 广东技术师范学院学报, 2008 (1).

[42] [英] 马歇尔. 经济学原理 [M]. 北京: 商务印书馆, 1997.

[43] [美] 迈克尔·波特. 国家竞争优势 [M]. 北京: 华夏出版社, 2002.

［44］王缉慈．创新的空间［M］．北京：北京大学出版社，2001.

［45］知识竞争力评价模型及其方法［R］．华东科技产业2011年亚太知识竞争力指数报告．

［46］阳志梅，胡振华．知识网络与集群企业竞争优势研究——基于组织学习视角［J］，科技进步与对策，2010（2）．

［47］姜莹，王家斌，产业集群内企业知识共享的价值与策略研究［J］，科学学与科学技术管理，2009（8）．

［48］张润彤，朱晓敏．服务科学概论［M］．北京：电子工业出版社，2009.

［49］方时雄．知识资本理论的管理学思考［J］．商业经济与管理，2000（1）．

［50］高德步．论供给创新［J］．经济学家，2001（1）．

［51］［美］彼得·F．德鲁克．后资本主义社会［M］，上海：上海译文出版社，1990．6.

［52］［美］科斯．企业的性质［M］．上海：上海三联出版社，1990.

［53］张林，演化视角下的区域知识资产特征及测量［J］．甘肃社会科学，2016（1）．

［54］王娟茹，基于企业集群的隐性知识转移模型［J］．管理工程学报，2007（4）．

［55］［美］维纳·艾莉．知识的进化［M］．珠海：珠海出版社，1998.

［56］顾新，李久平，王维成．知识流动、知识链与知识链管理［J］．软科学，2006（8）．

［57］马旭军．区域创新系统中知识流动的重要性分析［J］．经济问题，2007（5）．

［58］郭京京．产业集群中企业技术学习惯例的中介效应案例研究［J］科研管理，2014（11）．

［59］赵勇，白永秀．知识溢出测度方法研究综述［J］．统计与决策，

2009 (4).

[60] 罗岭，王娟茹. 跨国公司回任人员知识转移过程研究 [J]. 管理现代化，2007 (5).

[61] 樊斌，鞠晓峰. 企业知识共享中的博弈关系 [J]. 企业管理，2009 (5).

[62] [美] 彼得·F. 德鲁克. 知识管理 [M]. 杨开峰，译. 北京：中国人民大学出版社，1999.

[63] 鲁开垠. 增长的空间 [M]. 北京：经济科学出版社，2006.

[64] 平育后，武忠. 基于熵权法的知识共享评价模型实证研究 [J]. 情报杂志，2009 (28-1).

[65] 康萍，朱露. 基于三角模糊数的供应商间知识共享对合作结果影响的评价 [J]. 西北大学学报（自然科学版）2012，42 (5).

[66] 罗岭，王娟茹. 基于因子分析和 Fuzzy-AHP 的关键关系人知识共享水平评价 [J]. 科技管理研究，2013 (16).

[67] 唐淑兰. 供应链企业间知识共享的影响因素及策略研究 [J]. 信息系统工程，2012 (6).

[68] 李辉，吴晓云. 社会资本、知识冗余与创新绩效：对知识密集型服务企业的实证检验 [J]. 企业经济，2015 (6).

[69] 王建刚，吴洁. 网络结构与企业竞争优势——基于知识转移能力的调节效 [J]. 科学学与科学技术管理，2016 (5).

[70] 胡保亮，方刚. 网络位置、知识搜索与创新绩效的关系研究——基于全球制造网络与本地集群网络集成的观点 [J]. 科研管理，2013，34 (11).

[71] 余玉林，时代性. 无形资产理论研究的主题 [J]. 会计之友，2008 (5).

[72] 李晓燕. 知识产权对创新绩效的驱动作用研究 [J]. 技术经济与管理研究. 2018 (7).

[73] 吴汉东. 试论知识产权的无形资产价值及其经营方略 [J]. 南京理工大学学报（社会科学版），2013 (2).

[74] 曾鹏，赵聪. 知识产权对经济增长的影响——以专利和版权为例 [J]. 中国软科学，2016 (4).

[75] 姬鹏程，孙凤仪，赵栩. 知识产权对经济增长作用的实证研究 [J]. 宏观经济研究，2018 (12).

[76] 魏江，李拓宇. 知识产权保护与集群企业知识资产的治理机制 [J]. 中国工业经济，2008 (5).

[77] 周海波，胡汉辉. 知识演化视角下产业集群升级模式对于创新绩效的影响分析 [J]. 中国科技论坛，2015 (11).

[78] 赵建英. 产业集群知识竞争力的六个要素 [J]. 经济管理，2008 (9).

[79] 郭永辉. 产业集群创新的知识产权治理研究 [J]. 技术经济与管理研究，2013 (8).

[80] 相子国. 知识资产概念的内涵剖析 [J]. 德州学院学报，2006 (6).

[81] 王肃. 产业集聚区知识产权协同创新体系的制度化构建 [J]. 学习论坛，2017 (9).

[82] [日] 野中郁次郎，竹内弘高. 创造知识的企业——日美企业持续创新的动力 [M]. 李萌，高飞，译. 北京：知识产权出版社，2006.

[83] 黄训江. 基于差异性的集群知识管理策略 [J]. 系统工程，2015 (8).

[84] 张林. 演化视角下的区域知识资产特征及测度 [J]. 甘肃社会科学，2016 (1).

[85] 郭永辉. 产业集群创新的知识产权治理研究 [J]. 技术经济与管理研究，2013 (8).

[86] 范新晖，廖花妹. 建陶企业知识产权管理分析与建议 [J]. 佛

山陶瓷，2019（2）.

[87] 金锋，朱明，徐华，吴建峰. 从我国知识产权战略看企业的技术创新［J］. 知识经济，2017（6）.

[88] 陈丹，陈曲和，朱萌. 产业集群内企业知识共享成熟度评价体系研究［J］. 情报理论与实践，2015（4）.

[89] 颜璠. 知识产权替代性纠纷解决机制运用研究［P］. 华中科技大学博士论文，2009.